Prof. Dr. Dr. med. Leon Kaplan
Das Mona Lisa Syndrom

Prof. Dr. Dr. med. Leon Kaplan

Das Mona Lisa Syndrom

Männer, die
wie Frauen fühlen

ECON Verlag
Düsseldorf · Wien · New York

Bildnachweis:
Vorsatz: *Die Schöpfung;* Rom, Sixtinische Kapelle
Nachsatz: *Die Schule von Athen; Foto:* AKG
Abbildungen im Text: AKG, Berlin (S. 239); Ciba-Geigy, Schweiz (S. 68, 69, 92, 130); dpa, Düsseldorf (S. 222, links); National Portrait Gallery (S. 236); Privatsammlung des Hauses Hohenzollern (S. 29, rechts); Radio Times Hulton Picture Library (S. 29, links); Sammlungen des englischen Königshauses (S. 199); Sammlungen des schwedischen Königshauses (S. 232). Alle übrigen Abbildungen im Text und die in den Bildteilen nicht ausgewiesenen: Archiv des Autors.

CIP-Titelaufnahme der Deutschen Bibliothek

Kaplan, Leon:
Das Mona Lisa Syndrom: Männer, die wie Frauen fühlen / Leon Kaplan. – 2. Aufl. – Düsseldorf; Wien; New York: ECON Verl., 1990
ISBN 3-430-15193-7

2. Auflage 1990
Copyright © 1990 by ECON Verlag GmbH,
Düsseldorf, Wien und New York.
Alle Rechte der Verbreitung, auch durch Film, Funk und Fernsehen, fotomechanische Wiedergabe, Tonträger jeder Art, auszugsweisen Nachdruck oder Einspeicherung und Rückgewinnung in Datenverarbeitungsanlagen aller Art, sind vorbehalten.
Schutzumschlag Angelica Steudel-Strub
Gesetzt aus der Cheltenham der Fa. Berthold
Satz: Dörlemann-Satz, Lemförde
Papier: Papierfabrik Schleipen GmbH, Bad Dürkheim
Druck und Bindearbeiten: Ebner Ulm
Printed in Germany
ISBN 3-430-15193-7

Gewidmet
den Männern und Frauen,
die durch Wissen und Verständnis
unser Zusammenleben menschlicher
gestalten wollen.

Inhalt

Einführung: Das Mona Lisa Syndrom 11

1. Alles Andersartige wird ausgegrenzt 19
Am Anfang stand nur die religiöse Abgrenzung 21
Homosexualität ist keine Krankheit 33
Die Feindseligkeiten der anderen Männer 35
Auch in der Familie gibt es Probleme 37

2. Homosexualität ist keine Erziehungsfrage 39
Eltern trifft keine Schuld 41
Werden mädchenhafte Jungen homosexuell? 43
Viele Kriegshelden waren homosexuell 45
Homosexualität gab es in allen Epochen
der Menschheitsgeschichte 53
Spielt Vererbung eine Rolle? 55

3. Ein Partnerprogramm entsteht im Mutterleib 61
Wie es zur Partnerprägung kommt 64
Was im Gehirn das sexuelle Verhalten steuert 67
Was bei Homosexuellen anders »geschaltet« ist 74
Ererbt ist nur die Anlage 78
Programmeinflüsse im Mutterleib 79
Senkung des Testosteronspiegels 79
Immunreaktionen als mögliche Programmstörung 81
Medikamentös bedingte Entwicklungsstörungen 81
Zu viele Östrogene in der Schwangerschaft 82

Früherkennung und Anlagenkorrektur 83
Hormone bestimmen auch das Körperliche 84

4. Ein männliches Gehirn wird weiblich geprägt 87
Sex im Gehirn: Der gar nicht so kleine Unterschied 90
Sexualhormone entscheiden über die Gehirnleistung 94
Wenn sich weibliches Schönheitsideal und männliches
Raumdenken mischen 97
Beim Komponieren stößt das weiblich geprägte
Gehirn an seine Grenzen 103
Homosexuelle in der Literatur..................... 114

5. Männer, die wie Frauen fühlen 127
Mütterlicher Streß und Jahreszeit beeinflussen in der
Schwangerschaft die embryonale Gefühlsentwicklung 131
Zum Wohle der anderen 136
Homosexuelle Partnerschaften sind oft die besseren Ehen . 141
Romantik und Erotik stehen meist im Vordergrund 143
In der Liebe sind sie großzügig bis zur Selbstaufgabe 148
Liebe über den Tod hinaus 151
Doch wehe, wenn sie eifersüchtig sind 153
Das sexuelle Erleben ist oft weiblich geprägt 157
Was aber, wenn sie anders fühlen? 158

6. Bisexuelle: Im hormonellen Wechselbad der Gefühle ... 165
Wenn es Liebe ist 168
Im Wechselbad der Gefühle 173
Bisexualität kann ausbrechen und verschwinden 176
Was bedeutet Bisexualität für die Ehe? 179
Gibt es ein Mittel gegen die Bisexualität? 181

7. Die gespaltene Sexualität: Wenn Körper und Seele
    nicht harmonieren 183
Was macht aus männlichen Genen den Mann? 185
Der Mann im Frauenkörper 187

Besser spät als nie 191
Wenn die Gehirnentwicklung nicht nach Programm
verläuft 192
Transvestiten: Liebesgefühle durch ein weibliches
Spiegelbild 193
Transsexuelle: Die Sehnsucht nach dem anderen
Geschlecht 196

8. Frauen, die wie Männer fühlen 203
Wesenszüge lesbischer Verbindungen 207
Die andere Art der lesbischen Liebe 215
Was macht eine Frau zur Lesbierin? 216
Frauen, die Männer sein möchten 227

Nachgedanken
Orlando oder die Wiedergeburt männlich-weiblicher
Gefühle 235

Literaturnachweis 239
Personenregister 258
Sachregister 262

Fotomontage eines Fahndungsphotos Leonardos mit der Mona Lisa in einem Polizeicomputer der Bell Laboratories

Das Mona Lisa Syndrom

Männerweiblichkeit ist ein
Spektrum der Gefühle

Am Anfang stand ein rätselhaftes Lächeln – das Lächeln der Mona Lisa. Dieses mysteriöse Lächeln hat seit Jahrhunderten die Phantasie der Menschen beschäftigt. Dreißig Jahre nach dem Tode Leonardo da Vincis erfand der Kunstjournalist Giorgio Vasari eine Legende: Es handele sich um das Bild von Mona Lisa Gherardini, und Leonardo habe, um sie bei Laune zu halten, extra Sänger und Gaukler bei den Malsitzungen dabeigehabt. Sowenig wie Vasari je das Bild in seinem Leben gesehen hat, sowenig stimmt diese Geschichte.

Zwischen 1504 und 1517 hat Leonardo immer wieder an diesem Bild gemalt, es übermalt und verändert. Als einziges seiner Bilder hat er es von Florenz nach Rom und schließlich nach Frankreich mitgenommen. Obwohl Leonardo für jedes seiner Bilder genauestens aufschrieb, wer das Modell bzw. der Auftraggeber war und wieviel Zeit und Material die Herstellung gekostet hat, für die Mona Lisa fehlt jede Eintragung. Und er hinterläßt das Bild speziell dem Menschen, der ihm am nächsten steht, Francesco Melzi, in dessen Armen er 1519 im Schloß Cloux in Amboise stirbt.

Inzwischen ist das Rätsel um die wahre Identität der Mona Lisa gelüftet. Durch Vergleich der entscheidenden Persönlichkeitsmerkmale mit Hilfe der weltbesten Polizeifahndungscomputer in den amerikanischen *Bell Laboratories* ist es der Computergraphikerin Lillian Schwartz gelungen, die Identität »des Modells« der Mona Lisa zu beweisen. Von einem Selbstportrait Leonardos mußten im maßstabgerecht übereinandergelegten Computerbild nur die Augenbrauen und die Tränensäcke entfernt werden, dann galt es, den linken Mundwinkel leicht anzuheben, da war sie: die Mona Lisa. Warum aber hat sich Leonardo da Vinci als Frau gemalt? Die Antwort gibt sein Leben. Leonardo war seit seiner Jugend homosexuell. In seinen Wünschen und Sehnsüchten fühlte dieser Mann wie eine Frau. Als genialer Künstler konnte er seinem Seelenzustand bildhaften Ausdruck verleihen. Da es ihm auch nur um die Darstellung seiner »Männerweiblichkeit« ging, gab Leonardo – der sonst soviel Wert auf perfekte Anatomie legte – der Figur auch bewußt einen disproportional großen männlichen Arm, verzichtete er auf jeglichen weiblichen Schmuck und zog dem eher knabenhaften Körper – ganz klar im Gegensatz zum aufwendigen Zeitgeschmack – ein schlichtes schwarzes »männliches« Gewand an.

Mit der Kante am Halsrand hinterließ Leonardo da Vinci der Nachwelt noch eine »Botschaft«, denn er wählte als Muster Knoten, wie sie Korbmacher in jener Zeit zur Verzierung benutzten. Das italienische Wort für einen solchen Knoten aber lautet *vinco*. Die Mehrzahl *vinci* ist der Nachname Leonardos. Auch der Hintergrund des Bildes hat eine Bedeutung in der Symbolik der Renaissance: Die felsige Landschaft ist so unfruchtbar wie die Frau im Mittelpunkt.

Genauso wie Leonardo in seiner Genialität bereits den ersten Flugapparat und das erste U-Boot konstruierte, hat er mit der gleichen Intuition auch einen anderen wissenschaftlichen Zusammenhang vorausgeahnt:

Männer können ein weiblich geprägtes Gehirn haben.

Damit können sie dann auch wie Frauen fühlen.

Aus eben diesem Grunde malte sich Leonardo auch als Frau – als Mona Lisa.

Erst neueste medizinische Forschungen haben es eindeutig nachgewiesen:

Abhängig von der Konzentration männlicher Sexualhormone wird das Gehirn des männlichen Embryos unterschiedlich stark männlich oder auch ausgesprochen weiblich geprägt.

Dieses mann-weibliche Fühlen und Denken möchte ich als *Mona Lisa Syndrom* bezeichnen. Wie es zur Ausbildung eines solchen

Mona Lisa Syndroms kommt, soll in diesem Buch am Beispiel gerade auch von eigenen biochemischen und hirnphysiologischen Untersuchungen dargestellt werden.

In einem feinabgestimmten Programm entwickeln sich beim Embryo wie in einer Filmsequenz unter dem Diktat von 36 verschiedenen Genen zuerst der Körper, dann das Gehirn. Gesteuert wird die Gehirnentwicklung im Mutterleib durch das männliche Sexualhormon Testosteron, dessen unterschiedliche Konzentration als abgestuftes Signal wirkt. Einen Beitrag liefern dabei sowohl der Testosteronspiegel der Mutter wie auch das vom Hoden produzierte Testosteron des männlichen Fötus. Beide »Hormonquellen« können während der Schwangerschaft durch Streß, Alkohol und eigenommene Medikamente beeinflußt werden. Normaler Streß des Berufsalltags erhöht den Testosteronspiegel der Mutter. Dagegen führt die Ausschüttung extremer Konzentrationen von Streßhormonen zu einer Blockierung der Testosteronsynthese im embryonalen Hoden. Extreme Streßauslöser sind der Verlust des Partners oder des Arbeitsplatzes, schwere eheliche Streitigkeiten und natürlich ganz besonders Bombennächte in Kriegszeiten.

Je nachdem, in welchem Monat der Schwangerschaft die äußeren Einflüsse dominant sind, werden unterschiedliche Programme in der Gehirnentwicklung beeinflußt.

Zuerst werden nämlich frühzeitig in der Entwicklungsgeschichte entwickelte Verhaltensprogramme in speziellen Gehirnzentren ausgebildet. Die Medizin spricht hier von hierarchisch erebten Strukturen.

In der dreizehnten bis fünfzehnten Schwangerschaftswoche sind das die sexuellen Zentren, welche das künftige Partnerprogramm steuern. Bei ausreichender Konzentration des männlichen Hormons Testosteron im fötalen Blutkreislauf wird in einem männlichen Embryo nur das männliche Sexualzentrum aktiviert. Die Ausbildung eines weiblichen Steuerungszentrums wird durch hohe Testosteronkonzentrationen verhindert. Im späteren Leben reagiert dieser Mann ausschließlich auf Frauen – er ist *heterosexuell.*

Ist dagegen in dieser kritischen Zeit nur wenig Testosteron vorhanden, kann sich nur das weibliche Sexualzentrum in einem männlichen Embryo entwickeln. Dann sehnt sich der Betroffene später nach einem anderen Mann als Partner. Seine Phantasien und Träume sind eindeutig auf Männer ausgerichtet, und er kann nur mit einem Mann volle sexuelle Erfüllung finden. Er ist *homosexuell*. Unter dem Einfluß der Schrecken des Bombenterrors und der ständigen Ängste um den als Soldat kämpfenden Mann wurden in den Kriegsjahren 1942 bis 1945 in Mitteldeutschland dreimal soviel spätere Homosexuelle zur Welt gebracht.

Ein homosexuelles Partnerprogramm bedeutet, ein solcher Mann reagiert visuell nur auf männliche Körperformen: männliche Muskulatur, Pobacken, Behaarung auf der Brust, Bärte – und vor allem auf den Penis. Meist wird sein Unterbewußtsein geruchsmäßig auch nur durch männliche Sexual-Lockstoffe angesprochen.

Je nachdem, zu welchem Zeitpunkt die hormonellen Umstimmungen im Mutterleib stattgefunden haben, ist ein solcher Mann:
– Überhaupt nicht in der Lage, eine Frau zu berühren,
oder
– Er kann zwar einen Geschlechtsverkehr mit einer Frau ausführen, empfindet dabei aber nicht viel, weil die aktivierenden erotischen Signale für sein Lustzentrum fehlen.

Die vorstehende Beschreibung der Bandbreite homosexueller Einstellungen trifft in der deutschen Bevölkerung auf fünf Prozent aller Männer zu (Kaplan, 1988).

Bei anderen Männern wurde während der Schwangerschaft nur eine kritische Grenzkonzentration von Testosteron erreicht. Auf diese Weise wurden sowohl das männliche wie das weibliche Sexualzentrum aktiviert. Nach der Pubertät springt der »Sexmotor« gelegentlich von dem männlichen auf das weibliche Sexualzentrum um – sie sind *bisexuell*. Hierzu gehören sechs Prozent aller Männer.

Weitere dreißig Prozent aller Männer finden nur den Anblick eines gutgebauten Männerkörpers prickelnd oder schwärmen für andere Männer, ohne daß sie aber je den Wunsch hätten, mit einem Mann Zärtlichkeiten auszutauschen. Einige dieser Männer haben eine im Unterbewußtsein tiefverwurzelte und damit unüberwindbare Angst vor körperlichen Kontakten mit Frauen. Männer in dieser Dreißig-Prozent-Gruppe sind *homoerotisch* geprägt.

Die mann-weibliche Bandbreite sexueller Programme ist durchaus mit einer ansonsten männlichen Erscheinung vereinbar. Oft sind es Männer, mit denen ein breites Film- und Fernsehpublikum das Bild vom Abenteurer und Liebhaber assoziiert. In Wirklichkeit sind sie:
- Homosexuell wie James Dean, Rock Hudson und Jean Marais,
- Bisexuell wie Erroll Flynn und Cary Grant

oder
- Haben Angst vor der körperlichen Liebe mit einer Frau wie Dirk Bogarde und Richard Chamberlain.

Die verschiedenen sexuellen Partnerprogramme werden durch ein Spektrum von mehr oder weniger stark ausgeprägten weiblichen Gefühls- und Denkmustern ergänzt.

Da das Gefühlsleben eine später erworbene Funktion des menschlichen Gehirns ist, werden die dafür verantwortlichen Hirnstrukturen erst zum Ende der 28. Schwangerschaftswoche bis zur 31. Woche angelegt. Wieder entscheidet die Konzentration des Hormons Testosteron über das Ausmaß mann-weiblichen Fühlens. So wird die Zahl der »Telefonverbindungen« zwischen dem Sprachzentrum und den Gefühlszentren durch eine hohe Testosteronkonzentration im Mutterleib stark reduziert. Der Unterschied zwischen einem »Macho«-Mann und einer Frau kann maximal 25 Millionen solcher »Kabeleinheiten« betragen. Ist es also erstaunlich, daß viele Männer Probleme haben, über ihre Gefühle bei einer Frau zu sprechen?

Aber auch Nervenstrukturen des sogenannten limbischen Systems, der Gehirnregionen, in denen alle Gefühle von Liebe bis zu Haß und Aggressionen entstehen, sind im weiblichen Gehirn ganz anders ausgebildet als im männlich-geprägten Gehirn. Männer, deren Gehirnzellen in der Embryonalzeit in wenig Testosteron »gebadet« wurden, haben ähnlich weibliche Gehirnstrukturen und fühlen wie Frauen. Eine solche selektive hormonelle Beeinflussung der Gehirnorganisation kann durchaus am Ende der Schwangerschaft stattfinden. Deshalb fühlt auch ein Drittel aller heterosexuellen Männer weiblich. Da bei der Mehrheit der künftigen Homosexuellen der Testosteronspiegel meist während der gesamten Schwangerschaft erniedrigt bleibt, findet man unter Homosexuellen besonders viele Männer mit einem weiblichen Gefühlsbereich.

Aber auch zwischen der 26. und 28. Schwangerschaftswoche entscheidet die Höhe des Testosteronspiegels über wichtige Anlagen. Bei Frauen werden besonders Nervenzentren in der linken Hirnhälfte ausgeprägt und damit besondere Fähigkeiten für Sprache und Literatur geschaffen. Bei Männern wird dagegen unter dem Einfluß der sehr viel höheren Testosteronkonzentration die rechte Hirnhälfte bevorzugt entwickelt. In dieser spezialisierten rechten Hirnhälfte aber stecken die Steuerungs- und Verarbeitungszentren für abstrakte Denkprozesse und für das Raumdenken.

Bei einem mittleren Testosteronspiegel im Mutterleib wird das Gehirn eines männlichen Fötus mann-weiblich geprägt.

Für etwa *60 Prozent der homosexuellen Männer und etwa 25 Prozent aller heterosexuellen Männer* bedeutet das zum Beispiel:
– Es findet eine stärkere Verflechtung von emotionalen und sprachlichen Gehirnabläufen statt – Dichter und Schriftsteller sind in dieser Gruppe häufiger.
– Männliches räumliches Sehen und weibliches Schönheitsempfinden werden im Gehirn verknüpft – eine Voraussetzung für Höchstleistungen auf den Gebieten der Malerei und des Designs.

Bei einer Minderheit von etwa fünf Prozent der Männer wird unter schwach ausgeprägten Testosteroneinflüssen im Gefühlsbereich ein »Trieb« zum Friedenstiften und zur Diplomatie angelegt.

Da es ja um den Gesamtbereich des mann-weiblichen Fühlens geht, befaßt sich das Buch in besonderem Maße mit der psychosexuell leicht zu identifizierenden Gruppe der Homosexuellen. Denn nur bei Homosexuellen kann der gesamte Bereich männlichen Fühlens weiblich beeinflußt sein.

Doch wenn es um *die besonderen Leistungen des mann-weiblich geprägten Gehirns* geht, so gilt vieles natürlich in gleicher Weise für heterosexuell orientierte Männer.

Bei Homosexuellen bedeutet es aber nicht, daß man generell von einer Mannweiblichkeit sprechen könnte. Denn nach der Zeit der Prägung des Partnerprogramms und des Sexualverhaltens kann der Testosteronspiegel zumindest bei einem Teil der Föten nach der zwanzigsten Schwangerschaftswoche wieder ansteigen. Das Gehirn eines Drittels aller homosexuellen Männer bleibt darum überwiegend männlich geprägt. Nur der Intelligenzquotient ist dann oft höher. Das erklärt auch, warum Homosexuelle mehrheitlich eine Hochschulbildung haben und in leitenden Stellungen bzw. in selbständigen Berufen überproportional vertreten sind.

Gehäuft finden sich bei Homosexuellen verschiedene Eigenschaften wie Einsatz zum Wohl der anderen und Kameradschaftlichkeit am Arbeitsplatz, welche für die Menschheit als Ganzes von Nutzen sind. Das scheint der Grund dafür zu sein, warum die Homosexualität trotz des Nachteils der selteneren Fortpflanzung nicht durch Selektion aus der Erbmasse verschwunden ist. Kein Zweifel, eine mögliche Anlage zur Homosexualität kann familiär vererbt werden, auch wenn ihre Ausprägung manchmal für ein oder zwei Generationen schlummert. Doch in der Mehrheit der Fälle entscheiden zusätzliche Faktoren in der Schwangerschaft – wie starker Streß, Alkoholkonsum und bestimmte eingenommene Medikamente – über das künftige Partnerprogramm.

Die erotisch-sexuelle Anziehung von Mann zu Mann spielt immerhin für fünfzehn Prozent der männlichen Bevölkerung eine Rolle. Mann-weibliches Fühlen kommt sogar bei dreißig Prozent aller Männer vor. Damit ist es an der Zeit, sich aus dem Blickwinkel der Wissenschaft, d.h. in objektiver Form, mit diesen völlig unverständlich als »Randgruppe« ausgegrenzten mann-weiblichen Männern zu befassen.

Bevor die Entstehung von bestimmten Verhaltens- und Denkmustern erklärt wird, sollen aber zuerst einige grundlegende Fragen beantwortet werden:

Wo lagen die Ursachen für die Homosexuellen-Verfolgung?
Wie sind die Vorurteile gegen Homosexuelle entstanden?

1.
Alles Andersartige wird ausgegrenzt

> Homosexuelle sind anders als wir, und zwar auf eine Weise, welche tiefer geht als jeder andere Unterschied zwischen zwei Menschen. Verflucht ohne einen erkennbaren Grund, heimgesucht ohne Hoffnung auf Behandlung, sind sie eine Herausforderung an unsere Vernunft.
>
> JOSEPH EPSTEIN

Noch heute ist die Homosexualität in vielen zivilisierten Ländern verboten – auch wenn sie nur noch selten verfolgt wird. Aber auch ohne strafandrohende Paragraphen – die Einstellung der Gesellschaft läßt Homosexualität immer noch als ein Stigma erscheinen. Es ist nun einmal ein Verhalten, das außerhalb der festgelegten »Normen« liegt. Alles Fremde aber erzeugt Furcht und Mißtrauen, zumindest jedoch Unsicherheit. Und Minderheiten eignen sich nun einmal gut als Sündenbock.

Wie aber ist es dazu gekommen, daß gerade Homosexuelle über Jahrhunderte als »abartig« ausgegrenzt wurden?

Am Anfang stand nur die religiöse Abgrenzung

Im biblischen Israel bestand für die Juden die Notwendigkeit, sich gegen die religiösen Gebräuche der benachbarten Völker und der in beträchtlicher Zahl unter ihnen lebenden Kanaaniter und Syrer abzugrenzen.

Kernstück der syrisch-phönizischen Religionsauffassung war die Verehrung des »Hains«, eines entlaubten Baumstammes, welcher mit Gewändern behangen wurde. Dieser Hain war Astadroth, dem weiblichen Teil des Gottes Baal, geweiht und symbolisierte die Kombination des Weiblichen und Männlichen in einem Geschlecht (siehe Buch der Richter 2,13 + 3,7). Die Anbetung des Hains versprach Fruchtbarkeit und eine reiche Ernte. Diener dieses Hains waren Männer, die der Mutter der Götter, der Dea Syria, »geweiht« waren.

Sie galten als »Männer Gottes«, in denen sich die Götter zeitweilig offenbarten. Dadurch glaubte man an ihre Fähigkeit, die Zukunft voraussagen zu können. Wegen der angenommenen göttlichen Inkarnation galt es Männern als erstrebenswert, sich mit diesen Männern in Form eines kultischen Geschlechtsverkehrs zu vereinigen.

Auch in anderen alten Religionen gab es ähnliche kultische Liebeszeremonien zwischen »geweihten« Dienern und männlichen Tempel-Besuchern. Homosexuelle kultische Zeremonien spielten bei den Mysterien der Isis und des Osiris im alten Ägypten eine Rolle. Den »Geweihten« des Gottes Baal unmittelbar vergleichbar waren auch die »Kebalim« der Phönizier, die Priester des Aphroditon im antiken Griechenland und die »Devadasis« in den Hindu-Tempeln Indiens. Es war das besondere Problem der Hüter der jüdischen Religon, daß immer wieder ihre eigenen Volksangehörigen den heidnischen Bräuchen der Umwelt huldigten. Gerade die beschriebenen Rituale zur Verbesserung der Fruchtbarkeit der Natur wurden als »Rückversicherung« auch von Juden praktiziert.

Ein erschreckendes Ausmaß muß diese Anbetung fremder Götter unter dem König Manasse angenommen haben, heißt es doch im Alten Testament im 2. Buch der Könige, Kapitel 21:

Manasse richtete Altäre Baals auf und machte Haine... Er setzte auch einen Haingötzen, den er gemacht hatte, in das Haus des Herrn. Aber Josia, sein Enkel, machte all sein Werk zunichte und jagte die Geisterbeschwörer zusammen mit den »Geweihten« (hebräisch: Sodomiter) aus dem Lande.

Und weiter im Kapitel 23,4 und 7 über Josias:

Und der König gebot dem Hohepriester Hilkia und den Priestern, sie sollten aus dem Tempel des Herrn tun... den Hain... Sie verbrannten alles Zeug außen vor Jerusalem im Tal Kidron... Und er brach ab die Häuser der Geweihten, die an dem Hause des Herrn waren...

Das war im Jahre 623 vor unserer Zeitrechnung. Im Jahre 586, nach der Niederlage gegen Nebukadnezar, zogen große Teile des jüdischen Volkes in die Gefangenschaft nach Babylon. Dort verfiel eine ganze Reihe der Israeliten dem herrschenden Götterkult, bei dem wieder die Männerliebe in den Tempeln eine Rolle spielte. Um diesem Verfall der religiösen Moral entgegenzuwirken, verkündete der Prophet Ezechiel das »Heiligkeitsgesetz« (Kapitel 40–48 und 43,7–9). Hierin wurde den Männern ausdrücklich die gleichgeschlechtliche Liebe verboten, bei Zuwiderhandlungen wurde die Ausstoßung aus dem Volke Israel angedroht.

Neben dem religiösen Anlaß bestand natürlich auch die Sorge um die Fortpflanzung eines zahlenmäßig stark dezimierten Volkes – wie sie auch schon von Moses ausgesprochen wurde.

Ein halbes Jahrtausend später, als Jesus das Judentum zu reformieren suchte, sprach er sich zu keiner Zeit gegen die gleichgeschlechtliche Liebe aus. Erst als Paulus auf die in der Tradition der griechisch-römischen Religion geprägten Gemeinden in Korinth und in Rom traf, wurden »Lustknaben« wieder zum symbolträchtigen Stein des Anstoßes. Der Apostel Paulus verkündete, daß niemand, der den alten Sitten huldigte, das Reich Gottes erlangen könne.

Bis ins 4. Jahrhundert wurde die Aufnahme in den christlichen Glauben verweigert, bis der Homosexuelle versprach, für immer seinen »üblen Trieben zu entsagen«. Noch zu Zeiten Kaiser Konstantins, unter dem das Christentum erstmals zur Staatsreligion erhoben wurde, war nur verboten, daß »Männer nach Frauenart einen anderen Mann heiraten«.

Erst das frühe christliche Mittelalter brachte die Homosexualität eindeutig mit Götzendienst und Heidentum in Verbindung. Verwiesen wurde dabei immer wieder auf die alttestamentarischen »Quellen«. Diese Quellen aber waren durch Philos von Alexandrien im ersten christlichen Jahrhundert – im Zeichen der Auseinandersetzung mit der griechischen Moralreligion – »umgedeutet« worden. Entgegen der eindeutigen alttestamentarischen Aussage, nach der die Stadt Sodom vernichtet wurde, »weil ihre Bewohner arrogant gegen Gott waren und gegen das heilige Gastrecht verstoßen hatten«, machte Philos daraus eine Parallele zu seiner Zeit. Nun wurde frei nach ihm die Homosexualität in Sodom mit Feuer und Schwert ausgerottet. Männerliebe wurde wieder zum Symbol heidnischen Denkens.

Nach der »Romana Visogothorum«, welche zu Zeiten des Königs Alarich II. (505 n. Chr.) unter dem Einfluß des Klerus entstand, wurden zunächst auch Homosexuelle nur aus der christlichen Gemeinschaft ausgestoßen. Das Konzil von Toledo im Jahre 693 verschärfte diese Strafe durch zusätzliche Verabreichung von 100 Stockhieben.

Selbst zu Zeiten Karls des Großen ging es vordergründig noch um die »Reinigung« der Kirche. Im Jahre 802 beklagte sich der Kaiser über das Vorkommen dieses Lasters vor allem im Mönchsstande, »von dem doch eigentlich für alle Christen die größte Hoffnung auf das Heil kommen soll«. In einer »Allgemeinen Ermahnung« wünschte der Kaiser, »daß niemals wieder solche Klagen an sein Ohr kommen, andernfalls er eine derartige Buße heischen würde, daß kein Christenmensch, der davon höre, solches zu tun sich fernerhin herausnehmen würde«.

Unter Papst Gregor IX. (1170-1241) verschärfte sich diese Formulierung. Nach einer päpstlichen Bulle wurden Homosexuelle jetzt offiziell als Ketzer behandelt (Rippol. Bullar. praedic. I,39). Von nun an wurde von der Kirche der Tod durch die rächende und gleichzeitig reinigende Flamme gefordert. Die Verschärfung der Strafen wurde durch Thomas von Aquin (1225-1274) mit zwei Argumenten moraltheologisch untermauert:
- Die Geschlechtsorgane wurden nach den Lehren des heiligen Augustin vom Schöpfer einzig und allein zum Zwecke der Fortpflanzung geschaffen,
- Ein »Mißbrauch« derselben ist eine Sünde gegen die Natur und damit gegen Gott. Die aber wird – wie am Beispiel von Sodom gezeigt – von Gott durch Verbrennen oder Verschlingen im Schoß der Erde geahndet.

In Spanien wurde durch Alfons X. im Jahre 1255 ein festes Strafmaß festgesetzt: Hängen nach vorheriger Entmannung. In den Zeiten der Inquisition, im 16. Jahrhundert, wurden Tausende Männer unter der Anklage der gleichgeschlechtlichen Beziehungen auf dem Scheiterhaufen verbrannt oder auf die Galeeren geschickt. Es schien auch eine gute Möglichkeit zu sein, mißliebige Konkurrenten zu beseitigen, denn unter den Beschuldigten waren mächtige Männer wie der Vizekanzler von Aragonien, der Großmeister des Ordens von Montesa, Peter Ludwig von Borgia, und der Prinz von Farnese.

In England wurden im 13. Jahrhundert Homosexuelle bei lebendigem Leibe in die Erde eingegraben. Ausnahme: Hugo Spenser, der Geliebte König Edwards II. Er endete 1327, nach der erzwungenen Abdankung des Königs, am Galgen. Doch vorher wurden ihm die Geschlechtsteile abgeschnitten.

Im Deutschen Reich wurde Homosexualität nicht nur mit einer Sünde gegen die Natur und damit gegen Gott, sondern auch mit Hexerei gleichgesetzt. Homosexuellen wurde in Schauprozessen vorgeworfen, sie hätten sich mit dem Satan persönlich in Liebesspiele eingelassen. Erst die Anonymität der wachsenden Handels- und Hafenstädte verschaffte den Homosexuellen einen gewissen Schutz vor Verfolgungen.

Doch auch die Reformation brachte den Homosexuellen im Deutschen Reich keine Erleichterungen. Im Kampf um die Abgrenzung von der römischen Papstkirche prangerten Reformatoren wie Martin Luther und Ulrich von Hutten die homosexuellen Verfehlungen der Mönche und Priester an. Wieder wurde Homosexualität mit Gotteslästerung gleichgesetzt. Als Beweis für die Verwerflichkeit solchen Tuns wurde das Ende der Stadt Sodom zitiert.

Bei Bibelübersetzungen kann es zu bewußten Umdeutungen kommen. So »ergänzte« Luther im 3. Buch Moses 20,13: »Wenn jemand bei einem Manne liegt wie bei einer Frau, so haben sie getan, was ein Greuel ist und sollen beide des Todes sterben.« Die Originalstelle sieht dagegen nur eine Ausstoßung aus dem Volke Israel vor. Die Todesstrafe wird ausdrücklich nur für Unzucht mit Tieren gefordert. (2. Buch Moses 20,24–32.)

Die Gegenreformation nutzte das Argument von der religiösen Verwerflichkeit der Homosexualität ebenso. Auf diese Weise wurde vom Bischof von Lyon versucht, den Reformator Calvin mit dem Stigma der Homosexualität zu brandmarken. Seinen Handlanger Bolsec ließ der Bischof schreiben:

»Calvin, der eine Pfarrpfründe und eine Kapelle innehatte, wurde der Sünde der Sodomie überwiesen, weswegen er Gefahr lief, durch Feuer zu sterben, aber der Bischof seiner Stadt milderte aus Mitleid die erwähnte Strafe zum Brandmarken mit einer glühenden Lilie auf der Schulter.«

Aufgrund der Vermischung von geistlicher und weltlicher Macht warteten in den meisten europäischen Ländern harte Strafen auf Homosexuelle.

Kaiser Karl V. erließ 1532 die »Peinliche Gerichtsordnung«, ein für das ganze Heilige Römische Reich gültiges Strafrecht. Danach stand auf abartige Formen des Geschlechtsverkehrs der Feuertod.

In Belgien wurde zum Beispiel am 26. September 1654 der größte Bildhauer des 17. Jahrhunderts, Jérôme Duquesnoy, auf dem Scheiterhaufen verbrannt. Nur weil ein junger Mann, der ihm Modell für eine Skulptur eines Grabmals in der Kathedrale von Gent stand, behauptete, Duquesnoy habe sexuelle Annäherungsversuche gemacht.

Im benachbarten Holland wurden Homosexuelle sogar noch bis zum Anfang des 18. Jahrhunderts erdrosselt oder ertränkt.

In Frankreich wurden Homosexuelle seit der Zeit des homosexuellen Königs Heinrich III. (1551–1589) nur noch sporadisch in einigen Gegenden verfolgt. Allerdings wird noch 1725 der letzte Homosexuelle öffentlich verbrannt.

Im Einzugsbereich des Heiligen Römischen Reiches wandelten erst ein von Kaiser Josef II. von Österreich im Jahre 1787 erlassenes Gesetz und das noch von Friedrich II. beeinflußte preußische Landrecht aus dem Jahre 1794 die Strafe auf Homosexualität in ein Jahr verschärfte Kerkerhaft um. Friedrich II. war ein sich zur Homosexualität bekennender Herrscher, und auch dem Kaiser Joseph II. wurden zumindest homoerotische Neigungen nachgesagt.

Napoleon I. ist es zu verdanken, daß vom Jahre 1810 an homosexuelle Beziehungen grundsätzlich nicht mehr strafbar waren. Eine mögliche Erklärung für das kaiserliche Engagement in dieser Angelegenheit ist die von Professor Magnus Hirschfeld (1905) herausgestellte zeitweilige Homosexualität Napoleons. Die völlige Straffreiheit wurde durch die französische Besatzung auch im Rheinland eingeführt und dort bis 1851 beibehalten. Aus eigenem Antrieb erklärte damals nur das Königreich Bayern Homosexualität für straffrei. Diese mutige Tat ging zurück auf Anselm von Feuerbach, der in seinem Freundeskreis zahlreiche Homosexuelle hatte. Die im Jahre 1813 im Bayerischen Strafgesetzbuch erfolgte Festschreibung, nach der Homosexualität als kein Delikt mehr zu betrachten sei, blieb bis zur Reichsgründung 1871 und damit bis zur Einführung des Paragraphen 175 in Kraft.

Doch die aufstrebende bürgerliche Gesellschaft im deutschen Sprachraum verurteilte die Homosexualität auch nach 1813 weiterhin vom moralischen Standpunkt. Für sie galt die Familie als ein heiliger Raum der Intimität, in dem nur die Frau Gefühl und Empfindungen zeigen durfte. In einer solchen Ordnung war für Homosexuelle mit ihrem mann-weiblichen Verhalten kein Platz.

Wesentlich schlimmer war die Homosexuellenverfolgung in England: Dem gegen Napoleon siegreich gebliebenen Kriegsminister Lord Castlereagh blieb bei Bekanntwerden seiner homosexuellen Neigungen 1822 nur der Ausweg des Selbstmords. Im Jahre 1885 wurde die Gesetzgebung im viktorianischen England noch einmal verschärft. Jetzt stellte man sogar homoerotische Gefühle unter Strafe. Unter Vorlage eines zärtlichen an Lord Alfred Douglas gerichteten Briefes wurde im Jahre 1895 in England der Dichter Oscar Wilde wegen »homosexueller Verfehlungen« zu zwei Jahren Zwangsarbeit verurteilt. Diese beschrieb er mit folgenden Versen:

»We tore the tarry rope to shreds
With blunt and bleeding nails;
We rubbed the doors and scrubbed the floors,
And cleaned the shining rails:
And, rank by rank, we soaked the plank
And clattered with the pails.«[1]

---

[1] Mit unseren nackten, blutenden Händen mußten wir geteerte Taue zerfleddern. Wir haben den Boden und die Türen geputzt und die Messingreling von Schiffen poliert. Planke um Planke haben wir die Bordwände mit Bürste und Eimern geschrubbt.

Lord Douglas gelang es, nach Italien zu entkommen. Von dort aus schrieb er Bittbriefe an Journalisten in England, sie sollten sich doch Oscar Wildes durch Aktionen in der Öffentlichkeit annehmen. Sein eindringlicher Brief an Königin Viktoria blieb gänzlich unbeantwortet.

Der wohl größte homosexuelle Skandal aber erschütterte das deutsche Kaiserreich in den Jahren 1907/1908. In der sogenannten Eulenburg-Affäre wurde Philipp Fürst zu Eulenburg, der engste Freund Kaiser Wilhelms II., der Homosexualität angeklagt. Eulenburg war ein sehr gut aussehender und künstlerisch begabter Mann. Seine ungewöhnliche Ausstrahlungskraft und Einfühlungsgabe machten ihn zum idealen Krisenmanager.

Am 19. April 1886 lernte Eulenburg bei einer Jagd den Kronprinzen Wilhelm von Preußen kennen, der, so Eulenburg, »in seiner Uniform göttlich schön aussieht«. Es war eine tiefe wechselseitige Anziehung. Bereits 1888 hieß es am Hofe, »daß Seine Majestät den Philipp Eulenburg mehr liebt als irgendeinen lebenden Menschen«. Der Reichskanzler Bismarck schrieb an seinen Sohn, den Staatssekretär Herbert von Bismarck:

»Was ich von dem Verhältnis zwischen dem jungen Kaiser und Eulenburg halte, will ich dem Papier nicht anvertrauen. Deswegen schreibe ich vieles nicht, was ich Dir sagen möchte.«

Eulenburgs Traum war es, das direkte »Persönliche Regiment« seines von ihm so tief geliebten Kaisers wiederherzustellen. Das Jahr 1890 bot die große Bewährungsprobe für Eulenburg. Bismarck versuchte, das Bündnis der gemäßigten Parteien im Reichstag zu zerschlagen. Auf Vorschlag Eulenburgs bekundete Kaiser Wilhelm im offiziellen *Reichsanzeiger* seine Unterstützung für das als Kartell bezeichnete Parteienbündnis. Daraufhin setzte Bismarck die Zentrumsparteien mit dem verschärften Sozialistengesetz unter Druck und ließ sogar Staatsstreichspläne ausarbeiten. Am 11. März 1890 erhielt Eulenburg einen Brief des Außenministers, in dem stand: »Bismarck steuere im Innern einem Chaos zu, um sich in den Augen der herrschenden Klasse zum alleinigen Retter in der Not zu erheben«. Diesen Brief gab er an Wilhelm II. weiter. Um dem

Philipp Fürst zu Eulenburg   Kaiser Wilhelm II.

Staatsstreich zuvorzukommen, ließ Kaiser Wilhelm den 75jährigen Reichskanzler am 15. März aus dem Bett holen. Nach einer sehr heftigen Auseinandersetzung mußte Bismarck sofort sein Abschiedsgesuch schreiben. Damals hätte Eulenburg sogar Reichskanzler werden können. Für sich selber aber wollte er keine Machtstellung.

Auch in den kommenden Jahren ging es Eulenburg immer nur um einen Ausgleich der widerstrebenden Kräfte in der Regierung und der Umgebung des Kaisers. Und damit geriet er automatisch in Gegensatz zu der expansionistischen Politik des Außenministers von Holstein, zu Teilen der Generalität und natürlich zur mächtigen Industrielobby. Sein Schicksal war besiegelt, als Eulenburg dem Kaiser auf der Höhe der Marokko-Krise 1905 klarmachte, daß der Kaiser hier für ein durchsichtiges Manöver des deutschen Außenministers mißbraucht wurde. Statt das Vertrauen Frankreichs in die Entente mit England zu schwächen, stünde am Ende nur die Isolation des Deutschen Reiches.

Unter Verwendung der durch Außenminister von Holstein gesammelten Materialien startete der Journalist Maximilian Harden seine homosexuellen Entlarvungen in der Zeitschrift »Zukunft« am 27. Oktober 1907. Noch waren sie vage. Doch das Ziel Holsteins und Hardens war die Beseitigung des einflußreichen Freundeskreises um den Kaiser. Denn Eulenburg und sein homosexueller Kreis, die »Liebenberger Tafelrunde«, setzten sich für den friedlichen Interessenausgleich mit England und gegen die Hochrüstung ein.

Der Journalist Harden bot Fürst von Eulenburg ein Arrangement an, wobei er dem Fürsten zusicherte, kein weiteres homosexuelles Beweismaterial gegen ihn zu publizieren, vorausgesetzt, daß Eulenburg den Kaiser nicht wiedersähe. Doch der Fürst traf sich nochmals heimlich mit Wilhelm II. Eulenburg warnte dabei vor Englands Reaktion auf die forcierte deutsche Flottenaufrüstung, die dort als Kriegsdrohung verstanden würde. Wilhelm II. gab daraufhin am 28. Oktober 1908 dem englischen Obersten Stewart Wortley ein Interview, welches im »Daily Telegraph« erschien.

»Ihr Engländer seid wie Märzhasen. Was ist eigentlich über Euch gekommen, daß Ihr Euch einem Argwohn überlassen habt, der einer großen Nation nicht würdig ist. Hab' ich je mein Wort gebrochen? Falschheit und Ränke sind meinem Wesen fremd. Meine Taten sollen für mich sprechen... Ich habe immer gesagt, daß ich ein Freund Englands bin.«

Reichskanzler von Bülow sah das als ein Zeichen, daß Eulenburg versuchte, doch noch das »Persönliche Regiment« des Kaisers wiederherzustellen. Bülow bestand darauf, daß der Kaiser in Zukunft alle Verlautbarungen vorher mit ihm abstimmte.

Jetzt ging Harden auf Veranlassen Holsteins zum Frontalangriff über. In der Zeitung »Zukunft« urteilte er über Wilhelm II.:

»Der Kaiser ist nicht Monarch. Das Reich ist souverän, nicht der Kaiser. Der darf das Reich nicht ohne die Zustimmung Sachverständiger binden.«

Alles wurde Eulenburg und seinem homosexuellen Freundeskreis angelastet. Es folgten weitere Veröffentlichungen und die ersten Homosexuellenprozesse. Mit Drohungen über sehr private Veröffentlichungen wurde Kaiser Wilhelm II. vom Eingreifen zugunsten seiner Freunde abgehalten (Röhl: »Des Kaisers bester Freund«, 1987). Damit der Kaiser sah, daß es der Gegenseite ernst war, erwähnten die Hauptbelastungszeugen, die Fischer Georg Riedel und Jakob Ernst, bei der Vorbereitung des Prozesses gegen Eulenburg ganz beiläufig, auch der Kaiser habe an einer nächtlichen Ruderpartie auf dem Starnberger See teilgenommen. Von jetzt an nahm eine Vielzahl von Homosexuellenprozessen ihren Lauf.

Durch den Homosexuellenskandal starb der Chef des Militärkabinetts »an plötzlichem Herzversagen«. Immerhin war bekanntgeworden, daß er in einem Ballett-Tutu vor dem Kaiser getanzt hatte. In der Folge des Eulenburg-Skandals stürzten zwei Flügeladjutanten Kaiser Wilhelms II., der General des Gardekorps, der Kommandeur des Leibregiments Garde du Corps, der Stadtkommandant von Berlin, der Oberzeremonienmeister sowie zahlreiche prominente Diplomaten.

Kein Wunder, daß der englische König Edward VII. die vom deutschen Außenminister Friedrich von Holstein gesteuerte Kampagne gegen Eulenburg als den größten Fehler der deutschen Politik bezeichnete. Übrigens hatte auch Kaiser Wilhelm II. rückblickend im Jahre 1927 in Holland gesagt:

»Es war der erste Schlag gegen die Monarchie, den Philipp Fürst zu Eulenburg als hingebender Märtyrer auffing.«

Wenig nützten Philipp von Eulenburg die tröstenden Zeilen des Kaisers:

»Damit Du es ganz begreifst, daß furchtbare Dämonen unseren Lebensweg kreuzen und wir flehend unsere Hände zu Gott erheben sollen, Ihn zu bitten, sie von uns zu bannen.«

Durch den Prozeß wurde von Eulenburg ein kranker und gebrochener Mann.

Aber auch das Selbstvertrauen des Kaisers war geschwächt, was sich 1914 verhängnisvoll auswirken sollte. Wilhelm II. wurde zum Spielball von Interessengruppen, welche die Welt neu aufteilen wollten. Den Ersten Weltkrieg hatte Wilhelm II. sicher nicht gewollt. Bei Kriegsbeginn brach er sogar in Tränen aus.

Auch im Dritten Reich mußte die Homosexuellenfrage zur Lösung von Machtproblemen herhalten. Nach der Machtergreifung wollte Röhm die Armee in seine zahlenmäßig überlegene SA integrieren und so die Macht für alle Zeiten absichern. Hitler wollte lieber auf den Tod Hindenburgs warten. Noch zum Neujahrsfest 1934 hatte Hitler Ernst Röhm in einem Brief seine nie endende Dankbarkeit bekundet:

»Ich fühle mich tief in Deiner Schuld, mein lieber Ernst, für die unvergeßlichen Dienste, die Du der Nationalsozialistischen Bewegung und dem Deutschen Volk geleistet hast, und ich möchte Dir versichern, wie dankbar ich dem Schicksal bin, daß ich Menschen wie Dich zu meinen Freunden und Kampfgefährten zählen konnte. In wahrer Freundschaft und ewiger Dankbarkeit.«

Hitler hatte allen Grund, Ernst Röhm dankbar zu sein. Der hatte nämlich einst die rednerische Begabung des unbekannten Kriegsgefreiten entdeckt und ihn wo es nur ging gefördert. Röhm hatte als Reichswehroffizier durch seine Verbindung zu Armeekreisen das Geld für die Zeitung »Völkischer Beobachter« aufgetrieben. Er machte Hitler mit General Ludendorff bekannt und sorgte durch seine Beziehungen dafür, daß Hitler nach dem fehlgeschlagenen Putsch von 1923 »ehrenvolle« Haftbedingungen auf der Festung Landsberg erhielt. Während Hitler die ideologische Aufrüstung der Bewegung mit dem Buch »Mein Kampf« vorbereitete, gründete Röhm die SA.

Doch im Frühjahr 1934 erhielt Hitler ein Loyalitätsangebot der Reichswehrführung, vorausgesetzt er würde die rüden Horden der SA entmachten. Dem schwankenden Hitler erzählte Heinrich Himmler, der Chef der mit der SA um den Führungsanspruch rivalisierenden SS, gezielt von einem bevorstehenden Putsch der SA. Dafür gäbe es bereits geheime Absprachen mit Frankreich. Wutentbrannt ließ Hitler unter dem Vorwurf der Homosexualität und der damit verbundenen »Gefahr für die Bewegung« am 30. Juni 1934 die Führung der SA liquidieren. Keiner der völlig überraschten 400 SA-Führer glaubte daran, daß der geliebte Führer seine Hand im Spiel hatte. Darum auch Röhms letzte Worte bei seiner Erschießung in München: »Es lebe der Führer.«

Mit der Entmachtung der SA erwarb sich Hitler Sympathien bei der Reichswehr. Doch am 4. Februar 1938 – wieder mit dem Vorwurf der Homosexualität – schaltete Hitler dann den Befehlshaber der Reichswehr, Generaloberst Werner Freiherr von Fritsch, aus. Damit war sein letzter möglicher Gegenspieler beseitigt.

Im Zuge der Aufrüstung begann eine Welle der Homosexuellenverfolgung. Denn die Vorstellung von Homosexuellen als weich und gefühlsduselig paßte nicht in die Ideologie von männlicher Härte, Leistungswillen und Kampfbereitschaft – Tugenden, die nach Goebbels allein den Sieg im Kampf gegen die Erbfeinde in Ost und West sichern konnten. Am Ende kostete der »Reinigungsprozeß des Deutschen Blutes« 200 000 Homosexuellen in den Konzentrationslagern das Leben (Steakley, 1975).

Homosexuellenverfolgung wie in den Zeiten des tiefsten Mittelalters! Nur die Begründung hatte sich geändert: Jetzt galten Homosexuelle als psychisch krank und potentielle Kinderschänder – also als »unwertes Leben«.

Diese völlig verzerrte Deutung war jedoch nur möglich geworden mit einer auf das 19. Jahrhundert zurückgehenden Einschätzung der Psychiatrie:

»Abweichendes, homosexuelles Verhalten ist ein eindeutiger Hinweis auf eine krankhafte psychische Störung – angesiedelt zwischen Geschlechtswahnsinn und Neurose.«

Homosexualität ist keine Krankheit

Um ein grundsätzliches Mißverständnis von vornherein zu beseitigen: Homosexuelle vergehen sich nicht an kleinen Jungen. Unter sogenannten *Pädophilen*, also Männern, die Kinder sexuell mißbrauchen, sind keine Homosexuellen (Freund & Blanchard, 1989). Im Gegenteil, heterosexuelle Männer sind wesentlich leichter durch den Anblick eines nackten kleinen Mädchens erregt, als dies bei Homosexuellen für zehn bis elfjährige Jungen der Fall ist (Freund et al. 1972, 1973).

Psychoanalytiker und Psychiater haben jahrzehntelang die Behauptung aufgestellt, Homosexuelle seien psychisch gestörte Individuen (Bergler, 1956; Bieber, 1967). Wenn man ihnen nicht die auslösenden Kindheitskonflikte bewußtmachen könne, müsse ihr »Fehlverhalten« durch Schocktherapien korrigiert werden.

Aber selbst bei homosexuellen Freiwilligen, die alles tun wollten, um den Diskriminierungen der Umwelt endlich zu entgehen, halfen psychiatrische Gespräche, die sich insgesamt über 350 Stunden (!) hinzogen, nur in ganz wenigen Fällen – und dann auch nur, wenn die Betroffenen nicht ausschließlich gleichgeschlechtliche Beziehungen hatten.

Daraufhin wurde versucht, mit übelkeitserregenden Injektionen einen Widerwillen gegen homosexuelle Signalreize zu erzeugen. Zu diesem Zweck wurden Bilder von gutgebauten nackten Männern gezeigt – und zwar dann, wenn sich der Homosexuelle so richtig elend fühlte. Das Betrachten nackter Frauen wurde dagegen durch ein chemisch induziertes Hochgefühl »belohnt«. Nach einer solchen Behandlung ließ auch einer von vier Männern für einige Zeit von der Suche nach einem männlichen Partner ab (Freund, 1960). Allerdings spätestens nach fünf Jahren waren alle diese Männer wieder homosexuell.

Jetzt wurde das »Umerziehungsregime« noch verschärft. Und zwar durch elektrische Schocks, aber wieder war kein Erfolg festzustellen (Thorpe & Schmidt, 1964).

Vielleicht, so das Argument, setzte die »Bestrafung« zum falschen Zeitpunkt ein. Gemessen wurde darum die einsetzende Erregung durch einen Druckmesser am Penis. Und immer wenn der Mann begann, sich beim Betrachten von männlichen Aktphotos zu erregen, gab es einen starken Elektroschock (Bancroft, 1970). Doch selbst mit diesen drakonischen Maßnahmen hielt die »Besserung« nicht länger als ein bis zwei Jahre an. Nur galt es danach, zusätzlich Erektionsprobleme zu behandeln.

Nachdem auf diese Weise feststand, daß die Homosexualität ein mit den Methoden der Medizin nicht zu korrigierendes Verhalten ist, wurden verstärkt solche Homosexuelle auf ihre generelle psy-

chisch-neurologische Befindlichkeit hin untersucht, die keine Patienten von Psychiatern waren. Erst auf diese Weise wurde ein Vergleich mit der »Normalbevölkerung« möglich. Das Resultat war ein »psychischer Persilschein«, ausgestellt von namhaften Psychiatern:
»Homosexuelle sind keineswegs psychisch krank« (Green, 1972; Saghir et al. 1970; Spiegelmann, 1972).

Die Feindseligkeiten der anderen Männer

Eine Umfrage in amerikanischen Städten ergab, daß neun von zehn homosexuellen Männern wegen ihrer Homosexualität beschimpft, jeder zweite mit Schlägen bedroht und jeder fünfte sogar geschlagen wurde. Immer wieder werden Homosexuelle bei der Stellungsuche benachteiligt (Herek, 1988).

Bei genauerer Datenanalyse läßt sich feststellen, daß es vor allem heterosexuelle Männer sind, die Homosexuelle ausgrenzen möchten. Die Gründe sind vielschichtig (Boswell, 1982; Herek 1988; Testa et al. 1987):
- Meine Freunde halten auch nichts von Homosexuellen.
- Es handelt sich bei Homosexuellen um triebhafte Menschen.
- Meine Männlichkeit gebietet es, mich von solchen Mann-Frauen zu distanzieren.
- Wenn ich mich mit Homosexuellen abgebe, denkt jeder, ich bin auch einer von denen.
- Homosexuelle wissen den Wert von Liebe und Ehe nicht zu schätzen.

Interessant ist nur, daß dieselben Männer nichts gegen Lesbierinnen haben. Im Gegenteil, sie möchten entweder gern einmal Lesbierinnen bei der Liebe zusehen oder, wenn irgend möglich, sogar Verkehr mit zwei Lesbierinnen haben. Bedingt durch diese Grundeinstellung vieler heterosexueller Männer bringen renommierte Männermagazine jedes Jahr mehrmals eine eindeutig bebilderte »Lesbierinnen-Strecke« (Winick, 1985).

Doch drehen wir den Spieß einmal um: Bitten wir diese »richtigen« Männer, sich nur einmal vorzustellen, sie lebten bei den Bataks in Sumatra.

Hier müssen alle Männer zwischen neun und neunzehn Jahren in einem Gemeinschaftshaus miteinander schlafen. Auch geschlechtlich. Erst nach dem neunzehnten Lebensjahr ist es ihnen erlaubt, Frauenkontakte zu haben und zu heiraten. Sie dürfen aber auch dann nebenher einen homosexuellen Freund behalten.

Doch wehe dem Batak, der mit einem Mädchen während der gleichgeschlechtlichen Jugendphase etwas anfängt. Wird das bekannt, müssen er und das Mädchen Selbstmord verüben. Es sind also die Heterosexuellen, welche von der Batak-Gesellschaft ausgegrenzt werden (Money, 1977).

Nicht viel besser würde es vielen Männern ergehen, die beim Liebesakt mit einer Frau eine andere als die »Missionarsstellung« bevorzugen. Nach den von Thomas von Aquin (1225–1274) aufgestellten Dogmen zur Sexualmoral waren alle anderen Formen des Geschlechtsverkehrs »Sünden gegen die Natur« und damit »Sünden gegen Gott«. Solche Sünden galt es genauso hart zu ahnden wie die Homosexualität. Mindeststrafe im damaligen Spanien: die Kastration – und anschließend Rudern auf einer Galeere.

Das waren die Folgen davon, daß das eigene soziale Verhalten nicht den jeweils herrschenden gesellschaftlichen Normen entsprach.

Nur zum Vergleich: Frauen scheinen gegenüber Homosexuellen die geringsten Vorurteile zu haben (Kite, 1984). Für viele Frauen sind es charmante Unterhalter, die noch dazu weibliche Probleme viel besser verstehen. Das männlich-weibliche Spannungsfeld bleibt nach außen hin erhalten. Doch es bestehen keine »sexuellen Verpflichtungen«. Deswegen sind sie angenehme Begleiter bei gesellschaftlichen Anlässen. Weil sich Homosexuelle so gut in männliche wie weibliche Betrachterstandpunkte hineindenken können, gehen Frauen gern zu homosexuellen Modeschöpfern und Friseuren und lassen sich von ihnen beraten. Wenn Homosexuelle in ihrer weicheren, diplomatischeren Art Verbesserungsvorschläge zum Aussehen und Anziehen machen, sehen Frauen darin mehr die konstruktive Kritik einer guten »Freundin«.

Auch in der Familie gibt es Probleme

Wenn Menschen in unserer Gesellschaft immer wieder gehört haben, Homosexuelle seien krank, sexuell pervers und gemeingefährlich, ist es kein Wunder, daß die Probleme schon in der Familie beginnen. Die meisten Väter reagieren mit Entsetzen, wenn ihnen ihr Sohn eröffnet, er fühle sich mehr zu einem anderen Mann hingezogen.

Selbst ein bekannter amerikanischer Liberaler und Führer der Menschenrechtsbewegung in den 70er Jahren, der Senator Joseph Epstein – also ein nach allgemeinen Maßstäben aufgeklärter Mann – formuliert es so:

»Es gibt nichts, was mich mehr bedrücken oder in Wut bringen könnte – nichts, was mich als Vater tiefer beschämen würde, als wenn einer meiner Söhne homosexuell wäre.«

Es ist diese Einstellung, mit der so mancher junge Mann von zu Hause weggejagt wird. Daran scheitern häufig auch alle späteren Versöhnungsversuche.

Glücklicherweise zeigen jeder fünfte Vater und die Mehrheit aller Mütter Verständnis für die Gefühle und Nöte eines homosexuellen Sohnes (Cramer & Roach, 1988).

Da aber keiner der Betroffenen vorher wissen kann, wie »seine« Eltern reagieren werden, durchlebt er eine Phase der Furcht vor der Zurückweisung und ein Wechselbad von Scham und Selbstanklage. Tiefe Depressionen können in dieser Zeit sogar zu Selbstmordversuchen führen.

Typisch für die seelischen Probleme, wenn die Homosexualität noch vor der Umwelt geheimgehalten wird, sind Aussagen wie:

»Ich war überzeugt, die einzige Möglichkeit, meine Familie und meine Freunde nicht zu verlieren, bestand darin, meine romantischen Gefühle für Männer vor aller Welt zu verbergen. Ich war mir sicher, sonst würden sich alle von mir zurückziehen ... Ich war verzweifelt. So konnte es nicht weitergehen. Ich begann, die Schule zu schwänzen und dachte daran, mich umzubringen.«

Jeder fünfte junge Homosexuelle erlebt solche Gefühle des totalen Sichverlassenfühlens und der absoluten Hoffnungslosigkeit (Bell & Weinberg, 1978). Dagegen hilft nur eines, allen Mut zusammenzunehmen und mit den Eltern zu sprechen.

Denn das offene Bekenntnis ist für den Betroffenen unendlich wichtig:
– Zur Selbstfindung.
– Weil er nicht länger seine wahren Gefühle verheimlichen muß.
– Weil sich Zusammengehörigkeitsgefühl und Verständnis zwischen Eltern und Sohn hinterher verbessern.

Wichtig ist nur, daß das »Geständnis« in einer ruhigen Minute und ohne Aggressionen gemacht wird. In den meisten Familien kommt es nach einem Zeitraum gefühlsmäßiger Turbulenz zu einer Akzeptanz des homosexuellen Verhaltens.

Noch lange danach reagieren Eltern mit Selbstvorwürfen und gegenseitigen Schuldzuweisungen. Immer wieder werden Fragen gestellt wie:

Haben wir als Eltern in unserer Erziehung etwas falsch gemacht?
Wurde unser Sohn als Wunschtochter herangezogen?
Ist er von einem Freund oder Verwandten verdorben worden?
Haben wir ihm zu sehr die jungenhaften, rohen Spiele verboten?
Hatte er nicht genug Jungen als Spielgefährten?
Habe ich als Mutter meinen Sohn zu sehr verzärtelt?
War ich als Vater zu hart zu ihm, so daß er lieber wie seine Mutter werden wollte?
Ist es ein Protest gegen die übertriebenen Anforderungen an die Männlichkeit in unserer Zeit?
Fühlte er sich einfach überfordert?
Die Antwort auf alle diese Fragen gibt das nächste Kapitel.

2.
Homosexualität ist keine Erziehungsfrage

> Die Männerliebe ist so alt wie die Menschheit, und man kann daher sagen, sie liege in der Natur.
>
> GOETHE

Schon zeitig stellen Homosexuelle fest, daß romantische Bindungen für sie nur mit anderen Männern möglich sind. Mehr als drei Viertel aller späteren Homosexuellen fühlen sich *bereits vor der Pubertät* ausschließlich zu Jungen (bzw. Männern) hingezogen. Was natürlich nicht ausschließt, daß jeder zweite jugendliche Homosexuelle in der Zeit des Hormonsturms sexuell auch mit Frauen experimentiert. In ähnlicher Weise probiert es ein Viertel aller später heterosexuellen Männer in der Pubertät mit anderen Jungen aus.

Wichtig ist ferner: In neun von zehn Fällen gehen sexuelle Gefühle dem eigentlichen homosexuellen Geschlechtskontakt voraus. Nur bei einem von zehn Homosexuellen werden die entsprechenden Neigungen erst mit der Verführung durch einen anderen Mann geweckt (Bell et al. 1981; Coleman, 1985; Lehne, 1978; Saghir et al. 1969; Troiden, 1979).

Aus diesem Grunde ist auch die Frage viel diskutiert worden, inwieweit Erziehung und Familienbeziehungen bei der Entstehung des homosexuellen Verlangens eine Rolle spielen.

Eltern trifft keine Schuld

Psychoanalytiker haben immer wieder behauptet, die Homosexualität sei eine »Verhaltenstörung«, die sich aus Problemen mit Vater und Mutter besonders in den ersten sieben Lebensjahren entwickele (Freud, 1919; Bieber et al. 1962; Bieber & Bieber, 1979; Evans, 1969; Storr, 1964; West, 1959). Dabei wurden je nach Lehr-

meinung alternative »Auslöser« für eine spätere homosexuelle Neigung postuliert:
- Eine dominierende oder besitzergreifende Mutter,
- Ein gefühlsmäßig distanzierter oder stark verweichlichter Vater,
- Die Verhinderung einer heterosexuellen Entwicklung bei Fehlen des Vaters und daraus folgender überstarker Fixierung auf die Mutter.

Doch die diesen Thesen zugrundeliegenden Untersuchungen der Psychoanalytiker leiden von vornherein unter einem gravierenden Mangel. Meist handelte es sich bei den Studienobjekten um homosexuelle Patienten, die wegen psychischer Probleme in klinischer Behandlung waren. Und diesen Menschen wurden dann auf psychologischen Fragebögen bereits als Suggestivfragen richtungweisende Einschätzungen über die Beziehung zu ihren Eltern vorgegeben. Was auf diese Weise »herausgefunden« wurde, erinnert mehr an die typischen Probleme zwischen Eltern und neurotischen Kindern (Gassner & Murray, 1969). Dem aber steht entgegen, daß Homosexuelle in ihrer überwältigenden Mehrheit psychisch völlig gesund sind (Kapitel 1).

Neuere Studien an vielen Tausenden von Homosexuellen – die mit heterosexuellen Kontrollpersonen genau nach Alter, Bildungsgrad und sozialer Herkunft verglichen wurden – haben folgende Ergebnisse erbracht:
- Mütter von Homosexuellen sind keineswegs besitzergreifender, anhänglicher, überfürsorglicher oder bestimmender im Vergleich zu den Müttern von heterosexuellen Männern (Bene, 1965; Siegelmann, 1974).
- Väter von Homosexuellen sind keineswegs »der Mann ihrer Frau« und nehmen auch durchaus reges Interesse am Gefühlsleben ihrer Söhne (Apperson & McAdoo, 1968; Greenstein, 1966).
- Die Abwesenheit eines Vaters in der Kindheit prädestiniert keineswegs zur Homosexualität (McCord et al. 1962; Van Wyk & Geist, 1984).
- Homosexualität ist keine Folge von zerrütteten Familienverhältnissen (Hooker, 1969).

Generell läßt sich sagen: Ob die Jungen sich später für Frauen oder für Männer interessieren, hängt nicht von den Familienbeziehungen und Erziehungseinflüssen ab. Durch eine Reihe von Studien ist erwiesen, daß in dieser Beziehung keine Unterschiede hinsichtlich einer homosexuellen oder heterosexuellen Entwicklung existieren (Bell et al. 1981; Newcomb, 1985; Robinson et al. 1982; Siegelmann, 1981).

Bei der Homosexualität handelt es sich – entgegen dem Freudschen Postulat – auch um kein Verhalten, welches durch die Identifikation des heranwachsenden Sohnes mit dem väterlichen Vorbild geprägt wird:
– 95 von 100 Kindern homosexueller Väter entwickeln ein heterosexuelles Verlangen (Miller, 1979a; Harris & Turner, 1985).

Ein Fünftel aller homosexuellen Männer heiraten trotz ihrer Veranlagung und bekommen auch Kinder (Miller, 1979b). Interessanterweise existieren auch in den Verbindungen homosexueller Väter weniger Probleme zwischen den Elternteilen in Fragen der Kindererziehung und Disziplin als in Ehen von heterosexuellen Partnern. Bei allein sechs Millionen verheirateten Homosexuellen in den Vereinigten Staaten handelt es sich bei diesen Untersuchungen um eine zahlenmäßig aussagekräftige Gruppe.

Werden mädchenhafte Jungen homosexuell?

Auch wenn aus heutiger Sicht das traditionelle Rollenverhalten eigentlich nicht mehr so entscheidend sein sollte, Eltern machen sich immer wieder Sorgen, wenn ihr Sohn sich nicht wie ein »richtiger« Junge verhält. Gerade Väter reagieren mit Unverständnis, mitunter sogar feindselig, wenn ihr Sohn sich durchaus für keines ihrer Hobbies interessieren läßt (Buhrich & McConaghy, 1978; Evans, 1969; Mallen, 1983).

Die elterliche Besorgnis wird nicht zuletzt auch dadurch verstärkt, daß Psychologen und Psychiater seit langem die These vertreten, feminine Verhaltensweisen in der Kindheit seien ein

Indikator für spätere Homosexualität (zum Beispiel Green, 1974, 1987; Thompson et al. 1973).

Als »feminines« Verhalten wurden von den Psychologen folgende Eigenschaften hervorgehoben:
- Das Spielen mit Puppen um das dritte Lebensjahr,
- Das Tragen von Mädchenkleidern ab dem vierten Lebensjahr,
- Das bevorzugte Spielen mit Mädchen zwischen fünf und neun Jahren,
- Die Ablehnung von Abenteuergeschichten und Science-Fiction-Romanen,
- Geringe Neigung für Kampfsportarten zwischen neun und dreizehn Jahren,
- Die Bezeichnung als »Memme« durch andere Jungen.

Sieht man sich allerdings vergleichende Untersuchungen zwischen jeweils Hunderten von Homosexuellen und ihren heterosexuellen Altersgenossen genauer an (und beschränkt sich dabei nicht auf nur ein oder zwei solcher Persönlichkeitsmerkmale) dann ergibt sich ein anderes Bild:
- Nur zwischen 32 Prozent und 45 Prozent aller späteren Homosexuellen hatten in der Kindheit eindeutig »mädchenhafte Züge« (Grellert et al. 1982; Harry, 1983; Whitham 1977),
- Auch bis zu 25 Prozent aller Heterosexuellen zeigten ein ähnlich feminines Verhalten in der Kindheit (Bell et al. 1981; Harris, 1983).

Das hängt allein mit der Anlage von weiblichen Gefühlsmustern im Gehirn nach der 27. Schwangerschaftswoche zusammen, wie ausführlich im Kapitel 5 erklärt wird. Und diese Anlagen sind unabhängig vom späteren sexuellen Partnerprogramm.

Mädchenhafte Verhaltensweisen vor der Pubertät sind keineswegs ein Indikator für eine spätere Homosexualität. Selbst statistisch gesehen hat ein mädchenhafter Junge nur eine Chance von 2 zu 100, später einmal homosexuell zu werden. In vielen Fällen verschwinden diese Vorlieben und Einstellungen sogar mit dem Erwachsenwerden.

Wie wenig die sonstigen Interessen eines Heranwachsenden mit dem späteren Partnerprogramm zu tun haben, ergibt sich auch aus

Großuntersuchungen des amerikanischen Psychologieprofessors Alan Bell (et al. 1981, Seite 188–189):
- Die Hälfte aller späteren Homosexuellen war in ihrer Jugend durchaus maskulin , d.h. ihre Phantasien und Idealbilder wie auch ihre Vorlieben bei Spiel und Sport waren ausgesprochen männlich betont. Die allermeisten solcher Jungen wollten auf keinen Fall etwas mit Mädchen oder mit als weiblich eingestuften Aktivitäten zu tun haben.

Entgegen gängigen Klischeevorstellungen läßt sich feststellen: Homosexualität ist eine sexuelle Einstellung, die nichts zu tun hat mit dem Fehlen von traditionell als männlich geltenden Eigenschaften in der Kindheit, denn ...

Viele Kriegshelden waren homosexuell

Unter dem Einfluß der Dorer wurde zwischen dem siebten und dem fünften Jahrhundert vor unserer Zeitrechnung die Liebe zwischen Männern als Teil des öffentlichen Lebens im antiken Griechenland eingeführt. Sie galt als Quelle zarter inniger Gefühle und aufopfernder Hingabe. Gerade deshalb wurden in Sparta, Kreta und Theben die militärischen Eliteverbände ausschließlich aus homosexuellen Paaren zusammengestellt (Pacion, 1970).

Der Komponist Richard Wagner beschrieb in seinem »Kunstwerk der Zukunft« die Philosophie dieser Männerliebe mit den Worten: »Diese Liebe, die in dem edelsten sinnlich geistigen Genießen ihren Grund hatte, war bei den Spartanern die einzige Erzieherin der Jugend, die nie alternde Lehrerin des Jünglings und Mannes, die Ordnerin der gemeinsamen Feste und kühnen Unternehmungen, ja, die begeisterte Helferin in der Schlacht, in dem sie es war, welche die Liebesgenossenschaften zu Kriegsabteilungen und Heeresordnungen verband und die Taktik der Todeskühnheit zur Rettung des Bedrohten oder zur Rache des gefallenen Geliebten nach unverbrüchlichen, naturnotwendigsten Seelengesetzen vorschrieb.«

Sicher war diese Geisteshaltung ein entscheidender Grund für den Todesmut in den Schlachten von Koroneia, Marathon oder bei den Propyläen im Kampf gegen eine Übermacht von Feinden. Immerhin mußte Philipp von Mazedonien seine ganze Armee aufbieten, um 338 v. Chr. bei Chaironeia das nur 300 Mann starke »heilige Bataillon« der Stadt Theben zu vernichten. Nachdem sie vorher 33 Jahre unbesiegt geblieben waren, kämpften und starben die 300 bis zum letzten Mann.

Auch bereits zu Zeiten des Trojanischen Krieges spielten homosexuelle Liebespaare eine Rolle (siehe Buch 16-24 der Ilias). Achilles zog seinen zarten Freund Patroklos der schönen Briseis vor (Martial, Epigr., III, 43). Und obwohl er geschworen hatte, nie wieder für die Griechen zu streiten, stürzte er sich erneut in den Kampf und tötete Hektor. Der Grund: Dieser hatte seinen Freund umgebracht – als der in Achilles' Rüstung die Trojaner zu täuschen versuchte. Ein solches absolutes Rachegefühl kommt normalerweise fast nur bei Frauen vor (siehe Kap. 5).

Der Welteneroberer Alexander der Große, König von 336 bis 323 v. Chr., war seit frühester Jugend homosexuell (Curtius III, 12, VI, 5.18 + X, 1.4). Alexander glaubte an die unbesiegbare Kraft homosexueller Verbindungen. Aus diesem Grunde ließ er die Kavallerie ausschließlich aus homosexuellen Paaren aufstellen. Zum Kommandeur machte er seinen Geliebten Hephaistion. Den Mann, den Alexander schon von Jugend an liebte und den er überall mit den Worten vorstellte: »Auch dies ist Alexander« (Arrian II, 12, 6).

Bevor Alexander seine 30 000 Mann starke Truppe in die Schlacht gegen den Perserkönig Dareios führte, verordnete er ihnen eine spirituelle Stärkung. In Form eines »Feldgottesdienstes« am Grabe des großen homosexuellen Liebespaares Achilles und Patroklos. Es wurde ein rauschender Sieg bei Arbela. Im Jahr 324 vor unserer Zeit hatten Alexanders Homosexuellenverbände die ganze Welt von der Ägäis bis zum Indus erobert.

Auch in der römischen Geschichte gibt es viele homosexuelle Kriegshelden:
– Der große Cäsar (100-44 v. Chr.) hatte ein bewegtes homo-

sexuelles Liebesleben (Antonii Parnormitae Hermaphroditus, S. 231 ff.). Bei der Heimkehr aus dem Gallischen Krieg besangen die Soldaten denn auch ihre »Königin«.
- Augustus, Gaius Octavius (63 v.Chr. bis 14 n.Chr.), soll von Cäsar als Sohn adoptiert worden sein, weil er sein Geliebter war (Sueton, cap. 68).
- Trajan (98–117 n.Chr.) wurde auf seinen siegreichen Feldzügen durch den ganzen Orient von »einer Schar schöner junger Männer, die er tags und nachts in seine Arme rief«, begleitet (Spartianus; Gregorovius).

Bis zum dritten christlichen Jahrhundert hatte die römische Armee auch ihre eigene »Elite-Religion«: die Anbetung des persischen Gottes Mithra, in der homosexuellen Handlungen eine kultisch-verbindende und kräftespendende Funktion zugeschrieben wurde.

Selbst die am meisten gefürchteten Feinde der Römer, die Karthager, hatten eine ungewöhnlich große Zahl von Homosexuellen in ihren Reihen. Dazu gehörten auch ihre Feldherren Hannibal, Hamilkar und Hasdrubal (Nepos, cap. 3; Livius 21, 3 f.). Der Schriftsteller Gustave Flaubert schilderte die daraus entstehende Motivation in seinem Werk »Salammbô«:

»... ohne Familie, wie sie waren, übertrugen sie ihr Bedürfnis nach Zärtlichkeit auf einen der Gefährten. Sie entschlummerten Seite an Seite unter demselben Mantel, beim Schimmer der Sterne. Es bildeten sich geschlechtliche Verbindungen, die ebenso ernsthaft waren wie Ehen, wo der Stärkere den Schwächeren im Gewühl der Schlacht verteidigte. Bisweilen blieben zwei Männer blutüberströmt stehen, fielen einander in die Arme und starben unter Küssen.«

Mit diesen Soldaten zog Hannibal im Jahre 218 von Spanien aus mit seinen Elefanten über die Alpen und nach drei schweren Niederlagen der römischen Legionen bis vor die Tore Roms. Lange blieb der Schreckensruf »Hannibal ante portas« bei den Römern in Erinnerung.

In den Ritterorden des Mittelalters lebte diese Form der Blut- und

Waffenbrüderschaft wieder auf. In dieser Zeit entstand eine mystische Verklärung der Homosexualität:

»Die Vermischung des Samens« sollte ähnlich der Vermischung des Blutes »eine Art Verwandtschaft« bewirken.

Eine Rolle spielte dieses Denken bei den Kreuzrittern unter ihrem Führer Richard Löwenherz, dem König von England (1157-1199). Nur so konnten sie 1191 die weit überlegenen Truppen Saladins bei Arsuf schlagen. Dem Ideal von der »Samen-Verwandtschaft« besonders verpflichtet fühlte sich der Deutschmeisterorden. Im festen Glauben daran starb der berühmte Hochmeister Ulrich von Jungingen mit 30 000 seiner Getreuen in einer Schlacht gegen Polen und Litauer bei Tannenberg im Jahre 1410. Wegen der Verherrlichung solcher homosexueller Ideale wurde 1307 der Templerherrenorden in Malta auf Weisung der Kirche aufgelöst.

Auch wenn es aus der Sicht unserer Zeit keine Frage mehr ist, daß Frauen genauso tapfer sein können wie Männer – es sei noch einmal hervorgehoben –, persönlicher Heldenmut von Homosexuellen war immer schon mit einer weiblichen Gefühlswelt und mit anderen femininen Eigenschaften verbunden:

Prinz Eugen, der edle Ritter der Türkenkriege (1663-1736) und Neffe des französischen homosexuellen Kardinals Mazarin, galt in seinem Gehabe als ausgesprochen feminin. Ein Verhalten, welches ihm in Paris die Beinamen »Madame Simone« und »Madame Cansienne« eintrug (Vehse, 1852). Eugen war zierlich gebaut, kleinwüchsig, hatte einen schwingenden Gang und eine recht weibliche Gestik. Das erklärte auch seine großen anfänglichen Schwierigkeiten am österreichischen Kaiserhof. Niemand wollte dem fähigen Strategen ein militärisches Kommando geben – bis zur Stunde der nationalen Not im Jahre 1683, als die Türken vor Wien standen. Später schlug Prinz Eugen dann die Türken auch noch 1697 bei Zentre, eroberte 1706 Oberitalien in der Schlacht von Turin und 1716 auch noch Belgrad.

Auch Friedrich der Große (1712-1786) entsprach in Gestik und überschwenglichen Gefühlsäußerungen mehr einer Frau. Dieses Verhalten führte bei seinem Vater, Friedrich Wilhelm I., immer

wieder zu Wutausbrüchen. Hier ein Beispiel, wie ein im Felde mit aller Härte agierender Soldat romantisch fühlte:
 Bei der Einweihung von Sanssouci schrieb Friedrich II. folgendes Gedicht für seinen geliebten »Cäsarion«, den Grafen von Keyserlingk (Brandt, 1926):
 »Dans ce nouveau palais de noble architecture
 Nous jouirons tous deux de la liberté pure,
 Dans l'ivresse de l'amitié!
 Seront les seuls péchés taxés contre nature[1].«
Zum besseren Verständnis sei darauf hingewiesen, daß Friedrich II. Schloß Sanssouci als Liebesnest geplant hatte und es aus diesem Grunde auch mit vielen homosexuellen Symbolfiguren der Antike ausstattete. Nie erlaubte er einer Frau, in Sanssouci zu wohnen.

Erhalten geblieben sind sein erotischer Briefwechsel mit Fredersdorf und eine Reihe literarischer Werke, in denen Friedrich II. die Homosexualität verklärte (Brandt, 1926; Ziechmann, 1986).

Friedrich der Große ist ein gutes Beispiel dafür, daß auch homosexuelle Herrscher dem Zeitgeist Rechnung tragen mußten. Geprägt von den Erfahrungen seiner Festungshaft in Küstrin stimmte er dem Vorschlag seines Vaters zu, die Prinzessin von Braunschweig-Bevern zu heiraten. Sein einziger Wunsch: Nur nicht mehr im Hause des Vaters leben müssen, der ihm jedesmal aufs Essen spuckte, um ihm seinen Unmut zu zeigen. Schon bei der Hochzeit waren Friedrichs Augen voller Tränen. Er schreibt an seine Schwester Wilhelmine:

»Zwischen mir und meiner Frau kann es weder Liebe noch Freundschaft geben.«

Es war eine Scheinehe, in der Friedrich II. nur dafür sorgte, daß der Königin von Preußen alle ihr zustehenden äußeren Ehrungen zuteil wurden. Die ehelichen Kontakte beschränkten sich auf zweimal im Jahr stattfindende gemeinsame Essen. Eine Hochzeitsnacht hat es nie gegeben.

---

[1] Im neuen wunderschönen Palast erleben wir beide die absolute Freiheit und das tiefe Gefühl zärtlicher Freundschaft. Kann solches Streben Sünde wider die Natur sein?

Als dann die Gerüchte von seiner Männerrunde in Sanssouci zu laut wurden, bezahlte Friedrich sogar die Tänzerin Barbarina mit 7000 Talern im Jahr, »um für seinen Ruf zu sorgen«. Barbarina hat nie auch nur eines der königlichen Schlösser betreten dürfen. Dafür gestattete er ihr andere Männer als Geliebte: den General Rothenburg und den Baron Chazot. Und sogar den Mann, bei welchem sich Friedrich angeblich immer mit der Tänzerin traf – den bisexuellen Algarotti. Das geschah mit besonders schwerem Herzen, denn Friedrich liebte Algarotti und hatte ihn aus diesem Grunde zum ersten Kammerherrn und Grafen befördert.

Andere Kriegshelden hatten mehr Glück. Sie lebten in einer Zeit, wo zumindest keine aktiven Verfolgungen stattfanden. Es waren allerdings immer nur Perioden relativer Toleranz, denn selbst ein homosexueller Papst wie Sixtus IV. getraute sich nicht einem offiziellen Ersuchen zur Aufhebung der Bestrafung Homosexueller zuzustimmen.

Beispiele von unerschrockenen homosexuellen Helden lassen sich in jedem Jahrhundert und in jeder Nation finden:
- Der spanische General Cordoba (1453–1515), der die Franzosen in Italien besiegte,
- Der türkische Sultan Suleiman der Prächtige (1495–1566), der das Rote Meer, Rhodos, den Mittleren Osten und ganz Südosteuropa eroberte,
- Der französische Feldherr Louis, Prince de Condé (1530–1569), der Führer der Hugenotten im Religionskrieg,
- Wilhelm I. von Oranien (1533–1584), der Gegner Herzog Albas in der niederländischen Revolte gegen Spanien,
- Der Flame Johannes Graf von Tilly (1559–1632), erfolgreicher Feldherr des Dreißigjährigen Krieges,
- Karl XII. von Schweden (1682–1718), der große Teile Nordeuropas eroberte und in der Schlacht gegen Zar Peter I. bei Poltava starb,
- Alexander Hamilton (1757–1804) und John Laurens (1754–1782), die engsten Waffengefährten George Washingtons im Unabhängigkeitskrieg,

- Feldmarschall Kutusow (1745-1813), der Napoleon 1812 die entscheidende Niederlage im Rußlandfeldzug beibrachte,
- Der schottische General Hector MacDonald (1853-1903), der 1879 Kabul eroberte und zum Helden der Sudan-Kampagne 1890/91 und des Burenkrieges 1900 wurde,
- Der Ire Lawrence von Arabien (1888-1935), der heldenhaft gegen eine türkische Übermacht im I. Weltkrieg kämpfte und 1918 Damaskus eroberte.

Als Männerbünde hatten Heer und Marine immer einen hohen Anteil an homosexuellen Offizieren (von Leexow, 1911). In jedem Regiment der kaiserlichen Armee gab es zur Jahrhundertwende wenigstens zwei homosexuelle Offiziere, acht homosexuelle Unteroffiziere und etwa 40 homosexuelle Soldaten. Die Gründe lagen nach Freiherr von Leexow:
- In einem kameradschaftlichen Gemeinschaftsgefühl einer Truppe mit vielen Homosexuellen,
- In der Hoffnung, einen sympathischen sexuellen Partner zu finden,
- In der Überzeugung der Offiziere und Unteroffiziere, andere Männer erzieherisch beeinflussen zu können und für sie zu sorgen.

Dazu von Leexow: »Rührend ist oft zu sehen, mit welcher Sorgfalt ein homosexueller Vorgesetzter den Untergebenen umgibt, wie er die Zagenden aufmuntert, die Ungeschickten belehrt, den Leichtsinnigen zurückhält und den Schwächlichen unterstützt.«

Typisch waren auch die Reaktionen der englischen Generalität nach den anfänglichen Niederlagen gegen die Buren im Jahre 1897. Alle wegen Homosexualität aus dem Dienst entfernten Offiziere wurden wieder eingestellt und erhielten Frontkommandos. Auch im englischen Mutterland durfte jetzt ein Homosexueller die Entscheidungen über die Reorganisation der Armee treffen: Viscount Esher (1852-1930). Er begründete den Generalstab und stattete die Armee mit moderner Kriegstechnik aus, vor allem aber auch mit einem leistungsfähigen Sanitätskorps.

Doch kaum war der Krieg gewonnen, waren auch die alten

Vorurteile wieder da. Im Mai 1902 war General MacDonald Oberbefehlshaber in Ceylon geworden. Gerüchte über homosexuelle Beziehungen begannen dort zu kursieren. Das Kriegsministerium hätte diesen Anschuldigungen keineswegs nachgehen müssen. Doch es wurde ein Gerichtsverfahren angesetzt. Der vom einfachen Soldaten zum kommandierenden General aufgestiegene MacDonald hatte zu viele Neider. Auf dem Heimwege nahm sich Hector MacDonald im Pariser Hotel Regina das Leben.

Einen besonders hohen Anteil an Homosexuellen hatte die französische Fremdenlegion. Das Leben in den Hauptquartieren in Sidi-Bel-Abbès und Saida, aber auch in den Kämpfen beschreibt der Legionär Wilhelm Cremer in seinem Roman »Verlorene Söhne«. Wieder waren es der Mut und die Aufopferung für den Partner, welche die Legion in den Kämpfen gegen Abd-El-Kader, aber auch bei der Belagerung von Sewastopol im Krimkrieg und in der Schlacht von Magenta gegen die Österreicher so erfolgreich machten.

In der kaiserlich-deutschen Marine dienten sogar doppelt soviel Homosexuelle wie im Heer. Wilhelmshaven war zum Beispiel fest in homosexueller Hand. Nicht anders sah es in der englischen Marine aus. Churchill hat das überspitzt so formuliert: »Die englische Marinetradition ist eine Mischung von Homosexualität und Seemannsgarn.«

Bereits die berühmten Piraten des 16. und 17. Jahrhunderts waren alle homosexuell. Sie hatten feste Bindungen – als »Matelotage« bezeichnet – mit einem eheähnlichen Charakter und daraus resultierender Erbberechtigung. Jeder war für das Verhalten des Partners verantwortlich. Wurde einer von ihnen bestraft, mußte der andere die Strafe teilen. Als die Freibeuter nicht länger im englischen Schutz spanische und französische Schiffe versenken durften, zogen sich viele von ihnen mit ihrem homosexuellen Partner auf die Inseln der Karibik zurück. Port Royal und Antigua waren zu dieser Zeit echte homosexuelle Gemeinden.

Homosexualität gab es in allen Epochen der Menschheitsgeschichte

Schon im frühen Babylon wurde die gleichgeschlechtliche Liebe verherrlicht. So steht in dem drei Jahrtausende vor unserer Zeit entstandenen Gilgamesch-Epos über den König von Erech – als er mit Entsetzen sieht, daß sein Geliebter Eabani tot ist:
»Da berührte er sein Herz, aber es klopfte nicht ...
Da verhüllte er den Freund wie eine Braut.«
Und weiter:
»Mein Freund ist zu Erde geworden,
soll nun auch ich mich wie er zur Ruhe legen
und nicht aufstehen in alle Zukunft.«
Worte, die man kaum von einem Krieger erwarten würde – eher von einer gramgebeugten, liebenden Frau.

Die Akzeptanz der Homosexualität in anderen Kulturkreisen ergibt sich schon aus der Religion: Zweigeschlechtlich wurden der syrische Gott Baal, der persische Gott Mithras, die Isis der Ägypter, der hinduistische Brahma und die indische Gottheit Schiwa abgebildet. Auch die nordische Göttin Freya wurde ebenso wie ihr männliches Seitenstück Friggo mit den männlichen wie weiblichen Geschlechtsteilen dargestellt. Und was die griechische Religion anbetrifft, so heißt es schon in den orphischen Hymnen: »Höre mich Adonis, du vielnamige und beste der Gottheiten, du mit deinem anmutigen Haar, der du Jungfrau bist und Jüngling zugleich« – und nach der Legende holte sich Zeus den Jüngling Ganymed extra als Bettgenossen in den Olymp.

Auch im chinesischen Kaiserreich war die Homosexualität vor allem unter den Bonzen, Mandarinen und Militärs weit verbreitet. Zwischen dem dritten vorchristlichen und dem neunzehnten nachchristlichen Jahrhundert waren nicht weniger als vierzehn Kaiser homosexuell.

In Japan wurde die Homosexualität zuerst in Schriften im Jahre 600 unserer Zeitrechnung in Verbindung mit Mönchsorden erwähnt. Ihre höchste Blüte entfaltete sie zur Zeit der Samurai um

1200. Ähnlich den griechischen Traditionen handelte es sich gemäß dem kriegerischen Charakter der Kaste um feste Blutsbrüderschaften. Es bestand die Überzeugung, daß es tapferer und heldenhafter sei, wenn Männer Männer liebten.

Bei den Arabern des 7. und 8. Jahrhunderts galt Homosexualität sogar als eine höhere Form der Liebe. Hierbei sollten sich zwei in einem früheren Leben getrennte Hälften einer Seele wiedervereinigen. Wer sich aus Liebe zu seinem verstorbenen Geliebten das Leben nahm, war sicher ihn im Paradies wiederzutreffen. Solche Verbindungen wurden in der klassischen arabischen Literatur in vielen Gedichten verherrlicht. Der moderne Islam duldet dagegen Homosexualität nur noch vor der Ehe. Allerdings verweist der Schluß des Korans die Männer auf das Paradies:

»Doch zu ihrer Aufwartung gehen ewig blühende Jünglinge um sie herum; wenn Du sie siehst, hältst Du sie für verstreute Perlen«.
Vergleichende anthropologische Untersuchungen haben gezeigt, daß in zwei Drittel aller primitiven Gesellschaftsformen die Homosexualität als etwas Normales angesehen wurde (Ford, 1954).

In vielen Kulturen galten die Mann-Frauen als mit besonderen Fähigkeiten ausgestattet. Bei den Fischern und Jägern Sibiriens hatten sie als Schamanen eine Priesterfunktion inne (vergleiche auch Kapitel 1). Bei den Indianern Nordamerikas, den Navahos, Illinois, Sioux und Sea Dyaks, waren Homosexuelle Mitglieder im Rat der Häuptlinge, und bei den Cheyenne entschieden sie sogar über Krieg und Frieden.

Im Bereich der melanesischen Inseln, dem heutigen Neukaledonien, Neuguinea und den Neuen Hebriden, glaubten die Eingeborenen der gleichgeschlechtliche Umgang mache die jungen Männer stark. Sogar bei den rohen Reitervölkern Asiens – wie zu Zeiten des Mongolenherrschers Kublai Khan (1215–1294) – gab es aus ähnlichen Gründen den rituellen Bund zwischen zwei Homosexuellen.

Durch die Kolonisatoren Afrikas und Amerikas wissen wir, daß um 1600 im heutigen Kamerun und Angola und bei den Indianern Mittel- und Nordamerikas gleichberechtigte Ehen zwischen Männern bestanden. In der Hochkultur der Mayas erlebte die Homosexualität im 15. Jahrhundert eine ähnliche Blüte wie im antiken Griechenland. Schon Jünglinge erhielten bis zu ihrer Verheiratung einen älteren männlichen »Lustsklaven«, der auch für ihre Erziehung verantwortlich war. Die Homosexualität galt als Mittel der körperlichen Stärkung – durch Übertragung des energiespendenden Samens. Hatten Jünglinge vor der Ehe geschlechtliche Kontakte zu einem Mädchen, wurden sie schwer bestraft. Auf diese Weise sollte gesichert werden, daß die Mädchen als Jungfrauen in die Ehe gingen. Allerdings hatten Männer immer die Wahl, auf eine Ehe zugunsten einer homosexuellen Bindung zu verzichten.

In keinem Kulturkreis hat die Homosexualität den Bestand der Familie bedroht. In den Zeiten, wo sie erlaubt war, betonten die religiösen Lehren sogar die Wichtigkeit der Familieneinheit für die Aufzucht der Kinder. In Griechenland galt selbst zur Blütezeit des homosexuellen Lebensstils: Die Familie ist die »Keimzelle des Staates« (Xenophon, Dec. 7, 17-22). Es war eine Verknüpfung von gesellschaftlichen, ökonomischen und religiösen Motiven. Selbst im Römischen Reich war es erst seit den Zeiten des Kaisers Augustus (63 v.Chr. bis 14 n.Chr.) erlaubt, daß homosexuelle Paare offiziell zusammenleben durften. Eine generelle Heiratserlaubnis für Homosexuelle gibt es übrigens erst in unserer Zeit – seit dem 26. Mai 1989 in Dänemark.

Auch wenn der Streifzug durch die Geschichte nicht vollständig sein kann, gab es die Homosexualität in allen Epochen der Menschheitsgeschichte. Ins Wanken geraten dürfte damit ein weiteres Postulat aus unserer Zeit:

»Der Sittenverfall unserer Zeit als auslösender Faktor.«

Spielt Vererbung eine Rolle?

Die Vererbungslehre hat sich seit Darwin und Mendel auf die Merkmalentstehung und Auslese bei Tieren und Pflanzen gestützt. So stellt sich zwangsläufig die Frage, inwieweit »Experimente der Natur« – nicht etwa ein im Labor induziertes Sexualverhalten – Hinweise auf den Entstehungsmechanismus der Homosexualität geben können.

Die Annahme eines Evolutionsfaktors wird durch den Befund gestützt, daß homosexuelles Verhalten schon im Tierreich vorkommt. Der Berliner Professor F. Karsch hat bereits im »Jahrbuch für sexuelle Zwischenstufen« aus dem Jahre 1901 die Nachweise für gleichgeschlechtliche Beziehungen bei Tieren zusammengestellt. Und die kommen bei Amphibien, Vögeln und Säugetieren vor (siehe auch Armstrong & Marshall, 1964; Gadpaille, 1972).

Auch die Affenforscherin Jane Goodall hat im Gombe-Nationalpark in Tansania homosexuelles Verhalten bei Schimpansen beobachtet. Auch von anderen Affenarten ist es bekannt. Immer sind gefühlsmäßige Bindungen fester Bestandteil solcher gleichgeschlechtlicher Partnerschaften. Stärkere Männchen umsorgen und beschützen dabei ihren schwächeren Freund.

Da aber bei Tierarten, die in Gruppen leben, ein Erziehungsfaktor nicht ausgeschlossen werden kann, geben Entenvögel ein besonders gutes Beispiel. Denn keine Entenmutter kann sich nur um eines von einem Dutzend Küken kümmern, und der Entenvater entfällt als »Erziehungsfaktor«.

Als Vorstand des Zoologischen Gartens Berlin hat Heinroth eine Reihe solcher homosexueller Partnerschaften beschrieben:

»Man kann bei den verschiedenen Entenarten oft die Beobachtung machen, daß sich zwei männliche Tiere miteinander paaren. Die beiden Partner treffen dieselben Vorbereitungen wie bei dem üblichen Brautwerben. Das Männchen schwimmt zunächst auf das ›Weibchen‹ zu und taucht zur Aufforderung den Schnabel ins Wasser. Hierauf legt sich das ›Weibchen‹ wie tot auf das Wasser, und nach längerem Liebesspiel erfolgt die Begattung. Auch das Liebesnachspiel ist dasselbe wie bei normalen Entenpaaren. Der aktive Partner umschwimmt den ruhig bleibenden Teil.«

Heinroth berichtet auch von ähnlichen Männerpartnerschaften bei Gantern, Trompetenschwänen und Tauben, die alle ein ganzes

Leben anhielten. In allen Fällen standen durchaus weibliche Vögel zur Verfügung, so daß eine »Ersatzhandlung« wegen einer Notsituation ausgeschlossen werden konnte.

In Isolation aufgewachsene Vögel und Säugetiere zeigen angeborene Reaktionen, wenn sie sich plötzlich einem Sexualpartner gegenübersehen. Im Tierreich muß daher ein ererbtes Sexualverhalten bei gleichgeschlechtlichen Partnerkontakten angenommen werden.

Natürlich geht es hier nicht darum, homosexuelles Verhalten bei Tieren nachzuweisen. Dann würde sicher der Gefühlsaspekt zu kurz kommen. Doch wenn bereits in der Evolution ein gewisses homosexuelles Verhalten als vererbbare Komponente angelegt wurde, dann hat das auch für den Menschen eine verhaltensbiologische Bedeutung.

Beim Menschen kommen homosexuelle Neigungen gehäuft in Familien mit bestimmten Erbfaktoren vor (Bakwin, 1968; Margolies & Janiger, 1973).

Beispiele aus der Geschichte für gleichveranlagte Väter und Söhne sind:
- Philipp von Mazedonien und Alexander der Große
- Hamilkar und Hannibal, die Feldherren Karthagos
- Henry Edward Stuart (der Ehemann Maria Stuarts) und Jakob I. von England
- Ludwig XIII. von Frankreich und sein Sohn Philipp von Orléans
- Richard und Siegfried Wagner
- Thomas und Klaus Mann.

Unter männlichen Geschwistern ist die Homosexualität viermal so häufig wie in der übrigen Bevölkerung (Pillard et al. 1982; Pillard & Weinrich, 1986).

Um nur einige Beispiele zu nennen:
- Friedrich II. und Prinz Heinrich von Preußen
- Die großen Gelehrten Alexander und Wilhelm von Humboldt
- Der Komponist Peter Tschaikowsky und sein Bruder Modest
- Der englische Dichter A. E. Housman und sein Bruder Laurence.

Bevor aber nun das Argument von der gemeinsamen Erziehung neu belebt wird – es gibt genug Studien an Großfamilien, wo eben nur ein oder zwei von sechs und mehr Söhnen homosexuell wurden. Meist wird sogar auch eine Generation übersprungen. Als überzeugendes Beispiel für beide Fälle sollen der homosexuelle Ludwig XIII. von Frankreich und seine Familie dienen. Während der älteste Sohn, Ludwig XIV. (der Sonnenkönig) durch seine vielen Mätressen berühmt wurde, war sein jüngster Bruder, Philipp von Orléans, ausschließlich homosexuell. Doch der Sohn des Sonnenkönigs – der Prinz de Conti – wurde ebenfalls wieder homosexuell.

Für einen genetischen Beitrag bei der Entstehung der Homosexualität spricht die nur geringfügig zunehmende Zahl von Homosexuellen und weiblich fühlenden Männern in den letzten 150 Jahren. Das ergeben Studien von Psychologen und Juristen:
- Bereits 1833 wurden von Pilgrim für England Zahlen von 4 Prozent Homosexuellen und von 25 Prozent »weiblichen« Männern angegeben,
- Im deutschen Kaiserreich der Jahre 1872 und 1906 folgten nach Studien des Justizministeriums 4 Prozent aller Männer ständig und weitere 5 Prozent gelegentlich einer homosexuellen Neigung,
- In den USA hatten 1929 nach Hamilton und Mac Gowan 19 Prozent aller Männer nach dem 19. Lebensjahr homosexuelle Erlebnisse und 20 Prozent aller Männer ein feminines Verhalten,
- In den Zeiten der totalen Erfassung aller persönlichen Merkmale im Dritten Reich sprach Heinrich Himmler 1937 in einer geheimen Rede vor hohen SS-Offizieren von 5 Prozent homosexuellen und 5 Prozent bisexuellen Männern – außerdem sei jeder 5. Mann »verweiblicht«. Zahlen, die sich auch bei Klare (1937) und in einem Urteil des Amtsgerichtes Kassel vom 19. Juni 1937 widerspiegeln,
- Die amerikanischen Untersuchungen von Kinsey (Kinsey et al. 1948) ergaben für einen Beobachtungszeitraum von 22 Jahren – also über zwei Generationen – gleichbleibend folgende Daten:
  ○ 46 Prozent aller Männer reagierten mit erotisch geprägten Gefühlen auf einen anderen Mann,

- ○ 37 Prozent der Männer hatten irgendwann im Leben einmal ein homosexuelles Erlebnis
und
- ○ 4 Prozent aller Männer waren zeitlebens ausschließlich homosexuell.

Auch in England wurden 1947 von Bennet etwa 4 Prozent Homosexuelle geschätzt.
- In der Bundesrepublik und der Schweiz belief sich 1961 nach Bovet (1962) und dem Protestanten-Bericht (Dieckmann, 1961) die Zahl der Homosexuellen auf 5 Prozent.

Vergleichbare Angaben enthielten 1961 auch der Griffin-Report und der Wolfenden-Report für den anglo-amerikanischen Raum.
- 1972 wurden von Gebhard die Ergebnisse Kinseys für die USA mit 5 Prozent Homosexuellen praktisch bestätigt.
- Die neuesten Daten aus den USA für die 80er Jahre sind:
  - ○ 30 Prozent aller Männer werden entweder durch den Anblick eines Männerkörpers angeregt oder haben erotische Phantasien in denen Männer vorkommen,
  - ○ 10 Prozent aller Männer haben in einer längeren oder kürzeren Lebensphase zu gleicher Zeit Beziehungen zu Frauen und Männern,
  - ○ 6 Prozent sind ausschließlich homosexuell.

Doch es gibt zwei erklärungsbedürftige »Ausreißer« in dieser Darstellung:
- In den Kriegsjahren 1942 bis 1945 wurden in Mitteldeutschland dreimal soviel spätere Homosexuelle geboren wie in den 30er und den 50er Jahren (Dörner et al. 1980; 1983),
- Es gibt Familien, in denen, auf vier Generationen zurückverfolgt, die Homosexualität wesentlich seltener ist als in den Studien von Pillard und Mitarbeitern (Henry, 1941; Miller 1979a).

Damit dürfte es sich bei der Homosexualität eher um eine ererbte genetische Prädisposition handeln, die nur unter bestimmten Bedingungen als Sexualverhalten manifest wird. Die Weichen dafür werden im Mutterleib gestellt.

3.
Ein Partnerprogramm entsteht im Mutterleib

> Der Frau gegenüber habe ich nie irgendwelches Begehren empfunden ... ich weiß nicht, wie ich dieses Problem lösen soll, das Gott in mein Fleisch eingeschrieben hat.
>
> ANDRÉ GIDE

Sieht man bewußt einmal von den Gefühlsaspekten ab, dann sind wesentliche Grundmuster des Sexualverhaltens bei Mensch und Tier dieselben (Baum, 1979). Die Natur hat ein im Sinne der Fortpflanzung bewährtes Verhaltensprogramm mit geringfügigen Änderungen immer wieder benutzt. Unterschiedliche Gehirnregionen steuern die männliche und die weibliche Sexualität (Arnold & Gorski, 1984). Die Entwicklung der Gehirnstrukturen, welche das sexuelle Verhalten und die Partnerprägung bestimmen, läuft bei allen Säugetieren nach ähnlichem Muster ab (Vallet & Porter, 1979).

Das Y-Chromosom des Spermiums wird in die Erbmasse der weiblichen Eizelle eingefügt. Dadurch werden »Männlichkeit« im Sexualverhalten wie auch das Suchprogramm nach einer weiblichen Partnerin überhaupt erst möglich.

Zusätzlich gibt es noch Gene, welche gewisse Aspekte der »Männlichkeit« blockieren. Diese Gene sind nicht auf dem männlichen Y-, sondern auf dem weiblichen X-Chromosom lokalisiert. Sie verharren meist im Schlummerzustand. Ihre Aktivierung hängt von einer Reihe von Faktoren im Mutterleib ab. Dazu gehören Induktoren wie zum Beispiel Streßhormone und auch eingenommene Medikamente. Das genetische Sexualprogramm der Männer ist auf diese Weise – im Gegensatz zu dem der Frauen – leichter zu beeinflussen. Dadurch kann bei Männern eine größere Bandbreite unterschiedlicher Such- und Eroberungsprogramme entstehen.

Der Lernprozeß spielt im späteren Leben nur insoweit eine Rolle, als das soziale Umfeld entscheidet, wann und wie die Partnerprägung zum Ausdruck kommt.

Wie es zur Partnerprägung kommt

Ob ein Gehirn sich, sexuell gesehen, männlich oder weiblich entwickelt, hängt entscheidend von der Konzentration des männlichen Hormons *Testosteron* im embryonalen Blutkreislauf ab (McEwen, 1982; Toran-Allerand, 1984). Diese bestimmt nämlich die Entwicklung von Steuerungszentren des Gehirns für Partnerwahl und Sexualverhalten.

Natürlich erhält jeder Embryo über den Blutkreislauf der Mutter etwas mütterliches Testosteron. Auch die Ovarien weiblicher Föten produzieren ab der vierzehnten Schwangerschaftswoche geringe Mengen Testosteron. Doch normalerweise reichen solche Testosteronkonzentrationen niemals aus, um eine männlich geprägte Sexualität zu induzieren.

Zur Ausprägung eines männlichen Partnerprogramms muß unter dem Einfluß des Y-Chromosoms der embryonale Hoden ausgebildet werden. Das geschieht in der siebten Schwangerschaftswoche. Ab der 8. Schwangerschaftswoche beginnen spezielle Leydig-Zellen in den Hoden mit der Produktion von Testosteron. Hierfür dient Progesteron aus der Plazenta als Ausgangssubstanz. Zwischen der 10. und 16. Schwangerschaftswoche nimmt die Zahl der Leydig-Zellen ständig zu. Dann ist die Testosteronkonzentration im Blut des Embryos nahezu so hoch wie bei erwachsenen Männern.

Doch zu Beginn der siebzehnten Schwangerschaftswoche beginnt die Testosteronproduktion mehr oder minder stark abzunehmen. Zuviel Testosteron hemmt jetzt über einen Rückkopplungsmechanismus die eigene Synthese im Hoden.

Durch Entnahme kleiner Mengen Blut aus der Nabelvene von männlichen Föten läßt sich die Testosteronkonzentration in den verschiedenen Schwangerschaftswochen recht gut bestimmen. Vor nahezu zwanzig Jahren war die Medizin intensiv auf der Suche nach den Ursachen für Risikoschwangerschaften, bei denen der Fötus frühzeitig starb. Aus diesem Grunde wurde routinemäßig etwas Blut entnommen und nach chromatographischer Reinigung der Testosterongehalt bestimmt. Damals war die Arbeitshypothese:

en links: Cary Grant. *Oben rechts:* Rock Hudson.
en links: James Dean. *Unten rechts:* Richard Chamberlain. *Fotos:* dpa

Oben links: Alexander der Große, *Foto:* AKG. *Oben rechts:* Cäsar.
Unten links: Wilhelm III. von Oranien, später König von England; National Portrait Gallery, London. *Unten rechts:* T. E. Lawrence

»Raub des Ganymed« von Michelangelo; Königliche Sammlungen, Schloß Windsor

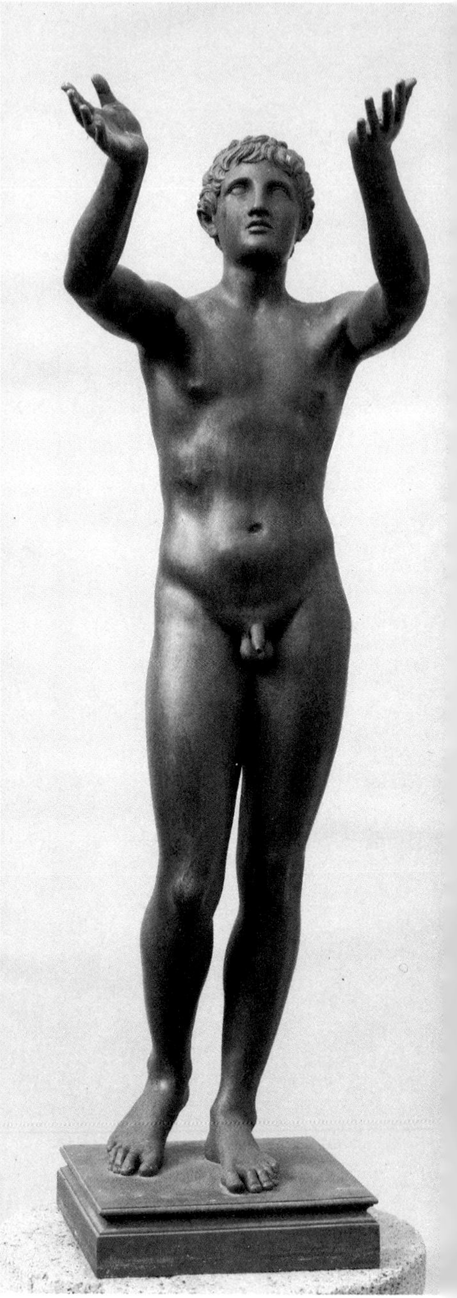

Links: »Der sterbende Sklave« von Michelangelo; Louvre, Paris.
Rechts: »Der betende Knabe«, die Lieblingsstatue Friedrichs II.

en: »Sehnsucht«, Wilhelm von Gloeden
ten: »Männer am Meer«, Hans von Marées, *Foto:* Bildarchiv Foto Marburg

Väter und Söhne:
Oben links: Richard Wagner. *Oben rechts:* Siegfried Wagner.
Unten links: Thomas Mann. *Unten rechts:* Klaus Mann.
Fotos: dpa

links: Tschaikowsky und Bobyk, seine letzte Liebe
rechts: Oscar Wilde und Lord Alfred Douglas; Radio Times Hulton Picture Library

Oben: Benjamin Britten und Peter Pears nach 40 Jahren Ehe; National Portrait Library, London. *Unten:* Jean Cocteau und Jean Marais nach 20 Jahren Ehe.
Foto: pandis media GmbH

– Das männliche Hormon dämpft die Immunabwehr und verhindert damit die Abstoßung des Fötus als Fremdkörper.
Auch meine Mitarbeiter und ich haben zu unterschiedlichen Zeiten während der Schwangerschaft solche Blutproben entnommen. Nachdem die Hormonanalysen vorlagen, war es dann ein leichtes, siebzehn bis achtzehn Jahre später einen retrospektiven Vergleich mit dem inzwischen ausgeprägten sexuellen Partnerprogramm und auch beim Sexualverhalten vorzunehmen. Dabei wurden sowohl die Testosteronspiegel wie auch die Entwicklung bestimmter Steuerungszentren des Gehirns mit dem genauen Zeitpunkt der Blutentnahme während der Schwangerschaft verglichen.

Die in Abbildung 1 auf Seite 66 zusammengestellten Ergebnisse dieser Untersuchungen besagen:
Für die spätere Sexualentwicklung ist die individuelle Testosteronkonzentration in den verschiedenen Schwangerschaftswochen verantwortlich, denn:
– Während der 13. bis 15. Schwangerschaftswoche wird das Partnerprogramm festgelegt.
– Während der 20. bis 25. Schwangerschaftswoche entsteht ein typisch männliches oder weibliches Sexualverhalten.
Wird bereits während der 13. und 15. Schwangerschaftswoche weniger Testosteron produziert, ist der männliche Embryo später auf Männer fixiert. Der Grund ist, daß bestimmte Steuerungszentren in einer als Hypothalamus bezeichneten Gehirnregion dann mehr weiblich geprägt bleiben.
Für die Entwicklung eines absolut männlichen Sexualverhaltens müssen zwischen der 20. und 22. Schwangerschaftswoche noch wenigstens neunzig Prozent des ursprünglich hohen Testosteronspiegels im embryonalen Blutkreislauf vorhanden sein. Weiterhin darf der Hormonspiegel auch bis zur 25. Schwangerschaftswoche auf nicht mehr als achtzig Prozent abfallen.
Durch einen niedrigeren Testosteronspiegel werden manche sexuelle Steuerungszentren im Gehirn nicht ausreichend männlich aktiviert. Jedoch werden unter diesen Bedingungen die Steue-

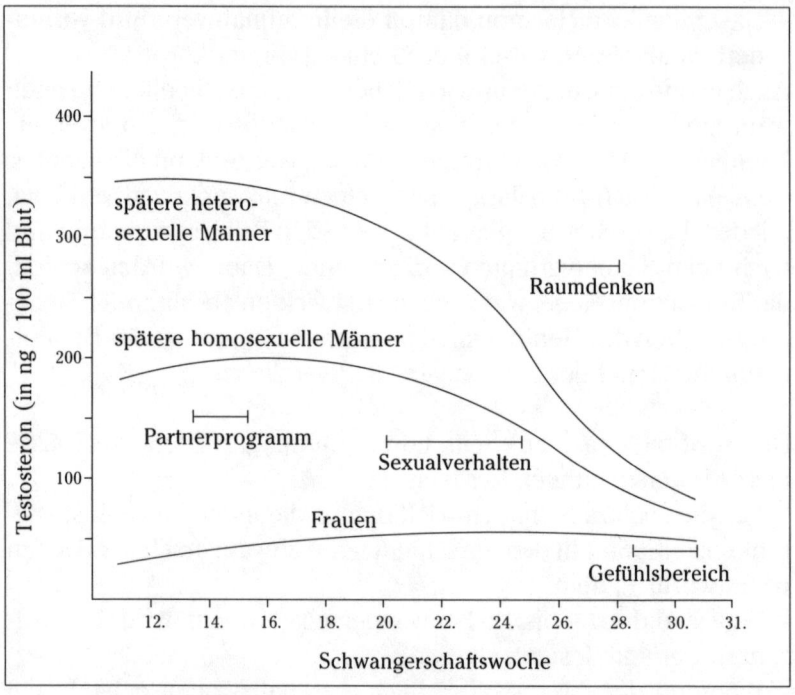

Abb. 1: Der Einfluß des Testosteronspiegels auf die Gehirnprogrammierung im Mutterleib

Die Testosteronwerte bei homosexuellen Männern wurden erst nach Ausprägung der Anlagen zugeordnet. Alle Kurven entsprechen Mittelwerten.

rungszentren für die weibliche Sexualität angelegt. Deren Entwicklung wird nämlich nur durch ausreichend hohe Testosteronkonzentrationen unterdrückt.

Nur durch die von uns gefundene unterschiedlich starke Ausbildung von männlichen und weiblichen Sexualzentren lassen sich Ergebnisse psychologischer Studien in den USA erklären, daß:
- Ein Drittel aller Männer immer wieder einmal von anderen Männern träumen und daß diese romantischen Träume oft schon mit dem neunten Lebensjahr, spätestens mit fünfzehn Jahren einsetzen (van Wyk & Geist, 1984, Ellis et al. 1987),

- 33–45 Prozent aller Männer den Anblick und den Gedanken an andere Männer erregend finden, während Frauen jeden dritten dieser Männer relativ kalt lassen (McConaghy, 1987; Whitam & Mathy, 1985)
- 14 Prozent aller Männer sexuelle Beziehungen zu einem Mann haben (van Wyk & Geist, 1984; Newsweek vom 2. Juni 1986, Seite 55) und 6–8 Prozent aller Männer sich ausschließlich zu anderen Männern hingezogen fühlen (McConaghy, 1987) – danach wären etwa 7 Prozent aller Männer bisexuell – und
- 14 Prozent der Männer zeigen ein weiblich betontes Sexualverhalten (McConaghy, 1987).

Ähnliche psychologische Daten ergaben sich auch bei den Studien zu meinem Buch »Ein Mann bleibt ein Mann – Lösungen für sexuelle Probleme« (Ariston, 1988) an 1200 deutschen Männern:
- Knapp 5 Prozent waren rein homosexuell
- Weitere 9 Prozent bisexuell
- 30 Prozent aller Männer wurden durch den Anblick eines gutgebauten Männerkörpers angeregt oder empfanden zumindest ein romantisch verklärtes Gefühl für einen anderen Mann
- 12 Prozent der Männer hatten typisch weibliche Einstellungen in ihrem sexuellen Verhalten gegenüber Frauen.

Was im Gehirn das sexuelle Verhalten steuert

Bestimmt wird das Sexualverhalten durch die Ausbildung und Aktivierung charakteristischer Steuerungszentren im Gehirn während der Schwangerschaft. Diese werden anatomisch als Kerne oder Kerngebiete bezeichnet. Die verschiedenen wichtigen Kerngebiete und ihre räumliche Anordnung im Hypothalamus sind in Bildtafel 1 dargestellt. Wichtig ist auch die Verbindung des Hypothalamus zum sogenannten limbischen System des Gehirns, in dem alle Gefühle entstehen (vergleiche Kapitel 5).

Durch Untersuchungen mittels gezielter Stimulierung über elektrische Elektroden und durch Funktionsausfälle einzelner Kernge-

Bildtafel 1 Gehirnzentren in ihrer Bedeutung für die Sexualität

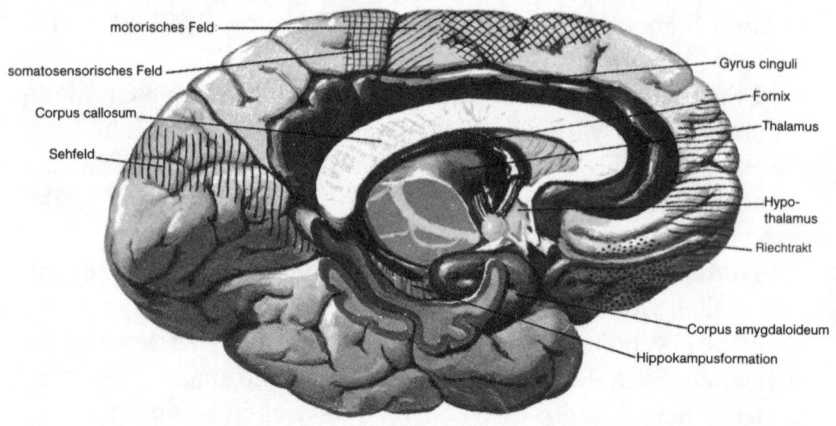

1.1 Der Hypothalamus und seine strukturelle Beziehung zum emotionalen limbischen System

Teil des limbischen Systems und damit des Gefühlsgenerators sind das Corpus callosum, der Thalamus, der Bulbus olfactorius (das Riechhirn), das Corpus amygdaloideum (der Mandelkern) und die Hippokampusformation. Die beiden Mandelkerne oder Amygdala sind Schaltstellen zum Hypothalamus.

1.3 Größenunterschiede des Nucleus praeopticus medialis bei Mann (A) und Frau (B)

Die Umrisse des medialen präoptischen Kerns (SDN) sind durch Pfeile gekennzeichnet.

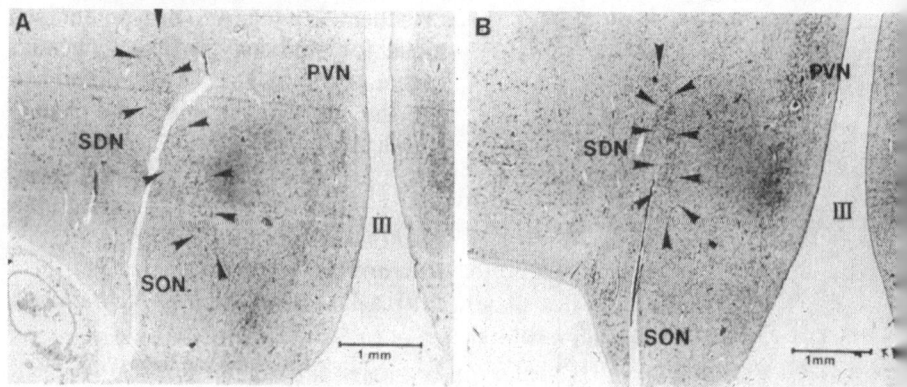

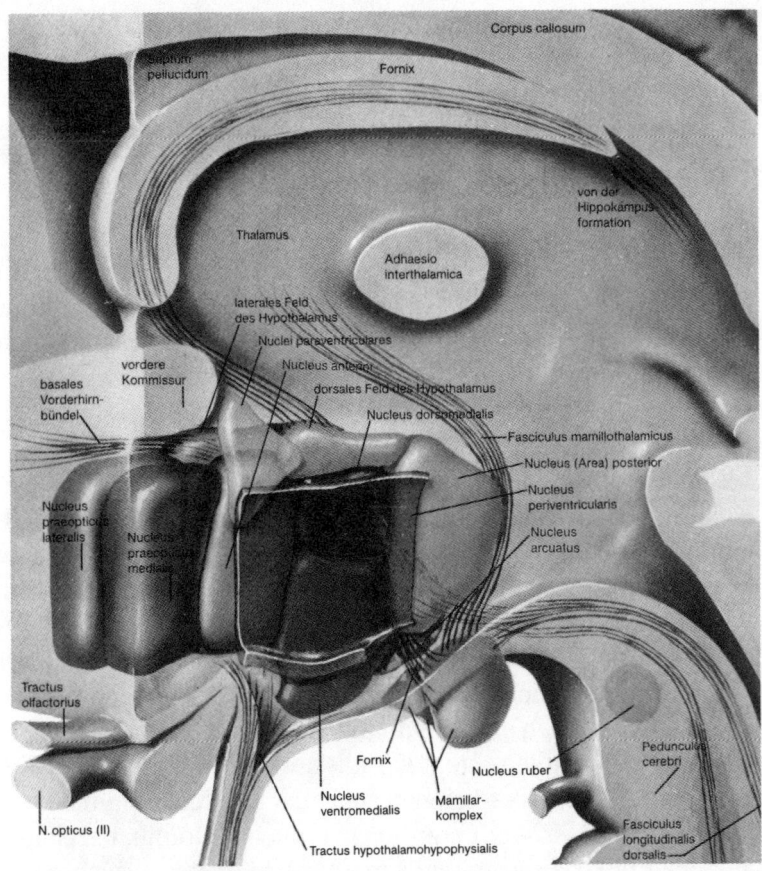

1.2 Schematische Darstellung der Hypothalamuskerne

Hervorgehoben sind die wichtigsten Steuerungszentren für die Partnerwahl und das Sexualverhalten im Hypothalamus. Außerdem zeigt die Bildtafel deren enge anatomische Beziehung zu den Strukturen des limbischen Systems im Gehirn, in welchem alle Gefühle entstehen. Die zwischen diesem »Gefühlsgenerator« und dem Zentrum für den sprachlichem Ausdruck bestehende Gehirnverbindung – das Corpus callosum – ist ebenso wie Teile des limbischen Systems direkt über »Nervenkabel« mit den Hypothalamuskernen verbunden.

biete lassen sich gute Rückschlüsse auf die Lokalisation der verschiedenen Steuerungszentren ziehen. Das spätere Verständnis setzt die Benutzung der korrekten medizinischen Bezeichnungen für die als Kerne oder *Nuclei* bezeichneten sexuellen Steuerungszentren voraus:

Nucleus praeopticus medialis:
der »männlichste« aller Gehirnkerne. Er ist doppelt so groß bei Männern wie bei Frauen (siehe Bildtafel 1.3). Die Aktivität des Kernes bestimmt das sexuelle Verlangen des Mannes und auch alle seine Aktivitäten bei der sexuellen Annäherung.
Der Nucleus praeopticus medialis steht unter dem zusätzlichen Einfluß des sogenannten limbischen Systems. In diesem Gehirnsystem entstehen alle Gefühle – von Liebe bis zum Haß. Wie bei elektrischen Überlandleitungen gibt es auch spezielle Schaltstellen zwischen dem Hypothalamus und dem limbischen System. Diese Schaltstellen heißen *Amygdala* (siehe Bildtafel 1). Ihre Verbindung zum Nucleus praeopticus medialis ist bei Männern strukturell stärker als bei Frauen ausgeprägt. Die Folge: Bei Männern haben neben einem beruflichen Erfolgserlebnis vor allem Aggressionen einen unmittelbaren Einfluß auf die Sexualität. Darum »kämpfen« sie auch mit anderen Männern um den Besitz einer Frau. Aggressionen sind aber auch ein unmittelbarer Erektionsauslöser – ein ererbtes männliches Dominanzzeichen aus der Entwicklungsgeschichte. Das bedeutet natürlich nicht, daß aggressive Männer etwa bessere Liebhaber wären, denn es handelt sich ja um »Drohgebärden« mit dem Penis.
Eine Überaktivierung des Nucleus praeopticus medialis führt zu einer ständigen Erektionsbereitschaft des Mannes (Rasputin-Effekt) und zum völligen Verschwinden der »Erholungspausen«.
Bei *Frauen* sitzt im Nucleus praeopticus medialis die »Zündung« für die östrogenabhängige Steuerung des Menstruationszyklus und letztendlich für den Eisprung.
Die Steuerungszentren werden bei Mann und Frau durch Anfluten der Sexualhormone in der Pubertät »angeschaltet«.

Nucleus praeopticus lateralis:
Er sorgt dafür, daß der Mann nicht ständig sexuell erregt ist, indem der Kern hemmende Signale an den Nucleus praeopticus medialis sendet. Ähnlich wie das Öffnen oder Schließen eines elektronischen Schlosses in einer Fernsehschaltung beeinflussen im späteren Leben Sexualhormone die Aktivität dieses Kerngebietes. Das geschieht durch »Andocken« an spezielle Bindungsstellen. Auf diese Weise aktiviert zuviel Testosteron im Blut diesen Kern beim Mann.
Auch bei der Frau funktioniert dieser Kern als »Liebeszügler«. Nämlich dann, wenn ihr Östrogenspiegel auf längere Zeit zu stark ansteigt.

Nucleus posterior:
Hier empfinden Mann und Frau Lust auf Liebe (Lustzentrum des Gehirns). Da bei beiden Geschlechtern der Kern auf Testosteronveränderungen reagiert, ist dieses »männliche« Hormon auch das Libidohormon der Frau. Solange dieser Kern nicht durch Testosteron in der Pubertät aktiviert ist, besteht auch kein sexuelles Interesse.

Nucleus dorsomedialis:
Hier entstehen bei beiden Geschlechtern das Partnerbild und die sexuellen Tag- und Nachtträume. Männer haben in Form von speziellen Dendriten lange »Verbindungskabel« zu tiefergelegenen Netzwerken von Nervenzellen. Dadurch vergleichen – unbewußt – viele Männer ständig das Aussehen einer »Beute« mit dem in der Pubertät entstandenen »Fahndungsbild« für den Wunschpartner. Das erklärt die besondere visuelle Bedeutung des ersten Eindrucks beim Kennenlernen.

Nucleus ventromedialis:
Der »weiblichste« aller Gehirnkerne ist wesentlich größer bei Frauen. Zu seinen Funktionen gehören das »weibliche Rollenverhalten« und die unbewußte Wahrnehmung von Signalen der

Körpersprache beim Erkennen eines möglichen Partners. Der Kern ist unmittelbar verbunden mit dem Gefühlszentrum im limbischen System. Er wird durch Signale von den als Amygdala bezeichneten Schaltstellen aktiviert. Daher spielt er auch eine Rolle bei der Beschäftigung mit dem eigenen Aussehen.
Außerdem ist der Nucleus ventromedialis ein weiteres Steuerungszentrum für den Menstruationszyklus. Hier entsteht das Signal für das den Gelbkörperfollikel produzierende Hormon FSH. Durch Testosteron wird die Ausbildung dieses Kerngebietes gehemmt.

Nucleus anterior:
Hier entscheidet sich aus der Verarbeitung aller eintreffenden Signale, ob eine Frau dem Werben des Mannes nachgibt und wie anschmiegsam sie sein möchte.
Eine Aktivitätszunahme des Nucleus anterior stimuliert den Nucleus ventromedialis: Gefühle wirken also doppelt.
Bei *Frauen* bestehen strukturelle Querverbindungen zwischen dem Nucleus anterior, dem Nucleus praeopticus medialis, dem Nucleus ventromedialis, dem Nucleus dorsomedialis und dem Nucleus posterior. Da bei Frauen diese Kerngebiete in ihrer Aktivität von der Östrogenkonzentration im Blut abhängen (der Nucleus praeopticus medialis und der Nucleus ventromedialis auch vom Progesteron), ergeben sich monatliche Schwankungen in der Liebesstimmung.
Hinzu kommt, daß bei Frauen auch Strukturen des limbischen Systems östrogenabhängig ihre Aktivität verstellen. Gefühlseinflüsse wie Liebe oder Angst bekommen so zu verschiedenen Zeiten des Monatszyklus eine andere Gewichtung für die Sexualität. Damit ist bei Frauen die gesamte Sexualität stärker gefühlsbetont und hormonabhängiger als bei Männern.

Nucleus suprachiasmaticus:
Intensive Sonnenbestrahlung und Mondlicht werden als Signale vom Auge über den Nucleus opticus zu diesem Kerngebiet gelei-

tet. Der Nucleus suprachiasmaticus schickt hemmende Signale zum Nucleus praeopticus lateralis des Mannes und aktivierende Signale zum Nucleus anterior der Frau.

Nucleus periventricularis arcuatus:
Hier sitzt die Uhr für die Sexualität. Im genauen digitalen Zeittakt von etwa 90 Minuten bei heterosexuellen Männern werden Hormonpulse ausgeschüttet. Es handelt sich um ein Signalhormon – das LHRH –, welches für die Dauer von einer Minute freigesetzt wird und über ein spezielles Blutgefäßsystem zur benachbarten Hypophyse (der Hirnanhangdrüse) gelangt. Dort wird für jeden ankommenden Puls von LHRH ein entsprechender Puls des sogenannten luteinisierenden Hormons LH freigesetzt.
Dieses LH aber sorgt *bei Männern* dafür, daß die Leydig-Zellen im Hoden Testosteron produzieren. Mit einer zeitlichen Verzögerung von etwa 90 Minuten gibt dann der Hoden einen Testosteronpuls an den Blutkreislauf ab. Über spezielle Testosteronbindungsstellen »mißt« der Nucleus arcuatus die Hormonkonzentration im Blut. Bei niedrigen Testosteronspiegeln wird der Nucleus arcuatus stimuliert. Ist dagegen der Testosteronpuls zu hoch, wird der Kern über eine hemmende Einwirkung vom Praeopticus-Gebiet gebremst. Die Folge: Die Ausschüttung des Hormons LH wird reduziert. Ein Mechanismus wie bei einem Thermostaten.
Jeder LHRH-Impuls aktiviert aber auch gleichzeitig den benachbarten Nucleus posterior – also das Lustzentrum – und den Nucleus praeopticus medialis.
Ist der Rückkopplungsmechanismus gestört, wird die Uhr verstellt und das Sexualleben gerät durcheinander. Denn dieser Biorhythmus bestimmt ja das sexuelle Verlangen.
Bei *Frauen* wird die Hormonuhr nicht durch Testosteron, sondern durch Veränderungen der Hormone Östrogen und Progesteron »getaktet«. Entsprechend der hormonellen Veränderungen des Menstruationszyklus »tickt« die Hormonuhr langsamer oder schneller. Außerdem enthält die Pulshöhe, also die Konzen-

tration des von der Hypophyse ausgeschütteten LH auch noch zusätzliche Informationen für die Ovarien und den Gelbkörperfollikel. Genauso wie in der modernen Elektronik arbeitet also die Natur mit Frequenzmodulation und Amplitudenmodulation. Es gelingt ihr auf diese Weise, die nur Millisekunden dauernden elektrischen Nervenimpulse in stundengetaktete Hormonsignale umzuformen.

Die sexuelle Uhr ist bei Männern und Frauen ab der 18. Schwangerschaftswoche voll funktionsfähig. Das Kerngebiet wird allerdings sexneutral bereits in der zehnten Woche angelegt. Zusammen mit dem Partnerprogramm reifen dann ab der vierzehnten Woche die entsprechenden hormonellen Anstoßmechanismen.

In Abbildung 2 sind die Regulationsvorgänge und die Wechselwirkung zwischen den einzelnen Kerngebieten als »technischer« Regelkreis dargestellt.

Was bei Homosexuellen anders geschaltet ist

Durch neue bildgebende Computerverfahren, ergänzt durch modernste radioaktive Verteilungsmuster – wie bei der Positronenemission –, sind inzwischen Gehirnuntersuchungen im Wachzustand möglich. Vergleichende Untersuchungen mit heterosexuellen Männern und Frauen haben folgende charakteristische Unterschiede für Homosexuelle ergeben:

Nucleus praeopticus medialis:
    Ist bei Homosexuellen nur etwas größer als bei Frauen.
Nucleus praeopticus lateralis – der »Liebeszügler«:
    Im Gegensatz zu heterosexuellen Männern, wo nur radioaktives Testosteron an die Neurone des Kernes gebunden wird, ist es bei Homosexuellen auch das weibliche Hormon Östrogen. Bei stark männlich geprägten Homosexuellen ist dieses Kerngebiet nur gering entwickelt.

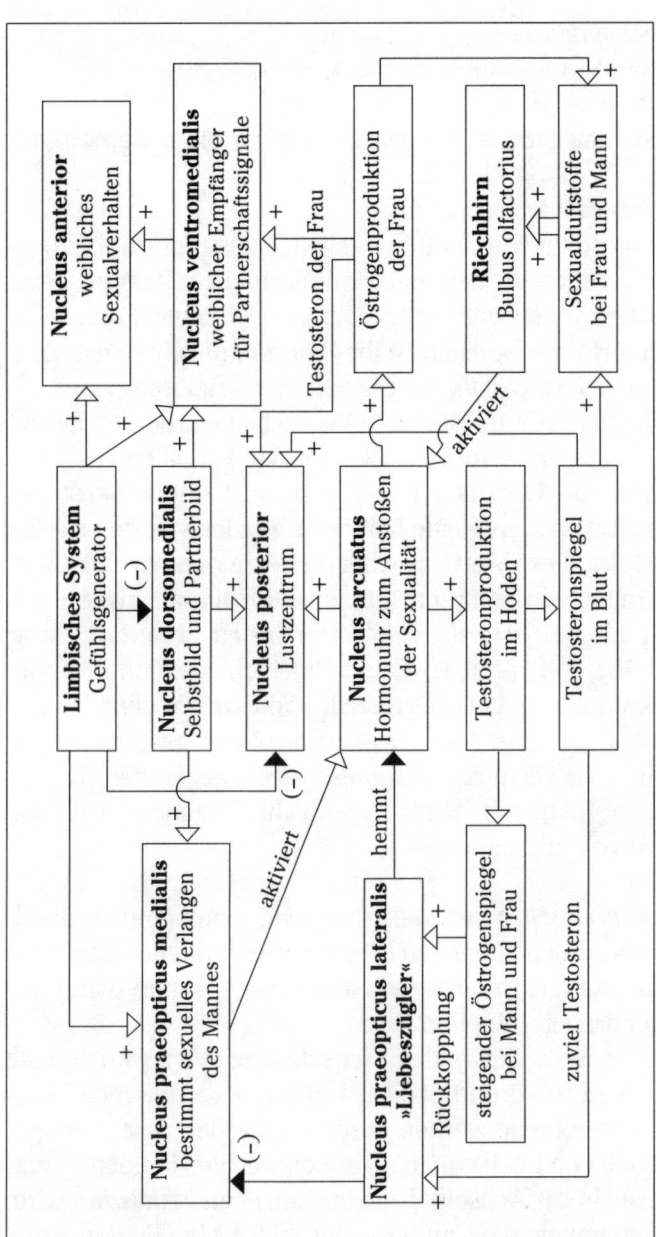

Abb. 2: Die Sexualität als Regelkreis

Dargestellt sind die hypothalamischen Steuerungselemente und die hormonellen Stell-Größen. Die Regelung erfolgt über »Meßfühler« für die Hormonkonzentration und eine Aktivitätsverstellung der verschiedenen Kerne. Positive Verstärkereffekte sind mit einem + gekennzeichnet, hemmende Einflüsse mit einem –.

Nucleus dorsomedialis:
Hat bei allen Homosexuellen eine »weibliche« Struktur.
Nucleus ventromedialis und *Nucleus anterior:*
Sind stärker ausgebildet bei mehr weiblich fühlenden Homosexuellen.
Nucleus periventricularis arcuatus:
Hat bei Homosexuellen Bindungsstellen für Östrogen und Progesteron. Das bedeutet, daß bei Homosexuellen, sexuell gesehen, die Uhren anders gehen. Ihre Uhr ähnelt der von Frauen. Bei den meisten Homosexuellen ist die »Hormonuhr« in einem Zeitrhythmus arretiert, der im weiblichen Menstruationszyklus genau dem Tag nach dem Eisprung entsprechen würde. Der Grund ist, daß die meisten Homosexuellen im Blut vergleichbare Konzentrationen von Östrogen (60–100 pg/ml) und Progesteron (0,9–1,2 ng/ml) haben. Beide Hormone werden von den Hoden produziert. Auf diese Weise arbeitet die Hormonuhr von Homosexuellen mit einem mittleren Takt von 100 Minuten zwar etwas langsamer als bei heterosexuell orientierten Männern, dafür aber mit höheren LH-Pulsen. Diese Unterschiede sind in Abbildung 3 A_2 und B_2 gegenübergestellt. Werden übrigens Homosexuellen Antikörper gegen Östrogen und Östron gespritzt, »spielt ihre Hormonuhr verrückt«. Auf diese Weise gegen die eigenen hormonellen Taktgeber geimpft, gerät ihr Sexualleben für die nächsten Tage durcheinander.

Wie aber erkennen Homosexuelle einander? Ganz einfach durch Sexualduftstoffe, welche über den Riechtrakt, den Tractus olfactorius in Bildtafel III, auf das Unterbewußtsein einwirken und damit das Lustzentrum anregen (Kaplan, 1988).

Abgesehen davon, daß jeder Mensch eine ganz individuelle Duftnote hat, bestehen grundsätzliche Unterschiede zwischen Mann und Frau. Homosexuelle werden durch ein speziell zusammengesetztes Gemisch von Lockstoffen angeregt, welches in hochspezialisierten Drüsen in der Achselgegend und am Penis produziert wird. Es handelt sich um ein ganz anderes Gemisch als bei Frauen. Etwa

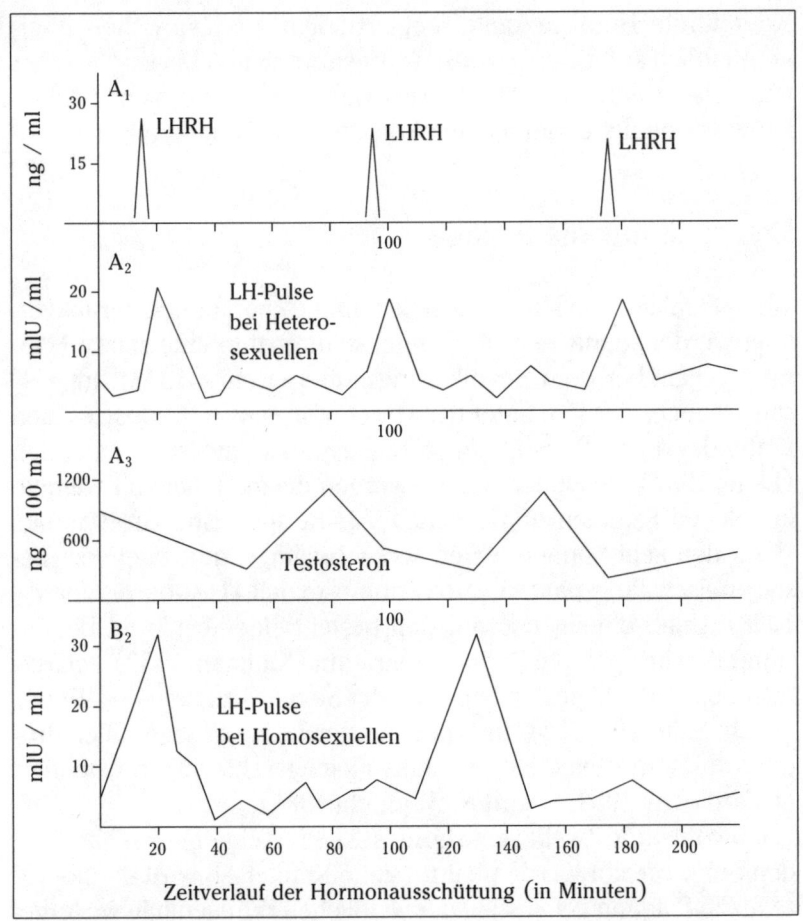

Abb. 3: Die Hormonuhr bei heterosexuellen und homosexuellen Männern
Sexuelle Anstöße durch den Zeittakt der Hormonuhr bei Heterosexuellen:
A_1 Kurzzeitige Pulse des Signalhormons LHRH stoßen
A_2 die Ausschüttung des Neurohormons LH an, welche mit zeitlicher Verzögerung die
A_3 Freisetzung von Testosteron aus den Leydig-Zellen des Hodens induziert
B_2 zeigt die verlangsamte LH-Rhythmik der Hormonuhr bei Homosexuellen.
Die Daten stammen von 50 heterosexuellen und 50 homosexuellen Männern gleichen Alters. Alle gemessenen Hormonveränderungen wurden mit Hilfe eines Computer-Optimierungsprogramms durch Überlagerung der Maxima an die gleiche Zeitskala angepaßt.

jeder fünfte Homosexuelle reagiert sogar ausgesprochen überempfindlich auf die unbewußt wahrgenommenen Lockstoffe einer Frau. Da er Frauen in des Wortes wahrstem Sinne nicht riechen kann, vermeidet er auch jeden körperlichen Kontakt mit ihnen.

Ererbt ist nur die Anlage

Wenn Familien von Homosexuellen über Generationen zurückverfolgt werden, dann zeigt der Ahnenstammbaum eine starke Häufung gegenüber dem Bevölkerungsmittel (Henry, 1941). Interessant ist auch, daß sich unter den Geschwistern von Homosexuellen fünfundzwanzig Prozent mehr Brüder als Schwestern befinden (Lang, 1957). Besonders häufig werden die männlichen Zwillinge in solchen Familien homosexuell. Als Beispiel eine Großfamilie: Unter den acht Söhnen waren sechs Zwillinge, und zwei von diesen drei Zwillingspaaren waren homosexuell (Heston & Shields, 1968). Unter eineiigen Zwillingen besteht eine absolute Übereinstimmung im späteren Partnerprogramm (Kallman, 1952) und das reicht bis in die kleinsten Nuancen des Sexualverhaltens (Kallman, 1952b, Seite 291–292). Im Mittel sind zwanzig Prozent aller Brüder von Homosexuellen ebenfalls gleichgeschlechtlich orientiert (Pillard et al. 1982; Pillard & Weinrich, 1986).

Obwohl ohne Zweifel eine homosexuelle Neigung vom Vater auf den Sohn vererbt werden kann (siehe Kapitel 2), wird die homosexuelle Prägung genauso in der weiblichen Familienlinie weitergegeben. Gerade bei Verwandten zweiten und dritten Grades besteht ein starker Bezug zur Seite der Mutter bzw. deren Schwester (Pillard et al. 1982). Immer wieder können auch ein oder zwei Generationen übersprungen werden.

Es muß also auch noch andere Faktoren im Mutterleib geben, die entweder bestimmte Gene aktivieren oder generell die Testosteronwirkung in der für die Entwicklung des Gehirns kritischen Zeit vermindern.

Programmeinflüsse im Mutterleib

Aus der vorangegangenen Beschreibung ist verständlich, daß entweder eine erniedrigte Konzentration von Testosteron oder eine verminderte Wirksamkeit des männlichen Hormons die Entwicklung der sexuellen Steuerungszentren beeinflussen können. Neben genetischen Erbanlagen und Umwelteinflüssen kann das auf den unmittelbaren Einfluß von eingenommenen Medikamenten zurückzuführen sein.

Senkung des Testosteronspiegels: Beim männlichen Embryo wird die spätere sexuelle Orientierung eindeutig durch starken *Streß* beeinflußt, welchem die Mutter im ersten und zweiten Schwangerschaftsdrittel in Form von Angstzuständen ausgesetzt ist. Solche schweren Angstauslöser waren nach Untersuchungen des Mediziners Ellis und seiner Mitarbeiter (1988) zum Beispiel:
- Trennungen vom Partner während der Schwangerschaft.
- Gravierende finanzielle Probleme.

Natürlich läßt sich diese Streßwirkung nur durch Befragungen in der Retrospektive herausfinden. Dabei wurde von Ellis und Mitarbeitern festgestellt:

Die Mütter von späteren Homosexuellen waren während der Schwangerschaft einem doppelt so starken Streß ausgesetzt, als das bei den Müttern von heterosexuellen Männern der Fall war.

Darum ist es auch verständlich, daß in den Kriegsjahren 1941–1945 dreimal soviel Homosexuelle in Mitteldeutschland zur Welt kamen (Dörner et al. 1980). Professor Dörner von der Berliner Charité konnte 1983 zeigen, daß bei siebzig Prozent aller Homosexuellen die Mütter während der Schwangerschaft folgende schwere Streßereignisse durchmachten:
- Ausbombung oder wiederholte Bombenangriffe
- Flucht oder Vertreibung
- Verlust des Mannes oder Gefangennahme
- Vergewaltigungen
- Permanente schwere Ehestreitigkeiten
- Eine insgesamt unerwünschte Schwangerschaft.

Die mütterlichen Streßhormone gelangen durch die Nabelschnur in den kindlichen Hoden (Ward & Weisz, 1984). Dort hemmen sie dann ein für die Testosteronbildung wichtiges Schlüsselenzym (Pollach & Dyer, 1985). Es besteht eine enge Beziehung zwischen erhöhten Konzentrationen von Cortisol im mütterlichen Speichel und einem erniedrigten Testosteronspiegel im Fruchtwasser (Dörner et al. 1987). Ein erniedrigter Testosteronspiegel aber ist – wie bereits beschrieben – eine wesentliche Voraussetzung für die Entstehung der Homosexualität.

Eine dem Streß nahezu identische Wirkung hat der *Alkohol* auf das embryonale Gehirn. Hier haben Tierversuche wichtige Aufschlüsse ergeben. Im Mutterleib alkoholisierte Tiermänner haben dann im späteren Leben ein weibliches Muster der Ausschüttung von Sexualhormonen und zeigen gegenüber anderen Männern ein weibliches Sexualverhalten (McGivern & Poland, 1984). Der Grund dafür ist, daß beim ungeborenen Männchen – wie auch generell bei Menschen im späteren Leben – die Testosteronproduktion in den Hoden durch Alkohol gehemmt wird (van Thiel & Gavaler, 1982). Damit können sich die für die Sexualfunktion wichtigen Kerngebiete des Hypothalamus nicht richtig entwickeln. Noch bei der Geburt ist die Konzentration der Streßhormone im Blut der Kinder von Alkoholikerinnen unverhältnismäßig hoch (Kakihana et al. 1980).

Doch auch für *Tagamed*®, eines der am häufigsten verschriebenen Mittel gegen Magengeschwüre und saures Aufstoßen, ist eine testosteronsenkende Wirkung im Mutterleib wahrscheinlich. Aus Tierexperimenten ist bekannt, daß Tagamed® zu einer Erniedrigung der Testosteronkonzentration im fötalen Blutkreislauf führt und auch die Wirkung des verbliebenen Testosterons auf wichtige Hirnstrukturen vermindert (Anand & van Thiel, 1982). Im späteren Leben sind die männlichen Nachkommen dann sexuell weniger an Weibchen interessiert.

Als Schlafmittel wurden *Barbiturate* zwischen 1950 und 1980 in etwa einem Viertel aller Schwangerschaften verschrieben. Im späteren Leben waren dann viele dieser Männer weniger an Frauen interessiert, zumindest aber waren sie sexuell wesentlich passiver (Rheinisch & Sanders, 1982). Der Grund ist, daß Barbiturate den fötalen Blutspiegel des Testosterons erniedrigen und auch teilweise die Wirkung des männlichen Hormons auf die sexuellen Steuerungszentren neutralisieren.

Immunreaktionen als mögliche Programmstörung: Normalerweise hemmt das embryonale Testosteron die Immunabwehr der Mutter (Grossman, 1985). Sonst würden nämlich viele neu gebildete männliche Eiweiße und Hormone als Fremdsubstanzen von der mütterlichen Körperabwehr attackiert. Diese Substanzen aber sind unerläßlich für die sexuelle Differenzierung des männlichen Gehirns. Der Extremfall ist der fehlende Rh-Faktor, ein Syndrom, bei dem das Gehirn des männlichen Fötus beträchtlichen Schaden erleiden kann.

Doch auch eine Immunabwehrreaktion gegen Testosteron ist denkbar. Aus Tierversuchen ist bekannt, daß die Mutter Antikörper gegen das embryonale Testosteron bilden kann (MacCulloch & Waddington, 1981). In der Folge können sich dann genetisch männliche Tiere sexuell wie ein Weibchen verhalten.

Medikamentös bedingte Entwicklungsstörungen: Gehirnstrukturen benötigen oft bestimmte chemische Botenstoffe oder Neurotransmitter für ihre Entwicklung. Auch unter den Sexualzentren gibt es zwei solche Kerngebiete. Der Nucleus dorsomedialis und der Nucleus praeopticus medialis brauchen für ihre männliche Ausprägung neben dem Testosteron einen als Dopamin bezeichneten Neurotransmitter. Beide Kerngebiete werden nur dann »männlich« ausgebildet, wenn die Dopaminkonzentration hinreichend hoch ist.

In Tierversuchen zeigte sich, daß Medikamente, welche die Gehirnkonzentration des Neurotransmitters Dopamin erniedrigen, praktisch immer zu einer geringeren Ausprägung männlichen Sexualverhaltens führen (Hull et al. 1984). Die Medizin spricht bei solchen Arzneimitteln von Dopaminantagonisten.

Trotzdem werden auch heute noch diese Arzneimittel, welche ja die Dopaminwirkung beim Fötus aufheben, regelmäßig schwangeren Frauen verabreicht. Dazu gehören Medikamente:
- Gegen Übelkeit und Erbrechen: Gastronerton®, Gastrosil®, MCP-ratiopharm®, Metoclopramid®, Paspertin®,
- Gegen Verstimmungszustände, Angst, Unruhe und Schmerzen: Eukystol®, Haldol®, Haloperidol®, Megaphen® und Sigaperidol®,
- Gegen zu hohen Blutdruck: Carbamazepin®, Dixarit®, Dopa-Hexal®, Aldometil®, Methyldopa®, Presinol®, Sembrina® und Betablocker,
- Migränemittel: Deseril®, Ergotamin Medihaler® und Gynergen®,
- Bei Blutungen und zur Gebärmutterstützung: Ergotren®, Neo-Gynergen® und Methergin®.

Zu viele Östrogene in der Schwangerschaft. In den USA wurde bis 1971 versucht, Schwangerschaftskomplikationen durch Östrogenbehandlungen vorzubeugen. Dafür wurde entweder das synthetische Diethylstilboestrol (DES) oder natürliches Östrogen verabreicht.

Zusätzliche weibliche Hormone neutralisieren im Mutterleib die Wirkung des männlichen Hormons Testosteron. Allerdings kann das synthetische und hochwirksame Östrogen DES seine Wirkung erst entfalten, wenn die fötale Testosteronproduktion nach der siebzehnten Schwangerschaftswoche bereits wieder abnimmt. Also zu einem Zeitpunkt, da die sexuelle Hormonuhr in der achtzehnten Schwangerschaftswoche bereits arbeitet (Levian, 1972; Fuller et al. 1981). Da aber mit Ablauf der sechzehnten Schwangerschaftswoche das Partnerprogramm bereits festgelegt ist, können durch DES nur die für das sexuelle Verhalten wichtigen Kerngebiete »weiblicher« gestimmt werden.

Männer, die auf diese Weise im Mutterleib in Östrogen gebadet wurden, unterscheiden sich in ihrer sexuellen Entwicklung:
- Die Pubertät war zeitlich stark verzögert (Yalom et al. 1973),
- Viele dieser Männer heirateten nie (Beral & Colwell, 1981).

Früherkennung und Anlagenkorrektur: Natürlich ist es heutzutage sehr einfach, den Testosteronspiegel im embryonalen Blutkreislauf aus dem Fruchtwasser zu bestimmen (Schindler, 1982). Am sinnvollsten ist das natürlich in der dreizehnten und vierzehnten Schwangerschaftswoche. Aus eigenen Untersuchungen haben sich folgende Konzentrationen für chromatographisch gereinigtes Testosteron im Fruchtwasser ergeben:
- Bei einem gesunden männlichen Fötus 225–275 pg/ml,
- Bei einem weiblichen Embryo 40–90 pg/ml.

Für die Argumente der Sexualprägung sind Langzeitkorrelationen wichtig. Bei 112 Fällen wurde von uns in Fruchtwasserproben der Jahre 1970/71 in der dreizehnten oder vierzehnten Schwangerschaftswoche ein auf 175–190 pg/ml erniedrigter Testosteronwert gefunden. In den 85 Fällen, wo die Entwicklung der Jungen bis zum Jahre 1989 verfolgt werden konnte, zeigte sich bei 71 von ihnen eine eindeutige homosexuelle Anlage. Weitere vier sind bisexuell, und drei haben überhaupt kein Interesse an der Sexualität.

Nur um zu zeigen, wie kritisch die erhöhte Testosteronkonzentration für die Gehirnentwicklung bis zur 30. Woche ist:
- In der siebzehnten Woche sinkt der Testosteronwert bei männlichen Föten auf etwa 215 pg/ml,
- In der zwanzigsten Woche beträgt die Fruchtwasserkonzentration nur noch etwa 175 pg Testosteron/ml.

In den nächsten zehn Wochen sinkt der Testosteronwert des Fruchtwassers auf 60 pg/ml beim männlichen Föten ab (siehe auch Schindler, 1982).

Damit ist durchaus folgende Intervention medizinisch denkbar:

Wird in der dreizehnten Schwangerschaftswoche ein erniedrigter Testosteronspiegel im Fruchtwasser festgestellt, kann durch Testosteronspritzen der Hormonspiegel der Mutter und damit der des Fötus angehoben werden.[1]

---

[1] Das sollte jedoch allein eine Entscheidung der Eltern und des behandelnden Arztes sein – auch wenn solche Interventionen nicht unter die gesetzlich verbotenen Manipulationen am Embryo fallen. Immerhin können auf diese Weise andere wertvolle Anlagen verlorengehen (siehe Kapitel 4).

Einen ersten grob orientierenden Hinweis auf einen zu niedrigen Hormonspiegel bei männlichen Föten gibt übrigens eine Testosteronbestimmung im Harn der Frühschwangeren (Dörner et al. 1971; Loewit et al. 1974). Und daß es ein Junge wird, kann sich jede Frau aus Routineuntersuchungen bereits ab der zwölften Schwangerschaftswoche voraussagen lassen.

Hormone bestimmen auch das Körperliche

Mit der sexuellen Prägung parallel geht auch die Entwicklung vieler körperlicher Merkmale (Bardin & Catterall, 1981) und der Immunabwehr des Körpers. Alle späteren Organeigenschaften sind von der Testosteronkonzentration im Mutterleib abhängig.

Frauen haben in ihrem Blut mehr Abwehrpolizisten gegen Bakterien und Viren als Männer (Dörner, 1985). Hierin ähneln die Homosexuellen den Frauen (Stahl et al. 1982). Da diese speziellen T-Lymphozyten aber die Brutstätten des AIDS-Virus darstellen, sind Homosexuelle im Vergleich zu heterosexuellen Männern stärker infektionsgefährdet. Frauen werden ja durch die derbe Schleimhaut der Scheide vor Virusübertragung beim Verkehr geschützt.

Aber auch bei der Ausbildung innerer Organe folgen Homosexuelle weiblichen Vererbungslinien. Als Beispiel sei die Stenose (also die bleibende Verengung) des Pylorusschließmuskels am Magenausgang genannt. Es ist ein angeborener Defekt, der bei einem von zweihundert kleinen Jungen, praktisch aber nicht bei Mädchen und Homosexuellen, vorkommt.

Werden Testosteronbindungsstellen an bestimmten Muskeln und an der Haut nicht während der Schwangerschaft angelegt (Bardin & Catterall, 1981), haben solche Männer später ein weibliches Hautbild und eine weibliche Anlage von Muskelgruppen. Dadurch kommen dann auch weibliche Bewegungsabläufe zustande.

Nehmen wir als Beispiel die mit hohen Östrogenmengen während der Schwangerschaft behandelten Söhne von Diabetikerinnen (Yalom et al. 1973):

– Beim Werfen bzw. Fangen von Bällen oder beim Laufen zeigen diese Jungen später weibliche Bewegungsabläufe,
– Auch der Körperbau dieser östrogengebadeten Jungen hatte gewisse weibliche Merkmale.

Der Testosteronspiegel im embryonalen Blutkreislauf entscheidet auch, ob zum Beispiel so verschiedenartige Organe wie die Zähne oder der Knochenbau männlich oder weiblich geprägt werden. Wegen des niedrigeren Testosteronspiegels entwickeln sich bei Homosexuellen oft die oberen mittleren Schneidezähne breiter, und auch der Gaumen hat eher eine weibliche Form (Dobkowsky, 1923). Auch die normalerweise nur für eine künftige Schwangerschaft wichtige Beckenform entspricht bei einer Reihe von Homosexuellen dem Becken der Frau (Schlegel, 1962), wobei der übrige Körperbau durchaus männlich sein kann.

Im Extremfall entsteht durch diese Veränderungen an Muskeln und Becken ein eher schwingender Gang mit wiegenden Schultern. Ähnlich kann es auch zur Ausprägung einer weiblichen Gestik kommen. Beides ist aber eine relative Seltenheit und kommt nur bei fünf von hundert Homosexuellen vor.

Solche Körpermerkmale haben aber nichts mit einem Fehlen von Männlichkeit oder Charakterstärke zu tun. Friedrich der Große und Prinz Eugen haben trotz »weiblicher« Körpereigenschaften die Geschichte geprägt.

Denn auch die Anlagen für das Denken und Fühlen werden bereits im Mutterleib durch hormonell gesteuerte Entwicklungen der entsprechenden Gehirnstrukturen programmiert. Allerdings geschieht das in einer späteren Schwangerschaftswoche. Und da kann der Testosteronspiegel bereits wieder auf männlichem Niveau sein.

4.
Ein männliches Gehirn wird weiblich geprägt

> Wenn ich einen Mann erblicke, welcher Talent besitzt oder Geistesgaben enthüllt, muß ich mich in ihn verlieben. Dann gebe ich mich ihm so vollständig hin, daß ich nicht mehr mein eigenes Selbst bin, sondern ganz das Seinige.
>
> MICHELANGELO

Die Nervenzellen des Großhirns – der Gehirnteil, mit dem wir denken und fühlen – werden im Embryo zwischen der 14. und 25. Schwangerschaftswoche angelegt. Bestimmte Nervenzellen, »Neurone« genannt, spezialisieren sich und bilden Verbindungen zu Nachbarneuronen. Das Ganze ist einem elektrischen Netzwerk vergleichbar. Nur, im Gegensatz zu Computerchips reagieren Neurone auf chemische Botenstoffe in Form von Neurotransmittern.

Ab der 28. Schwangerschaftswoche lassen sich in zunehmendem Maße Unterschiede im Gehirnaufbau von weiblichen und männlichen Föten feststellen. Die Anlage von unterschiedlichen Fähigkeiten des Gehirns erfolgt nach einem zeitlich genau festgelegten Programm (MacLusky & Naftolin, 1981). Dabei ist die rechte Hirnhälfte – oder rechte Hemisphäre, wie sie die Medizin nennt – mehr »männlich«, während die linke Hirnhälfte »weiblich« orientiert ist. Die männlichen Gehirnstrukturen werden normalerweise bereits zwei Wochen vor den Nervenzellen der linken weiblichen Hirnhälfte angelegt (Chi et al., 1977).

Die aus diesem sexspezifischen Gehirnaufbau resultierenden Leistungsunterschiede zwischen Jungen und Mädchen bestehen dabei unabhängig von irgendwelchen Zivilisationseinflüssen. Das hat ein psychologischer Vergleich von schottischen Schulkindern mit Dorfkindern in Ghana ergeben (Jahoda, 1979). Natürlich trägt Erziehung als wichtiger Faktor dazu bei, daß vorhandene Gehirnanlagen auch zur vollen Ausprägung gelangen können.

Sex im Gehirn: Der gar nicht so kleine Unterschied

Schon die Diskussion dieses Themas setzt unsere Sprache voraus. Beginnen wir also mit der Organisationsstruktur des sprachlichen Bereichs im Gehirn.

Bei sechsundneunzig Prozent aller Menschen sitzt das *Sprachzentrum* im sogenannten Schläfenlappen der linken Hirnhälfte. Während bei Männern die für die Sprache verantwortlichen Gehirnzentren weitläufiger verteilt sind, hängt bei Frauen alles sehr stark von einer bestimmten Region – dem sogenannten *Planum temporale* – ab. Wie in Abbildung 4 illustriert, ist dieses Gehirngebiet wesentlich stärker in der linken als in der rechten Hirnhälfte entwickelt.

Diese strukturelle Besonderheit ist bereits bei weiblichen Neugeborenen zu erkennen (Witelson & Pallie, 1973). Durch die Konzentration der Sprache in einem eng umrissenen Gehirngebiet sind bessere Leistungen möglich. Durch diesen »Startvorteil« ist die Sprache bei eineinhalb- bis vierjährigen kleinen Mädchen bedeutend besser entwickelt als bei gleichaltrigen Jungen. Der strukturelle Unterschied des Sprachzentrums zwischen Frau und Mann ist nach der Pubertät sogar noch stärker ausgeprägt (Wada et al., 1975). Denn jetzt kann die plötzlich einsetzende Flut der Sexualhormone die vorhandenen Gehirnzentren noch einmal aktivieren. Dadurch werden weitere Verbindungen im Netzwerk der Neurone gebildet. Auf diese Weise wird bei Frauen mit der Pubertät zusätzlich noch das *Planum temporale* in der rechten Hirnhälfte beeinflußt.

Mit dieser Form der Hirnorganisation können Frauen im Gegensatz zu Männern mit beiden Hirnhälften »sprechen«. Ein Vorteil, wenn es um sprachliche Vorstellungen und um Kommunikation geht. In den Bereich der Sprache gehört auch alles Geschriebene. Durch die beidseitige Funktion ihres Gehirns sind Frauen im Vergleich zu Männern auch nach Schlaganfällen wesentlich seltener sprachgestört bzw. haben dann weniger Probleme, Begriffe in Worte oder Geschriebenes umzusetzen (Brust et al., 1976; McGlone, 1980; Sasanuma, 1980).

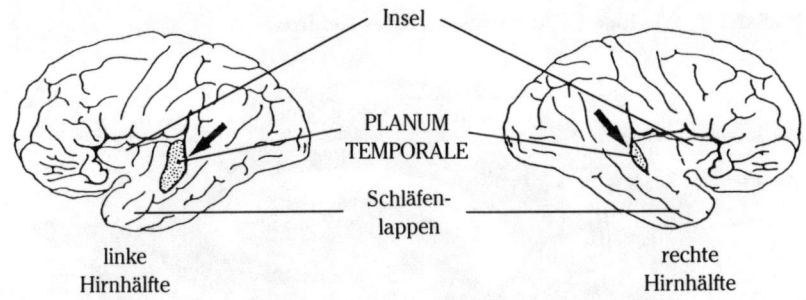

Abb. 4 Besonderheiten des weiblichen Sprachzentrums im Gehirn

Wichtig ist noch ein anderer sexueller Unterschied: Bei Frauen ist auch der *Gefühlsbereich* mit neuronalen Strukturen in beiden Hirnhälften verknüpft (Brodal, 1981; McGlone, 1980). Dadurch fällt es Frauen im Gegensatz zu den einseitig festgelegten Männergehirnen wesentlich leichter, ihre Gefühle auszudrücken. Auch in den Gehirnstrukturen, die Gefühlsregungen produzieren, bestehen seitliche Unterschiede zwischen Mann und Frau. Folgende in Bildtafel 2, Seite 92, genauer bezeichneter Strukturen des Gehirns sind bei Frauen besser entwickelt:
- Der Mandelkern, auch *Corpus amygdaloideus* genannt, welcher die Verbindung zum Hypothalamus und damit zur Sexualität herstellt,
- Eine Verbindungsbrücke zwischen beiden Hirnhälften – das sogenannte *Corpus callosum,*
- Das Seh- und Riechfeld,
- Bestimmte Kerngebiete im Thalamus, welche das Sprachzentrum mit akustischen und visuellen Signalen, aber auch mit Berührungsreizen verknüpfen.

Wegen der strukturellen Eingrenzung und der Trennung von Sprach- und Gefühlszentren leiden kleine Jungen viermal mehr an einer entwicklungsbedingten Dyslexie (Schreib- und Leseschwäche), unter Stottern und auch an kindlichem Autismus, d.h. der Unfähigkeit, einen Gefühlskontakt zur Umwelt herstellen zu können (Hier, 1979; LeMay et al. 1978; Rosenberger & Hier, 1979).

Bildtafel II: Wichtige Gefühlsstrukturen des Gehirns

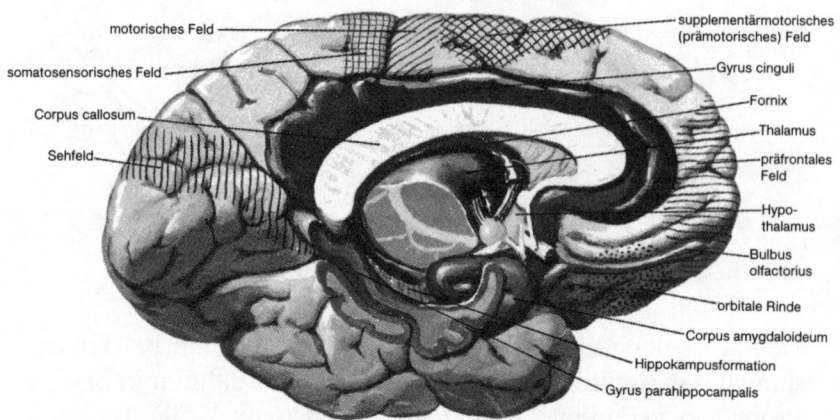

Die Entstehung von Gefühlen ist an bestimmte Strukturen des limbischen Systems gebunden. Dazu gehören: der Thalamus, der Bulbus olfactorius (das Riechhirn), das Corpus amygdaloideum (der Mandelkern), die Hippokampusformation, das Pulvinar und das Corpus callosum. Dieses Gefühlssystem wird wieder durch den Stirnlappen des Großhirns »vernunftsmäßig« kontrolliert. Im somatosensorischen Feld werden zum Beispiel Hautreize verarbeitet, und das motorische Feld steuert die Reaktionen darauf.

Aus dem gleichen Grunde tritt auch die Schizophrenie (bei der die Betroffenen etwas ganz anderes sagen, als sie fühlen) bei jungen Männern häufiger auf (Flor-Henry, 1978).

Beim räumlichen Sehen, der Abstraktion von Problemen und der Konstruktion mehrdimensionaler Gegenstände sind dagegen Frauen im Nachteil. Ihrem Gehirn fehlt eine entsprechende Spezialisierung. Bei Frauen findet das »Raumdenken« in unmittelbarer Nachbarschaft zum sprachlichen Denken statt. Allerdings verschafft ihnen das ein besseres Gedächtnis für Gesichter.

Dagegen ist im männlichen Gehirn ausschließlich die rechte Hirnhälfte auf abstraktes Denken spezialisiert, d. h. ein Denken in mehrdimensionalen Räumen und Zeitabläufen. Damit das auch funktioniert, erhält die männliche rechte Hirnhälfte eine Vielzahl von unterschiedlichen Signalen. Wie durch einen modernen Computer-Synthesizer werden dabei Dinge, die wir sehen oder hören, zu einem Bildraster zusammengesetzt. Auch das Herstellen einer Beziehung zwischen der eigenen Beobachtungsposition und der Bewegung der Umwelt erfordert ein ausgesprochen abstraktes Denken.

Zur gleichen Zeit analysiert die männliche linke Gehirnhälfte die Informationen in ihren zeitlichen Abläufen und extrahiert daraus alle relevanten Einzelheiten. Durch diese vergleichende Form der räumlichen Analyse sind Männer automatisch in der Lage, aus komplexen Bildern ein Grundmuster herauszufiltern. Sie erreichen also eine höhere Effektivität durch getrennte Prozeßanalysen in jeweils einer der spezialisierten Hirnhälften.

Nur als Beispiel: Durch die Lokalisierung von Sprache und Raumdenken in verschiedenen Hirnhälften können Männer im Gegensatz zu Frauen leichter zwei Probleme auf einmal lösen – wie eine Geländekarte lesen und dabei sprechen. Bei Frauen, wo beide Probleme in derselben Hirnhälfte auf einmal verarbeitet werden müssen, kommt es dabei wesentlich öfter zu einer Überlagerung von Informationen – und damit zu einem Engpaß im Programm.

Doch ein hochspezialisiertes Gehirnprogramm, welches geeignet ist, Höchstleistungen hervorzubringen, wird auf der anderen Seite auch störanfälliger. Bei Beeinträchtigung der rechten Gehirnhälfte – sei es durch einen Schlaganfall oder in der Folge von epileptischen Schäden – sind Männer kaum noch in der Lage, z.B. Maschinen zu konstruieren oder als Architekt zu arbeiten. Und im Gegensatz zu Frauen verlieren Männer bei rechtsseitigen Hirnschäden auch alle künstlerischen Fähigkeiten.

Durch die relative Entkopplung der beiden Hirnhälften beim Mann ist es aber möglich, daß Jungen mit Funktionsproblemen der linken Hirnhälfte – also dyslektische oder autistische Kinder – ungewöhnlich gute Leistungen der rechten Hirnhälfte bei der Mustererkennung oder bei mathematischen Problemen zeigen (Galaburda & Habib, 1987).

Sexualhormone entscheiden über die Gehirnleistung

Unabhängig von der späteren Erziehung wird im Mutterleib durch die Konzentration des männlichen Sexualhormons Testosteron festgelegt, ob es ein männlich geprägtes oder ein weiblich geprägtes Gehirn werden soll. Denn der Testosteronspiegel im fötalen Blut entscheidet, welche Nervenzellen wachsen und welches Gehirngebiet sich dadurch stärker entwickelt.

Aus eigenen Untersuchungen kann ich folgende Testosteronwerte für die 26. Schwangerschaftswoche bestätigen (Abbildung 1):
- Männliche Föten haben etwa 155 ng/100 ml Blut,
- Weibliche Föten haben etwa 60 ng/100 ml Blut.

Weil die Testosteronwerte so kritisch sind, haben auch alle Gehirnstrukturen spezielle »Hormonmeßfühler« (Bardin & Caterall, 1981; McEwen, 1981). Fehlen diese, dann kann ein – genetisch gesehen – männlicher Embryo nur ein weibliches Gehirn entwickeln (Masica et al., 1969).

Auch wenn wenig Testosteron von den Hoden des Embryos synthetisiert wird, kann sich die Spezialisierung der rechten Hirnhälfte auf räumlich-visuelles Sehen nicht entwickeln (Hier & Crowley, 1982). Produzieren die Hoden kein Testosteron, spricht die Medizin von »hypogonadalen« Männern, d.h. von Männern mit einer Unterfunktion der Keimdrüsen. Solche Männer haben einen schlechten Orientierungssinn und zeigen auch in psychologischen Tests Probleme bei der Erkennung komplexer Muster (Buchsbaum & Henkin, 1980; Perlman, 1973).

Doch auch eine *zu hohe Testosteronkonzentration* in der 26. Schwangerschaftswoche (230 ng/100 ml Blut, Abbildung 1B, Seite 96) kann zu Problemen bei der Hirnorganisation führen. Das Wachstum der linken Hirnhälfte wird dann sehr stark verlangsamt, während die »männliche« rechte Hirnhälfte sich stärker entwickelt. Die Funktion der rechten Hirnhälfte wird dadurch so überbetont, daß auch die linke Hand zur Führungshand wird – denn Arme und Beine werden jeweils von der entgegengesetzten Hirnseite gesteuert. Die normalerweise stärkere Entwicklung des linken Planum frontale, wie sie aus Abbildung 4 (Seite 91) zu erkennen ist, verschwindet (Galaburda und Habib, 1987). Als Folge dieser Links-für-rechts-Umorganisation des Gehirns treten Sprach- und Schreibstörungen zehnmal häufiger auf.

Das wird allerdings wettgemacht durch einen Vorteil, nämlich ein oft geniales Raumdenken und Abstraktionsvermögen in der überentwickelten rechten Hirnhälfte. Aus diesem Grunde findet man unter *Linkshändern* wesentlich häufiger geniale Menschen:
- Vier von fünf Computerentwicklern im amerikanischen Silicon Valley sind Linkshänder,
- Auch der große Erfinder Thomas Alva Edison und das Universalgenie Albert Einstein waren Linkshänder.

Aber die Genialität des räumlichen Abstraktionsvermögens geht zu Lasten der Entwicklung des Sprachzentrums. Der große Einstein war nämlich gleichzeitig auch dyslektisch.

Für eine ausgeglichene Verteilung von Geistesgaben braucht das Gehirn weiterhin ein optimales Verhältnis der Hormone Testosteron und Östrogen. Denn zuviel Östrogen neutralisiert die wichtige Testosteronwirkung bei der Entwicklung von Funktionen der rechten Hirnhälfte. Durch zuviel Östrogen während der Schwangerschaft wird bei Männern nur ein weibliches Gehirn ausgebildet. Männer, deren Mütter vor zwanzig Jahren in der Schwangerschaft mit dem Östrogenimitator Diethylstilboestrol behandelt wurden, haben heute alle nur sprachliche Fertigkeiten.

Die hormonelle Prägung des Gehirns durch das Hormon Testosteron gilt in gleicher Weise auch für Frauen. Fehlt bei weiblichen Föten nämlich die Testosteronwirkung, wie es beim sogenannten *Turner-Syndrom* der Fall ist, dann sind diese Frauen später zwar gut im Lesen, aber sie haben gravierende Probleme mit Ortsbeschreibungen und besonders mit der Mathematik in der Schule (Alexander et al., 1966; Buckley, 1971). Solche Folgen des Mangels an Testosteron während der Gehirnentwicklung lassen sich auch durch Hormonbehandlungen im späteren Leben nicht mehr ausgleichen (Money, 1968).

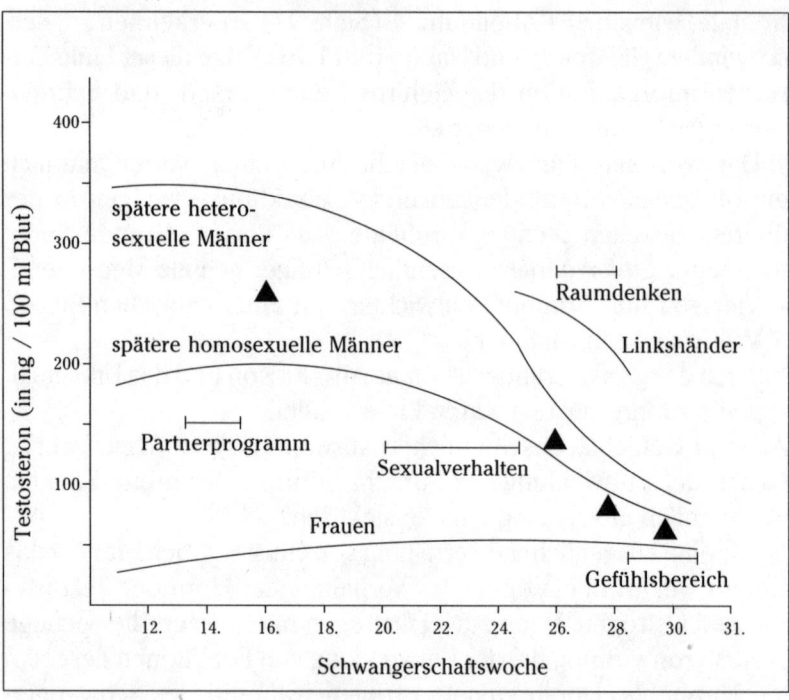

Abb. 1B: Einfluß des Testosteronspiegels auf die Gehirnprogrammierung im Mutterleib
Die Kurven sind Mittelwerte. Sie wurden erst nach Ausprägung der verschiedenen Anlagen im späteren Leben zugeordnet. Bei der Aufbereitung und Anpassung der Meßdaten an eine Kurve optimaler Übereinstimmung wurden extreme Abweichungen vom Computer-Programm zurückgewiesen. Solche »Ausreißer« sind mit dem Symbol ▲ für drei Männer eingezeichnet worden. Alle waren sie im späteren Leben typisch weiblich in Denken und Fühlen, ansonsten aber heterosexuell veranlagt.

Aber auch das Gegenteil, ein sehr hoher Testosteronspiegel im Mutterleib, ist in seiner Auswirkung auf die weibliche Gehirnentwicklung untersucht worden. Durch Behandlung von Risikoschwangerschaften bei Diabetikerinnen mit männlichen Hormonen wurde künstlich ein hoher Testosteronpegel für weibliche Föten erzeugt. Solche Mädchen mit »männlich geprägten« Gehirnen waren dann später sehr erfolgreich in Schule und Beruf (Maccoby, 1966).

Bei *Homosexuellen* entwickeln sich wegen des niedrigen Testosteronspiegels im Mutterleib (siehe Abbildung 1) besonders häufig weiblich geprägte Sprach- und Gefühlsstrukturen im Gehirn. Beginnt der Testosteronspiegel ab der 25. Schwangerschaftswoche jedoch wieder zu steigen, also zu einer Zeit, in der bereits die sexuelle Prägung festgelegt ist, entwickeln sie oft besondere Fähigkeiten in der Malerei und im Design. Doch ein räumliches Abstraktionsvermögen kann sich nur in gewissen Grenzen entwickeln. Menschen mit einem Höchstmaß an abstraktem Denken, wie große Mathematiker und Schachspieler, bedeutende Physiker und Ingenieure, fehlen verständlicherweise daher unter Homosexuellen ganz.

Ein ähnliches Verteilungsmuster an Begabungen besteht übrigens auch bei der *Minderheit von heterosexuellen Männern,* bei denen die Testosteronkonzentration zu Zeiten der Gehirnentwicklung relativ niedrig ist (Brovermann et al. 1968).

Wenn sich weibliches Schönheitsideal und männliches Raumdenken mischen

Zu verstehen ist das alles nur, wenn man sich die verschiedenen in Bildtafel II (siehe S. 92) dargestellten Gehirnstrukturen vergegenwärtigt.

Die Kombination eines männlich geprägten rechten Hippokampus, in dem alle Bildeinzelheiten kartographisch erfaßt werden (O'Keefe & Nadel, 1978), zusammen mit einem weiblich geprägten Thalamus (Van Buren & Burke, 1972) ermöglicht eine geistige Synthese von Bildern in der Malerei oder im Design. Das besondere Schönheitsempfinden entsteht durch die nur bei Frauen hinreichend ausgebildete Verbindung zwischen dem weiblich geprägten Thalamus und der alle Gefühle verarbeitenden Großhirnrinde.

In der linken Hirnhälfte werden alle Eindrücke analytisch erfaßt, und in der rechten Hirnhälfte werden sie dann gefiltert. Der Austausch der in Form von elektrischen Impulsen codierten Informationen erfolgt über das *Corpus callosum.* Das aber verfügt im weiblich geprägten Gehirn über eine höhere Kabelkapazität zur Weiterleitung emotional verknüpfter Informationen (siehe Bildtafel II, Seite 92). Die Folge: Die mit männlichen Gehirnstrukturen gewonnenen Bildeindrücke werden zwar durch ein männlich kritisches linkes Hirnfeld beurteilt (Bradshaw et al., 1976), gleichzeitig bekommen sie aber eine »weibliche« Schönheitskomponente.

Ein solches mann-weibliches Gehirn entsteht aber nur, wenn das Gehirn des Mannes schon im Mutterleib durch eine niedrige Testosteronkonzentration weiblich geprägt wurde (Abb. 1, Seite 96).

In einer sich gegenseitig befruchtenden Übereinstimmung von Zeitgeschmack und eigenem Schönheitsempfinden beeinflußten auf diese Weise homosexuelle Maler die italienische Renaissance. Namen wie Botticelli, Caravaggio, Correggio, Donatello, Leonardo da Vinci, Michelangelo, Raffael und Tizian sind auch noch heute die Anziehungspunkte der großen Museen.

Leonardo da Vinci wird 1452 als unehelicher Sohn des Stadtnotars Pietro da Vinci und des Landmädchens Katherina geboren. Sein Vater als ein wohlhabender Bürger der Stadt Florenz nimmt den Jungen in sein Haus auf und läßt Leonardo eine gute Ausbildung angedeihen. Wegen seiner musikalischen Fertigkeiten arrangiert er schon als Siebzehnjähriger Feste am Hofe von Ludovico Sforza. Dann kommt Leonardo zu Verrocchio in die Lehre, dem zu dieser Zeit wohl berühmtesten Maler der Stadt. Im Jahre 1470 darf er bereits einen Engel im Bild des Meisters »Die Taufe« allein gestalten.

Doch während des Aufenthaltes im Hause Verrocchios wird Leonardo auch zusammen mit drei anderen jungen Männern im April 1476 wegen homosexueller Handlungen mit dem Strichjungen Jacopo Saltarelli angezeigt. Eine Eintragung in Leonardos »Codice Atlantico« läßt darauf schließen, daß er deswegen ins Gefängnis muß. Im Jahre 1490 nimmt er den jüngeren Giacomo Salai bei sich auf und bleibt mit ihm zwanzig Jahre zusammen. Leonardos große Förderer sind die homosexuell veranlagten Kunstmäzene Cesare Borgia und Lorenzo de' Medici. Erst mit der Niederlage Mailands gegen König Franz I. von Frankreich gibt es für

Abb. 5:
Leonardo da Vincis versteckte Botschaft über seine Gefühle: Marias Umhang hat die Gestalt eines Geiers, der mit seinem Schwanz den Mund des Jungen berührt

Leonardo keine geeigneten schöpferischen Möglichkeiten mehr in Italien. Er folgt 1515 einer Einladung Franz' I. und stirbt 1519 in Schloß Cloux bei Amboise in den Armen seines Lieblingsschülers Francesco Melzi.

Leonardos homoerotische Neigungen spiegeln sich am besten in den Bildern von Johannes dem Täufer, von Bacchus und in seinen Engeln wider. Doch manches sind auch nur symbolische Andeutungen, wie in seinem 1500 entstandenen Bild »Die Heilige Anna selbdritt«. Zieht man die Konturen von Marias blauem Umhang nach, so wird die Gestalt eines Geiers offenbar (siehe Abbildung 5), worauf erstmalig Pfister (1913) hingewiesen hat.

Der Schwanz dieses Geiers aber steckt im Mund des Kindes. Zu verstehen ist alles nur, wenn man eine Eintragung in Leonardos Aufzeichnungen »Codice Atlantico« (66 v) nachliest. Hier beschreibt der Künstler einen häufig wiederkehrenden Traum: In der Wiege besuchte Leonardo ein großer Vogel und tauchte seinen Schwanz immer wieder zwischen seine Lippen. Leonardo versucht damit die Entstehung seiner sexuellen Gefühle zu beschreiben, denn zu Zeiten der italienischen Renaissance handelte es sich hierbei um eine akzeptierte Analogie mit dem Oralverkehr von Homosexuellen. Siegmund Freud hat 1919 in einer psychoanalytischen Abhandlung über Leonardo da Vinci diesen Traum zu einem Zentralbeispiel für homosexuelle Wunschvorstellungen gemacht.

Als Leonardo anfing, sich von der reinen Malerei abzuwenden, begann die Zeit Raffaels (1483–1520), gerühmt wegen seiner Schönheit und Anmut. Als enger Freund des wohl kunstsinnigsten aller Päpste – des ebenfalls homosexuellen Leo X. – konnte dieser geniale Maler sich voll entfalten. Durch seine ungewöhnliche Beobachtungsgabe wird Raffael zum besten Porträtmaler des 16. Jahrhunderts. Das Bild »Die Schule von Athen« ist eine Huldigung des Künstlers an seine antiken Freundschaftsideale. Als er später das Bildnis Leos X. malt, beschleichen Raffael schon Todesahnungen, darum auch die bleichen, starren Gesichtszüge. Als Raffael am Karfreitag stirbt, seufzt Leo X. unter Tränen:

»Ora pro nobis – bitte für uns.«

Zeitgenosse und künstlerischer Gegenpol war Michelangelo Buonarroti (1475–1564). Sein Schönheitsideal sind männliche Körper – oft mit etwas weiblichen Gesichtszügen. Dazu Michelangelos Kommentar:

»Wenn ich im Anblick männlicher Schönheit erglühe, ist das nur ein Trost, daß ich demgegenüber nicht anders kann.«

Beispiele seiner großen Kunst sind die Skulpturen vom sterbenden Sklaven, vom schlafenden Amor, aber auch der Speerwerfer, der trunkene Bacchus und der Gigantenkampf. Verlorengegangen ist leider das Original seiner »Badenden Krieger« – über Jahrhunderte unter Homosexuellen als Werk mit besonderer erotischer Ausstrahlung gepriesen.

Aber auch die Leiber auf den Wandgemälden des »Jüngsten Gerichtes«, einst von seinem Freund und Gönner, dem ebenfalls homosexuellen Papst Julius II., in Auftrag gegeben, sind von sinnlicher Schönheit. Als Beispiel dient die Gestalt des Ignudo. Wegen der Gefahr fleischlicher Verführung wurden die Männerkörper später abgedeckt.

Das Lieblingsbild Michelangelos aber war sein »Raub des Ganymed«, heute auf Schloß Windsor, welches er für seinen jahrzehntelangen Lebensgefährten Tommaso de Cavalieri gemalt hatte. Dazu muß man wissen, daß Ganymed ein Hirte aus Troja war, den der griechische Göttervater Zeus sich als Geliebten in den Olymp holte. Nach der Legende erscheint Zeus dabei in der Gestalt eines Adlers. Auf Michelangelos Bild (siehe Bildtafel 5) umklammert der mächtige Adler mit seinen Krallen von hinten die Waden des kräftigen jungen Mannes. Der Körper schmiegt sich zwischen Rumpf und linken Flügel des Adlers. Sein Kopf liegt auf der linken Adlerschulter. Der Schnabel des Vogels ruht an Ganymeds Herzen. Der junge Mann hat die Augen geschlossen und lächelt – mit leicht geöffnetem Mund – wie in einem Traum.

In der italienischen Renaissance galt der Ganymed als Symbolfigur homoerotischen Fühlens. Besonders berühmt waren die Ganymed-Skulpturen des ebenfalls homosexuellen Bildhauers Benvenuto Cellini (1500–1571), der Grund, weshalb Cellini bei Beginn der Gegenreformation in Florenz eingesperrt wurde. Aber auch im Deutschen Reich und in Frankreich hatte der Ganymed im 16. Jahrhundert dieselbe symbolische Bedeutung (Kruszynski, 1985).

Auch Friedrich der Große hatte eine bronzene Ganymed-Statue vor dem Fenster seiner Bücherei in Schloß Sanssouci (von der Nachwelt verschämt als »Betender Knabe« umschrieben, siehe Bildtafel 6) und einen weiteren Ganymed als zentrale Figur in einem Deckengemälde des Potsdamer Neuen Palais.

Inwieweit sich aus der Tatsache, daß auch Rembrandt den »Raub des Ganymed« malte, homoerotische Gefühle ableiten lassen, ist eine Sache der Spekulation. Immerhin hat Rembrandt auch noch ein anderes Symbol homoerotischer Zuneigung, das Thema »David und Jonathan«, gestaltet. Und das, ebenso wie den Ganymed, ohne vorherigen Auftrag.

Erst zum Ende des 19. Jahrhunderts greift Hans von Marées (1837–1887) das Thema des Ganymed wieder auf – und gestaltet ihn als sehr erotischen Jüngling. Gemalt hat Hans von Marées eine ganze Reihe nackter Männergruppen, wie zum Beispiel »Männer am Meer«. Es war die Zeit, wo die selbstbewußter werdenden Homosexuellen nach bildlichen Darstellungen ihrer Phantasien suchten. Wilhelm von Gloeden (1856-1931) gelang das besonders gut. Das erstmals als ein Foto verteilte Bild des auf einem Felsen hockenden Jünglings wurde zu einem Kultbild der damaligen Zeit. In diese Reihe gehören auch die Bilder von Max Klinger (1857-1920) »Und doch« und »An die Schönheit«. In der Erstausgabe wurden auch noch die Bücher Karl Mays – die ja in ihrer Urform 1903 voll von Hinweisen auf die Männerliebe waren – mit nackten Männergestalten bebildert. Sascha Schneider (1870-1927) setzte die Illustration unter das Motto »Des Mannes Schönheit ist seine Kraft«.

In Frankreich machte sich zu dieser Zeit Jean Cocteau (1889-1963) als Filmillustrator und Maler einen Namen. Interessant, wie Cocteau als Maler 1950 die männliche und die weibliche Seele des von ihm heiß geliebten Jean Marais in einem Doppelbild nachempfindet.

Der Einfluß homosexueller Maler reicht bis in unsere Zeit. Der Engländer David Hockney (geb. 1937) beginnt als Bühnen- und Märchenbuchillustrator. Inzwischen ist er zu einem der prominentesten Vertreter der Moderne gereift. Sehr bekannt ist auch Andy Warhol (1928-1987), der amerikanische Meister der Pop Art, mit dem David Hockney eng befreundet war. In diese Reihe gehört auch der erst später heterosexuell gewordene Salvador Dalí.

In den letzten 50 Jahren hat sich der Einfluß der Homosexuellen mehr auf das Modedesign verschoben. Praktisch alle großen Modeschöpfer sind mann-weiblich geprägt.

Aus der Verknüpfung von Raumdenken, Schönheit und weiblich anmutiger Bewegung resultiert auch der starke Einfluß der Homosexuellen auf die klassische Tanzkunst. Bekannte Beispiele sind Baryschnikoff und Nurejew. Auch ihr Vorgänger Diaghilew (1872-1929) wie seine Schüler und gleichzeitigen Geliebten, der große polnische Tänzer Nijinskij (1890-1950), der begnadete Franzose Massine (1896-1978) und der Russe Serge Lifar (1905-1986) waren homosexuell.

Jean Marais gemalt von Jean Cocteau, 1950

Beim Komponieren stößt das weiblich geprägte Gehirn an seine Grenzen

Eine höhere Stufe räumlich abstrakten Denkens ist das Komponieren von Musik. Töne haben unterschiedliche Tiefen im Raum. Passagen lassen sich in Vorder- und Hintergrund unterteilen. Warum schwebt die Flöte über dem Baß und die Violine über dem Cello? Tonhöhe und Resonanz verleihen »räumliche« Stereo-Qualitäten.

In gewissem Sinn läßt sich Musik mit einem Gewebe vergleichen. Die harmonischen Akkorde sind wie »Querfäden« und die aufeinanderfolgenden Melodien wie »Längsfäden«. Beim Kontrapunkt oder im Kanon wird eine einmal begonnene Melodienfolge später wiederholt – wie bei einem Gewebemuster. Bei der Tonkomposition geht es darum, »stereophon« vorauszufühlen, wie eine Tonfolge aus einer anderen räumlichen Perspektive wirken könnte. Damit ist das Erkennen eines Kontrapunktes oder von Variationen im Thema vergleichbar mit dem Herausfiltern einer Klanggestalt aus einem verwirrend komplexen Muster.

Grundsätzlich können Männer mit der rechten Gehirnhälfte Melodien und Töne besser unterscheiden (Kimura, 1964; Shankweiler, 1966). Gegenüber den meisten Frauen macht das in den Frequenzbreiten Unterschiede von 10 Dezibel aus (Kannan & Lipscomb, 1974). Doch darüber hinaus existieren noch Elemente der Tonverarbeitung, die grundlegend für das Komponieren sind. Diese Strukturen können übrigens durch einen Schlaganfall selektiv zerstört werden (Spreen et al., 1965).

Ein weiblich geprägtes Gehirn kann allerdings durch intensives musikalisches Training eine »männliche« Gewichtung der Hirnhälften für die Tonerkennung annehmen (Bever & Chiarello, 1974). Beim intensiven Üben wird nämlich auch von Frauen mehr männliches Testosteron ausgeschüttet. Unter dem hormonellen Einfluß können sich für die Klangerkennung wichtige neuronale Verbindungen ausbilden. Teile der embryonalen Gehirnentwicklung werden nachgeholt. Darum finden sich seit Mitte des 18. Jahrhunderts unter den bedeutenden Klanginterpreten auch viele Frauen.

Doch das gilt nicht für die eigentliche Klangkomposition. Komponieren erfordert eine Dominanz der rechten Hirnhälfte. Diese rechtsseitige Dominanz aber muß bereits früh im Mutterleib unter dem Einfluß relativ hoher Testosteronkonzentrationen angelegt werden. Da solche Testosteronspiegel nie bei weiblichen Föten erreicht werden können, hat es bis heute keine namhafte Komponistin gegeben – und das schließt sogar die Pop- und Filmmusik ein. Tonschöpfungen mit Hilfe eines Computer-Synthesizers haben nichts mit kompositorischer Leistung zu tun, eher etwas mit einem guten Harmonieverständnis.

Damit das mann-weibliche Gehirn eines Homosexuellen überhaupt die Fähigkeit zum Komponieren ausprägen kann, muß es nach dem niedrigen Testosteronspiegel in der ersten Hälfte der Schwangerschaft zwischen der 26. und 28. Schwangerschaftswoche zu einem plötzlichen Hormonschub kommen. Vorstellbar ist das, wenn ein starker Streß, unter dem die Mutter stand (siehe Seite 79), plötzlich aufhört. Stärkere Schwankungen des Testosteronspiegels gerade zu Beginn des letzten Schwangerschaftsdrittels lassen sich bei 1 von 100 männlichen Föten beobachten, siehe Abbildung 1 B, Seite 96.

Besonders gut läßt sich der Einfluß von Umweltfaktoren auf die Anlage von sexuellen Empfindungen und geistigen Fähigkeiten am Beispiel Richard Wagners illustrieren. Wie man durch das Tagebuch der Schwester Rosalie weiß (Müller, 1920), hatte seine Mutter eine enge Beziehung zu dem Schauspieler und Maler Ludwig Geyer. Alles spricht dafür, daß Ludwig Geyer der leibliche Vater Richard Wagners war. Aus diesem Grunde gab es oft Streit zwischen der Mutter und dem Ehemann Friedrich Wagner. Hinzu kam der Streß, der dadurch entstand, weil sich die ganze Familie von »dieser sittenlosen Person« lossagte. Wie ausführlich in Kapitel 3 diskutiert, führen derlei Streßfaktoren zu einer Erniedrigung des Testosteronspiegels im Mutterleib und damit zur Anlage eines homosexuellen Partnerprogramms. In der zweiten Hälfte der Schwangerschaft hellte sich dann die Stimmung von Johanne Rosine Wagner auf, denn Ludwig Geyer versprach, sie zu heiraten (Bournot, 1913). Unmittelbare Folge: Der Testosteronspiegel schnellte bei Frau Wagner in die Höhe.

Allen Beschreibungen nach dürfte Richard Wagner (1813–1883), was seine Gefühlswelt anbetrifft, ein mehr männlich orientierter Homosexueller gewesen sein. In seinen homoerotischen Verbindungen hatte Wagner stark weiblich fühlende und wesentlich jüngere Partner, wie zum Beispiel den Philosophen Friedrich Nietzsche und König Ludwig II. von Bayern (Fuchs, 1903).

Die erste Begegnung mit Ludwig hat Wagner in seinen Erinnerungen unter dem Datum des 4. Mai 1864 festgehalten:
»Der junge König ist schön und geistvoll, seelenvoll und herrlich,

und ich fürchte, sein Leben müsse wie ein flüchtiger Göttertraum in dieser gemeinen Welt zerrinnen. Er liebt mich mit der Innigkeit und Glut der ersten Liebe; er kennt und weiß alles von mir und versteht mich wie meine Seele.«

Am 26. Mai fügt Wagner dann hinzu:

»Der König hält sich jetzt meistens hier in einem kleinen Schloß in meiner Nähe auf; in 10 Minuten fährt mich der Wagen zu ihm. Täglich schickt er ein- oder zweimal. Ich fliege dann immer wie zu einer Geliebten.«

Als Richard Wagner wegen seines Einflusses auf den König von der Staatsbürokratie schwer angefeindet wird, schreibt der zwanzigjährige Ludwig an ihn:

»Gepriesen sei die Stunde,
Gepriesen sei die Macht,
Die mir so holde Kunde,
Von Deiner Näh' gebracht! –

O könnt' ich für Dich sterben,
Ersehnter heil'ger Tod!
Für Dich hin ins Verderben,
Auf mich all Deine Not!

Für Dich glüh' ich in Liebe,
Du bist mein Herr, mein All!
Dir weih' ich alle Triebe,
Dir der Begeistrung Schall!
Dein in Ewigkeit! Ludwig«

Die Tage vom 11. bis 18. November 1865 verbrachten Wagner und Ludwig auf der Ritterburg Hohenschwangau. Am Morgen des 12. November ließ Richard Wagner den König durch ein Musikständchen von den Zinnen der Burg wecken. Es sind Melodien aus Lohengrin – Morgengruß und Königsgruß – und der spätere Gralsgruß aus Parsifal. Er schreibt an Ludwig:

»O mein herrlicher, himmlischer Freund! Welches Glück umfängt mich! Ein wundervoller Traum wird zur Wahrheit! Da bin ich in der Gralsburg in Parzifal's erhabenem Liebesschutze! Ich bin glücklich, glücklich bis auf die letzte Faser meines Daseins! Ich bin in engelsgleichen Armen. Wir sind uns nah. Treu und liebend...«

Immerhin verdankt die Nachwelt dieser Grundstimmung zwischen beiden Männern im besonderen Maße den »Parsifal«. Der Gralsorden war ein reiner Männerorden wie seine mittelalterlichen Vorbilder (Kapitel 1). Auf der Gralsburg sind sogar die Bediensteten männlich. Und Amfortas muß die Herrschaft über den Gral aufgeben, als er schwach wird und Sinneslust auf ein Weib verspürt. Auch Ludwig hat niemals Frauen in seiner Nähe geduldet.

Aber auch andere Opern, die in der Zeit der Verbindung mit Ludwig entstanden, enthalten Passagen, in denen die homoerotische Anziehung zwischen Männern verherrlicht wird. Da sind zum Beispiel die Empfindungen des homosexuellen Königs Marke für Tristan. Nach Wagners Willen sollte König Marke bei der Münchner Uraufführung 1865 ein lebendiger Vierziger sein, der sich für das Glück Tristans aufopfert, indem er auf den geliebten Freund verzichtet und ihm sogar die eigene Frau zuführt. In den 1868 uraufgeführten »Meistersingern« sind es die Gefühle des Hans Sachs für seinen Gesellen David und die spontane Parteinahme für den schönen Junker Walter von Stolzing – ehe dieser überhaupt gesungen hat.

Interessant auch die Vorstellungen Wagners über Kinder und Ehe, wie sie gerade im Ring des Nibelungen deutlich werden. An Hand der Verbindung zwischen Alberich und Kriemhild demonstriert Wagner, daß es zur Kindeszeugung keiner Liebe bedarf. Und er läßt den Alberich deutlich sagen, daß ein Sohn nötig ist, um dadurch die Welt zu beeinflussen. Auch Wagner wollte eine Dynastie begründen. Erst als Richard Wagner ein Jahr nach der Geburt seines Sohnes Siegfried auch sicher sein konnte, daß der »Erbprinz« gesund war und überleben würde, hat er Cosima von Bülow am 25. August 1870 geheiratet. Die Ehe hatte in Wagners Vorstellungen mehr mit einem schönen häuslichen Rahmen zu tun. Wie-

Hohenschwangau.

O mein herrlicher, himmlischer
Freund! —

Welches Glück umfängt mich!
Ein wundervoller Traum wird
mir zur Wahrheit! Wo soll
ich Worte finden, Ihnen den
Zauber dieser Stunde zu
nennen! — Da bin ich, in
der Gralsburg, in Parzivals
erhabenem Liebesschutze!

> Geduld! Ich bin in
> Ihren Engelsarmen! Wir
> sind uns nah, und meine
> ernste Freude sagt Ihnen,
> dass ich
>   glücklich bin! —
> Bald vor den
> Augen des geliebtesten
> Menschen! —
>   Dank! Dank!
>   Treu und liebend
> 11 Nov: 1865   Richard Wagner

Richard Wagners Brief an Ludwig II. aus dem Geheimen Hausarchiv der Wittelsbacher der überträgt Wagner diese Anschauungen in die Handlungen seiner Gestalten. Als Beispiel: Auch wenn er Evchen heiraten will, fühlt Hans Sachs dabei kein sinnliches Begehren.

Aber noch einmal zurück zu der prägenden Verbindung mit Ludwig II. Für König Ludwig war Richard Wagner die einzige große Liebe seines Lebens. Als er aus Gründen der Staatsraison Sophie, die Schwester Kaiserin Elisabeths von Österreich, heiraten soll, ist Ludwig tief unglücklich. Immer wieder bietet er Wagner an, für ihn auf den Thron zu verzichten – nur um ganz für seinen Richard leben zu können. Doch Wagner lehnt immer wieder ab, weil er die Macht des Freundes für seine künstlerischen Pläne braucht. Resignierend schreibt Ludwig damals:

»Vor mir steht die Büste des einzigen Freundes, den ich immer lieben werde – bis zum Tode. Der überall bei mir ist und für den ich bereit wäre, alles zu erdulden und selbst zu sterben. Wenn er mir nur die Gelegenheit dafür geben würde!«

Zwar bedeutet es für Ludwig das Ende aller engen emotionalen Bindungen, als er entdeckt, daß ihn Wagner mit Cosima von Bülow betrügt. Doch bleibt er zeitlebens Richard Wagners Schirmherr.

Zweifelsohne ist es Ludwig zu verdanken, daß Wagners Musikschaffen sich überhaupt in der damaligen Zeit durchsetzen konnte. Denn in Paris war Richard Wagner ausgepfiffen worden, und in Österreich wurde er von Grillparzer gnadenlos bekämpft. Auch in den übrigen deutschen Fürstentümern und in der Schweiz waren Wagners Opern alles andere als ein durchschlagender Erfolg. Von seinen Gläubigern bedrängt dachte Wagner im Jahre 1864 sogar an Selbstmord. Und genau an diesem absoluten Tiefpunkt ließ ihn der gerade zum König gekrönte Ludwig aus Stuttgart holen. Vor allem gab er Wagner nahezu unbegrenzte künstlerische Möglichkeiten und eine musikalische Heimstatt, von der aus Wagners Musik dereinst die Welt erobern sollte.

Ludwig versuchte, in Richard Wagner gerade den weiblichen Teil seiner Persönlichkeit zu stärken. Dieses weibliche Fühlen aber brauchte Wagner zum Komponieren. Er mußte sich sogar dabei entsprechend anziehen. Aus diesem Grunde entwarf Richard Wag-

ner minutiös wie ein Modezeichner für seine Putzmacherin Hausröcke aus feinstem Atlas und Samt, besetzt mit vielen Rüschen und Bändern, reichverzierte Spitzenhemden und mit Rosen bestickte Stiefel (Spitzer, 1906).
Immer wieder beschäftigte Wagner sich in seinen Opern mit der Vermischung männlicher und weiblicher Wesenszüge und Gefühle. Das klassische Beispiel ist die »Walküre«. Auf der einen Seite die Mann-Frauen, auf der anderen Siegmund. Als Hunding diesen starken Helden zum ersten Mal sieht, ruft er aus:
»Wie gleicht er doch dem Weibe!
Der gleißende Wurm glänzt auch ihm aus dem Auge.«

Neben Wagner sind noch zwei rein homosexuelle Komponisten bekannt:
– der Opern- und Ballettkomponist Peter Tschaikowsky (1840–1893) und
– Benjamin Britten (1913–1976), einer der größten Vertreter der klassischen Moderne.
In ihren für das musikalische Schaffen unerhört wichtigen Zweierbeziehungen verkörperten beide den männlichen Teil. Dennoch haben sowohl Britten wie Tschaikowsky auch ausgesprochen weiblich gefühlt.
Tschaikowsky war zweifelsohne kraftvoll und männlich-dynamisch (Smith, 1961). Zeit seines Lebens hatte er jeweils langandauernde Bindungen an eher weiblich geprägte Männer. Bestimmend für das künstlerische Schaffen Tschaikowskys waren dabei die Beziehungen zu seinem Schüler, dem reichen Landadeligen Vladimir Schilovsky. Es ist die erste große Liebe seines Lebens. Mit ihm bereist er Italien und Österreich. In dieser für Tschaikowsky so unendlich beglückenden Zeit entsteht das Ballett »Schwanensee«. Sicher ist der menschliche Aspekt für die schöpferische Periode absolut bestimmend. Doch Schilovsky hat den Komponisten auch auf eine Reihe von Stoffen und musikalischen Vorlagen aufmerksam gemacht – darunter Bizets Carmen. Leider starb Vladimir Schilovsky früh an der Tuberkulose.

In der Zeit seiner Arbeit an der Oper »Eugen Onegin« versetzte Peter Tschaikowsky die Beziehung zu dem begnadeten Violinisten Josif Kotek in eine euphorisch-schöpferische Stimmung. Doch schon wurden die Stimmen immer lauter, die Tschaikowsky beschuldigten, homosexuell zu sein. Im zaristischen Rußland stand darauf Verbannung nach Sibirien. Gerade jetzt erhielt Tschaikowsky immer wieder Liebesbriefe von einer jungen Schülerin am Konservatorium – Antonina Milyukowa. Ihr einziger Lebensinhalt sei der Wunsch, in seiner Nähe leben zu dürfen. Wenn das nicht möglich sei, würde sie sich das Leben nehmen.

Nachdem in der Oper Eugen Onegin die Liebe Tatjanas zurückwies, reagierte Tschaikowsky privat ganz als Frau, die einem liebenden Menschen nicht weh tun möchte. Und er wußte, daß er die Abdeckung einer Scheinehe dringend gebrauchen konnte. Also erzählte er Antonina von seinen wahren Neigungen, und sie versprach ihm, nur wie eine Schwester an seiner Seite leben zu wollen. Da Tschaikowsky aber instinktiv fühlte, daß er im Begriff war, einen Fehler zu machen, erzählte er niemandem von der geplanten Eheschließung. Am 18. Juli 1877 heiratete er Antonina. Josif Kotek ist sein Trauzeuge. Schon als er Antonina bei der Hochzeits-Zeremonie auf Wunsch des Popen küssen mußte, bekam Tschaikowsky Angstzustände. Damit es keine Hochzeitsnacht gab, hatte er anschließend eine zweitägige Zugreise nach Petersburg organisiert. Kaum im Zug angekommen konnte Peter Tschaikowsky seine Tränen nicht mehr zurückhalten. Auch wenn ihm Antonina immer wieder bestätigte, daß sie körperlich keine Zärtlichkeiten erwarte, Tschaikowsky konnte sich nur schwer beruhigen.

Die Vorausahnungen Tschaikowskys bestätigten sich. Nach nur kurzer Ehe bedrängte ihn Antonina. Es war für Tschaikowsky so schlimm, daß er versuchte, sich in den Fluten der Newa zu ertränken. Er schaffte es nicht – es reichte nicht einmal zur erhofften Lungenentzündung. Also verließ er Antonina im September 1877 und reiste nach Rom.

Zwar stimmte seine Frau im folgenden Jahr gegen eine hohe Abfindung der Scheidung zu, doch dann wollte sie wieder unbedingt mit ihm zusammenleben. Auch seine Schwiegermutter verfolgte ihn – und schrieb an den Popen, der ihn einst getraut hatte. Ohne die Liebe zu dem 28 Jahre jüngeren, etwas mädchenhaft wirkenden Alexej Sofronow hätte Tschaikowsky diese seelischen Belastungen nicht durchstehen können. Mit Alexej bleibt er 10 Jahre zusammen.

Aber die Ängste vor der offenen Entdeckung seiner homosexuellen Neigungen mehrten sich. Die Gerüchte waren inzwischen so offen, daß sich auch Tschaikowskys finanzielle Gönnerin Nadeschda von Meck plötzlich von ihm zurückzog. Dazu kam, daß sein Ballett »Der Nußknacker« von der Kritik zerrissen wurde und das Publikum auch sein Lieblingswerk – die »Symphonie Pathétique« nicht verstand. So suchte Tschaikowsky schließlich den Tod, indem er seinen mit Cholera infizierten Freund küßte. Klaus Mann schrieb über Tschaikowsky in dem Buch »Symphonie Pathétique«:

»Die besondere Form der Liebe, die sein Schicksal war, ich kannte sie doch. Man huldigt nicht diesem Eros, ohne zum Fremden zu werden in unserer Gesellschaft. Man verschreibt sich nicht dieser Liebe, ohne eine tödliche Wunde davonzutragen. Er begeht Selbstmord als Dreiundfünfzigjähriger. Tschaikowskys Lebenswerk, besonders aber sein letztes Opus, ist nur ein Vorspiel zu diesem einsamen Tod.«

Benjamin Britten lebte dagegen schon in einer Zeit, wo sich ein Homosexueller den Anfeindungen der Umwelt entziehen konnte. Im Mai 1939 verläßt er aus diesem Grunde England und geht mit seinem drei Jahre älteren Lebensgefährten Peter Pears nach New York, zu dem aus gleichen Gründen ausgewanderten Freundespaar: den Dichtern Wystan Auden und Christopher Isherwood.

Durch die begnadete Stimme von Peter Pears, der auf dem Klavier von Benjamin Britten begleitet wurde, entstand eines der erfolgreichsten Konzert-Duos aller Zeiten. Es war eine Ehe, die insgesamt 40 Jahre dauerte und die auch gesellschaftlich anerkannt wurde. Die englische Königin schickte Peter Pears ein in warmen Worten gehaltenes Beileidstelegramm, als Sir Benjamin

Britten am 4. Dezember 1976 starb, und sie adelte auch Peter Pears für seine künstlerischen Verdienste.

Homosexuelle in der Literatur

Das weiblich geprägte Gehirn schafft ideale Voraussetzungen für einen intensiven Gefühlsausdruck in Dichtung und Prosa. Das geschieht durch die stärkere strukturelle Beziehung von räumlich-visuellem Vorstellungsvermögen und sprachlichem Ausdruck. Bei entsprechend begabten Menschen hat die Natur hier bereits im Embryonalstadium eine zusätzliche Querverbindung zwischen den Thalami beider Hirnhälften (Lansdell & Davies, 1972), eine sogenannte Adhesio interthalamica, siehe Bildtafel I.2, Seite 69, angelegt.

Die Dichtkunst in der Antike ist voll von Verherrlichungen von Männerbeziehungen, denken wir nur an Horaz, Pindar, Platon, Xenophon und Sophokles. In der römischen Zeit widmen vor allem die homosexuellen Dichter Catull (87–54) und Vergil (70–19) diesem Thema ihre schönsten Gedichte.

Auch der wohl größte deutsche Dichter, Johann Wolfgang von Goethe (1749–1832) hatte homoerotische Empfindungen, auch wenn er seine Homosexualität nie ausgelebt hat. Schon als Jüngling erregen die nackten Körper der Brüder Stolberg beim Baden sein Wohlgefallen. Als 22jähriger schreibt der leidenschaftlich in den 27jährigen Philosophen Herder verliebte Goethe:
»Wär' ich einen Tag und eine Nacht Alkibiades[1],
dann wollt' ich sterben«.
Bis zu seinem 38. Lebensjahr war bei Goethe der Widerwille gegen die körperliche Liebe mit einer Frau unüberwindbar (Eissler, 1984). Nach Goethes ästhetischem Maßstab war für ihn zeitlebens »der Mann weit schöner als die Frau« (siehe seine Unterhaltung mit Kanzler Friedrich Müller am 7. April 1830). Immer wieder beschäftigt er sich darum mit dem Thema der Homosexualität.

[1] Alkibiades war der Geliebte des Philosophen Sokrates

Von seiner Romreise schreibt er zum Beispiel am 29. Dezember 1787 an den Herzog von Weimar:
»Hier erlebe ich ein Phänomen, das ich nirgends so stark gesehen habe, die Liebe der Männer untereinander. Ich kann sagen, das ich die schönsten Erscheinungen davon, welche wir nur aus griechischen Überlieferungen kennen, hier mit eigenen Augen gesehen habe und das psychische und moralische davon beobachten kann. Es ist eine Materie, von der sich kaum reden, geschweige denn schreiben läßt, sie sei also zu künftigen Unterhaltungen aufgespart.«
Um die Gedanken von Homosexuellen der breiteren Öffentlichkeit verständlich zu machen, übersetzte Goethe die Autobiographie des homosexuellen Bildhauers Benvenuto Cellini:
»Ascanio und ich liebten uns so sehr, das wir uns weder tags noch nachts trennen konnten«
und schrieb in einem Aufsatz über den großen Archäologen Winckelmann:
»In der Verbindung menschlicher Wesen im Altertum zeigt sich ein wesentlicher Unterschied zur neueren Zeit. Die leidenschaftliche Erfüllung liebevoller Pflichten, die Wonnen der Unzertrennlichkeit, die Hingebung Eines für den Anderen, die notwendige Begleitung in den Tod setzen uns in Erstaunen, ja man fühlt sich beschämt.

In einer Freundschaft dieser Art fühlte Winckelmann sich geborgen, derselben auch im höchsten Grad bedürftig... weil er Dem etwas leisten kann, den er über Alles liebt.«
Goethes spätere Werke enthalten sogar eindeutig homosexuell getönte Passagen. Beispiele: seine »Notizen von der Schlesischen Reise im Jahre 1790«, das »Buch des Schenken« aus dem 1819 erschienenen Gedichtzyklus »West-östlicher Divan« und die Jugenderinnerungen aus »Wilhelm Meisters Wanderjahre« (1829). Dazu gehört auch eine Stelle in »Faust II« (1831), wo Goethe die homoerotischen Reaktionen Mephistos auf die Heerscharen der männlichen Engel beschreibt:

MEPHISTOPHELES
Ihr scheltet uns verdammte Geister
Und seid die wahren Hexenmeister;
Denn ihr verführet Mann und Weib. –
Welch ein verfluchtes Abenteuer!
Ist dies das Liebeselement?
Der ganze Körper steht in Feuer,
Ich fühle kaum, daß es im Nacken brennt. –
Ihr schwanket hin und her: so senkt euch nieder!
Ein bißchen weltlicher bewegt die holden Glieder!
Führwahr, der Ernst steht euch recht schön;
Doch möcht ich euch nur einmal lächeln sehn;
Das wäre mir ein ewiges Entzücken.
Ich meine so, wie wenn Verliebte blicken,
Ein kleiner Zug am Mund, so ists getan.
Dich, langer Bursche, dich mag ich am liebsten leiden,
Die Pfaffenmiene will dich gar nicht kleiden,
So sieh mich doch ein wenig lüstern an!
Auch könntet ihr anständig-nackter gehen,
Das lange Faltenhemd ist übersittlich –
Sie wenden sich – Von hinten anzusehen! –
Die Racker sind doch gar zu appetitlich!

Auch Friedrich Schiller (1759–1805) hat eine homoerotische Sturm- und Drangzeit durchgemacht. Was er für seine Mitschüler von Scharffenstein und von Hoven auf der Karlsschule fühlte, war ausgesprochen die Leidenschaft der Liebe (Fischer, 1890). Als Schiller seiner Schwester Christophine vom Tode des geliebten Freundes schreibt, liegt dieses Bekenntnis auch in den Worten:
»Du weißt nicht, wie sehr ich im Inneren verödet und verstört bin. Auch sollst Du nie erfahren, was die Kräfte meines Geistes untergräbt.«
Schiller trug sich auch jahrelang mit dem Gedanken, ein Drama über die homosexuellen Ritterideale im Mittelalter zu schreiben. Die überlieferten Fragmente der »Malteser« sind ein Hohelied auf

Männerliebe und Opfermut im Templerorden. Doch Schiller gab seinem Helden Crequi all die Züge des normalen Liebesalltags, wie die kleinen, zärtlichen Sorgen um den geliebten St. Priest, aber auch die wütende Eifersucht und sinnliche Zärtlichkeit für den Geliebten. Doch trotz Goethes wiederholtem Mahnen vollendete Schiller das Stück nicht.

Man darf natürlich nicht vergessen, daß die Zeit Goethes und Schillers noch nicht reif war für eine solche Darstellung. Homosexuelle wurden schärfstens verfolgt. Nur Ehen boten ihnen nach außen einen gewissen Schutz. Waren sie dazu nicht bereit, blieb ihnen oft nur der Selbstmord, wenn ihre Neigungen bekannt wurden. Ein Beispiel hierfür ist der Dichter und Offizier Heinrich von Kleist (1777–1811). Bekennerbriefe, wie der an Ernst von Pfuel aus dem Jahre 1805 konnten gefährlich sein, wenn sie in falsche Hände gelangten, steht darin doch:

»O Du, den ich immer noch über alles liebe! Wie flogen wir vor einem Jahr einander in Dresden in die Arme! Wie öffnete sich die Welt unermeßlich, gleich einer Rennbahn, vor unserer in der Begierde zitternden Gemütern!... Damals liebten wir ineinander das Höchste in der Menschheit; denn wir liebten die ganze Ausbildung unserer Naturen. Du stelltest das[1] Zeitalter der Griechen in meinem Herzen wieder her.«

Andere Dichter emigrierten nach Amerika, wie Nikolaus von Lenau, zu dessen homoerotisch (nicht homosexuell) fühlendem Freundeskreis die Dichter Uhland, Körner und Karl Mayer gehörten.

Erst August Graf von Platen (1796–1835) begann sich offen zu seiner Homosexualität zu bekennen. Über seine leidenschaftliche Beziehung zu Eduard Schmidtlein schreibt Platen:

»Ich bin wie Leib dem Geist, wie Geist dem Leibe Dir!
Ich bin wie Weib dem Mann, wie Mann dem Weibe Dir!
Wen darfst du lieben sonst, da von der Lippe weg
mit ew'gen Küssen ich den Tod vertreibe Dir?

---

[1] Die Männerliebe verherrlichende

Ich bin Dir Rosenduft, Dir Nachtigallensang,
ich bin der Sonne Pfeil, des Mondes Scheibe Dir:
Was willst Du noch? Was blickt die Sehnsucht noch umher?
Wirf alle, alles hin: Du weißt ich bleibe Dir!«
Doch die Öffentlichkeit reagierte darauf zuerst mit Erstaunen, dann erschreckt und mit Mißbehagen. Am Ende blieb dem feinfühligen Grafen nur die Resignation:

»Wer je sich in ein Labyrinth begeben,
Aus dem der Ausgang nimmermehr zu finden,
Wer Liebe nur gesucht zu binden,
Um der Verzweiflung dann sich hinzugeben;
Und wer den Toten ihre harten Pfühle
Mißgönnt, wo Liebe nicht mehr kann betören:
Der kennt mich ganz und fühlet, was ich fühle.«

Graf von Platen entschied sich für die Emigration nach Italien.

Mit diesen Erfahrungen heirateten dann auch die Schöpfer der wohl romantischsten Liebesgedichte:
Eduard Mörike (1804–1875) und
Rainer Maria Rilke (1875–1926).
Mörike heiratete erst als 57jähriger, Rilke bereits als 26jähriger. Dafür litt Rilke aber zeitlebens unter der Angst vor der körperlichen Liebe mit seiner Frau. Prägend waren seine homoerotischen Verbindungen mit dem Politiker Walther Rathenau und dem österreichischen Philosophen Ludwig Wittgenstein. Letzterer unterstützte Rilke großzügig mit Geld. Den größten Einfluß aber hatten auf Rilke die homosexuellen Anschauungen Michelangelos:

»Das waren Tage Michelangelos,
von denen ich in fremden Büchern las,
Das war der Mann, der über einem Maß,
der gigantengroß,
die Unermeßlichkeit vergaß.«

Unter diesem Einfluß verherrlichte Rilke den Opfertod des Antinous für seinen Geliebten. In der »Klage um Antinous« ließ er Kaiser Hadrian ausrufen:

»Wer vermag denn zu lieben? Wer kann es?
Und es hat so unendliches Weh mir getan –.
Nun ist er am Nil der stillenden Götter einer,
und ich weiß kaum welcher und kann ihm nicht nahn.«

Auch in England hat es eine Reihe von bedeutenden homosexuellen Dichtern gegeben. Allen voran William Shakespeare (1564–1616), der seinen Freund, den Earl of Pembroke, in seinen Sonetten anschwärmte:

»Dir hat ein Frauenantlitz die Natur gemalt,
Herr – Herrin meiner Leidenschaft!
Du hast ein Frauenherz, das edel nur,
doch nicht nach Art der Weiber launenhaft.«

Homosexuell waren auch Christopher Marlowe (1564–1593), John Fletcher (1579–1625) und Samuel Foote (1720–1777).
  Besonders hervorzuheben ist Lord Byron (1788–1824). Von seinen Männerfreundschaften möchte ich hier nur die Liebe zu seinem Schulfreund in Harrow, dem Earl of Clare, erwähnen. Sie ist ein wiederkehrender Bestandteil von Byrons erstem größeren Werk »Stunden des Müßiggangs«. Hier nur einige Zitate:
  »An Deine geliebte Brust werde ich mein Haupt legen
  Wo wäre mein Himmel ohne Dich!«
In »Der Tod von Calmar und Orla« heißt es zum Beispiel:
  »Keine Frau war die Sehnsucht seiner Seele
  seine Gedanken waren der Männerliebe geweiht« und
  »Dann an seiner Brust suchte er den gewohnten Platz
  und der Tod war himmlisch in der Umarmung des Geliebten.«
Die Liebe zu Clare hat ein Leben lang gehalten – trotz vieler anderer Liebesabenteuer des Dichters. Byron selber sagte immer wieder:

»Wenn ich nur den Namen Clare höre, schlägt mir das Herz schneller.«

Als sich beide durch einen Zufall Jahre später unvorhergesehen in Italien wiedertrafen, erkannte Byron schon von Ferne das Gesicht des Geliebten in einer herannahenden Kutsche. Wie überwältigt auch Clare von diesem Zusammentreffen war, spricht aus Byrons Beschreibung:

»Ich konnte den schnellen Pulsschlag in seinen Fingerspitzen spüren. Wir waren nur für 5 Minuten auf einer belebten Straße zusammen und doch kann ich mich an keine andere Stunde meines Lebens erinnern, die einen ähnlich starken Eindruck auf mich gemacht hätte.«

Schon von Todesahnungen gequält, schrieb Byron noch 19 Tage vor seinem Ende an den geliebten Freund:

»Und Du mein Freund, der mich geliebt
So treu, wie's nie das Wort,
Das arme, schwache wiedergibt,
Dein denk ich fort und fort.
Das Du mit Tränen einst genetzt
Am Busen funkelnd ruht es jetzt
Dein Edelstein, der Liebe Pfand.«

Es handelte sich um ein Karneolherz, welches Byron bis an sein Lebensende als Andenken aufbewahrte.

Byron zeigte schon früh einen für die damalige Zeit ungewöhnlichen Mut. Er bekannte sich nämlich offen zu seinen homosexuellen Gefühlen:

»Die Natur gab uns Leidenschaften, die Gesetze der Mensch. Wo entspringen diese Leidenschaften, riesengroß und doch nicht verletzend? Warum sie unrecht nennen? Wie viele griechische Helden, durch ihren kriegerischen Mut berühmt, fanden Trost in den Armen des Geliebten. Und uns will man zwingen diese Überlieferungen zu tadeln oder den bittern Kelch der Enthaltsamkeit zu trinken!«

Byron geht sogar noch einen Schritt weiter. In einem Gedicht – Don
Leon – attackiert er 1813 offen die englische Gerichtspraxis, jeden
ertappten Homosexuellen zu hängen:

»You ermined judge, pull off that sable cap!
What! Can you lie and take your morning nap?
Peep through the casement: see the gallow there:
Your work hangs on it; could not mercy spare?
What had he done? Ask crippled Talleyrand,
Ask Beckford, Courtenay, and all the motley band
Of priest and laymen who have shared his guilt
(if guilt it be) then slumber if you will.
What bonds had he of social safety broke?
Found'st you the dagger hid beneath his cloak?
He stopped no lonely traveller on the road:
He burst no lock, he plundered no abode;
He never wronged the orphans of his own:
He stifled not the ravish'd maiden's groan.
His secret haunts were hid from every soul,
Until you send your policemen there to prowl.«

Ehrwürd'ger Richter, leg' die Kappe fort!
Wie kannst Du ruhig noch am Morgen schlafen?
Sieh'st durch das Fenster Du den Galgen nicht?
Dein Werk hängt dort!
Konntst Du ihn nicht mit Milde strafen?
Was tat er? War's dasselbe nicht bei Beckford,
vielen Priestern und bei Talleyrand?
Wie viele Menschen teilen seine Schuld,
wenn Schuld man wollt' es wirklich nennen?
Mit diesem Wissen schlafe ruhig, wenn Du kannst.
Wo hatte er die Sicherheit bedroht?
Fand man den Dolch bei ihm versteckt im Mantel?
Hat er den Reisenden beraubt auf seinem Pfad?
Kein Schloß hat er erbrochen. Keine Truh' geplündert.

Auch den ihm anvertrauten Waisen hat er nichts getan.
Kein Mädchen hat er je versucht zu schänden.
Geheime Wünsche hielt er gut vor aller Welt versteckt
– bis Deine Polizisten ihn durch Spitzelei entdeckt.

Der konkrete Anlaß war die Verurteilung des homosexuellen Kapitäns Henry Nicholls und sein Tod durch Erhängen am 12. August 1813. Mit der »sable cap« ist die schwarze Kappe gemeint, die englische Richter bei Verhängen der Todesstrafe aufsetzten.

Nach diesem Angriff auf die englische Justiz und der offenen Forderung nach Reformierung des Strafrechts mußte Byron nach Italien emigrieren. Doch dann begannen die Freiheitskriege in Griechenland. In seiner Begeisterung für die antike Männerliebe möchte Byron für die Freiheit der Nachkommen dieser großen Griechen kämpfen. Sein Kampfgefährte war denn auch sein Liebhaber.

Ein Opfer seiner homosexuellen Gefühle wurde auch ein anderer englischer Dichter: Oscar Wilde (1856–1900). Eine Zeitlang galt er als der gefeiertste Dichter des Viktorianischen England. Die Zeit, in der »Lady Windermere's Fächer« und »Das Bildnis des Dorian Gray« entstanden, waren die Jahre höchsten persönlichen Glücks mit dem schönen und hochbegabten Alfred, Lord Douglas. In seinem Hauptwerk »Das Bildnis des Dorian Gray« identifizierte sich Oscar Wilde übrigens mit der Figur des homosexuellen Malers Hayward. Dieser liebte Dorian Gray – der viele Züge von Alfred Douglas hat –, weil er für ihn das Ideal körperlicher und geistiger Schönheit bedeutete. Das Zusammensein mit Dorian war für Hayward ein Lebensbedürfnis und ein Ansporn zu künstlerischem Schaffen zugleich.

Doch 1895 wurde ein zärtlicher Brief von Oscar Wilde an den 22jährigen Alfred bekannt:

»Mein einziger Junge! Dein Sonett ist reizend, und es ist wunderbar, daß Deine roten Rosenlippen nicht minder zur Musik des Liedes geschaffen sind wir zur Leidenschaft des Kusses. Deine leichte goldene Seele schwebt zwischen der Trunkenheit der

Leidenschaft ... Immer mit nie ersterbender Leidenschaft, der Deinige! Oscar«
Dieser Brief reichte vor Gericht zu einer Verurteilung wegen Homosexualität. Von den zwei Jahren Arbeitslager von Mai 1895 bis Mai 1897 hat sich Oscar Wilde nie wieder vollständig erholt. Er beschrieb seine Gefühle in dieser Zeit.
»Das Leid ist das Zarteste in aller Schöpfung. Es gibt nichts in der ganzen geistigen Welt, an das der Schmerz mit seinem schrecklichen überaus feinen Pulsschlag nicht heranreicht. Jetzt erkenne ich, daß der Schmerz als die edelste Regung, deren der Mensch fähig ist, gleichermaßen Urform und Prüfstein aller großen Kunst ist.«

Durch seine geistreichen Bühnenstücke weltweit bekannt geworden ist William Somerset Maugham (1874-1965). Seinen trokkenen und scharfen Witz hat Somerset Maugham eigentlich als Mittel der Selbstverteidigung entwickelt – denn er hatte einen Sprachfehler. Auf diese Weise gehemmt blieb er ein Leben lang ein Beobachter seiner Umwelt.
Als voll ausgebildeter Mediziner arbeitete Somerset Maugham während des I. Weltkrieges im Sanitätskorps. Dort lernte er den 20 Jahre jüngeren Amerikaner Gerald Haxton kennen. Gerald war gutaussehend, männlich und sehr kontaktfreudig. Also das genaue Gegenstück zu Somerset Maugham. Und es war für beide Liebe auf den ersten Blick. Ihre Verbindung fand erst durch Geralds Tod im II. Weltkrieg ihr Ende. Somerset Maugham hat die Liebesgeschichte ungeschönt in seinem Buch »The Summing Up« verarbeitet.
Aber es gibt auch noch eine Reihe von Schriftstellern, die sicher verdienen, erwähnt zu werden. Nehmen wir nur zwei Beispiele:
– D. H. Lawrence (1885-1930), dessen Schilderung der besonderen Form der körperlichen Vereinigung von Lady Chatterley mit dem Wildhüter in »Lady Chatterley's Lover« in Wirklichkeit eine autobiographische Darstellung seines ersten homosexuellen Liebeserlebnisses ist. Dabei wurde dieses Buch zu einem Klassiker der freien heterosexuellen Liebe, und

- E. M. Foster (1879-1970), der sich bewußt mit homosexuellen Themen auseinandersetzt und mit »Maurice« erstmals in der modernen Literaturgeschichte eine glücklich endende Liebesgeschichte zwischen zwei homosexuellen Männern beschreibt.
Auch andere Länder haben bemerkenswerte homosexuelle Schriftsteller hervorgebraucht. In Dänemark gehört dazu der Märchendichter Hans Christian Andersen (1805-1875) und in Spanien der Dichter Federico García Lorca (1898-1936). In den USA sind es zum Beispiel Truman Capote (1924-1984) mit »Frühstück bei Tiffany« und der große Dramatiker Tennessee Williams (1911-1983) mit »Die Katze auf dem heißen Blechdach« oder »Endstation Sehnsucht«. Tennessee Williams beschreibt in seiner Autobiographie (Memoirs, 1975) sehr eindrucksvoll, wie seine Art der »anderen Liebe« sein Lebenswerk geprägt hat.

Auch der japanische Schriftsteller Yukio Mishima (1925-1970) hat in seinen Büchern seine Lebenserinnerungen verarbeitet. So erzählte Mishima, wie ihn Statuen nackter griechischer Jünglinge oder das Bildnis des heiligen Sebastian sexuell erregten, und er leitete daraus ab:

»Was soll das ganze Gerede über Krankheit und Behandlung, wenn es um Homosexualität geht. Es ist alles Unsinn, denn es handelt sich um ein natürliches Phänomen.«

Der Grundtenor seines Buches »Verbotene Farben«:

»Was für eine Gefühlsverschwendung, daß ein Mann immer und ewig nur eine Frau anschmachten darf. Diese Begrenzung auf die Liebe zu Frauen schränkt die geistigen Kräfte vieler Männer unnötigerweise ein«.

Um dem gesellschaftlichen Druck zu entgehen heiratete Yukio Mishima trotzdem. Und er kommentierte diese »Ehe« in für ihn typischer Weise in dem Buch »Durst nach Liebe«:

»Eine Vielzahl von Männern, die eigentlich Männer lieben, heiraten und bekommen Kinder.«

Autobiographisch auch die Stelle

»Traurig genug für den Mann: in seinen Flitterwochen interessierte ihn mehr der gutaussehende Kellner, der sie bediente.«

Allerdings hat Yukio Mishima das Doppelleben auf die Dauer nicht verkraften können. Er beging Selbstmord in der Tradition des Samurai.

Besonders Frankreich kann eine Reihe von namhaften homosexuellen Schriftstellern und Bühnenautoren aufweisen. Um die Jahrhundertwende ist es der Erzähler Marcel Proust (1871-1922). Obwohl Proust nach den Tagebuchaufzeichnungen André Gides (»Journal 1921«, Eintragung vom 14. Mai) sogar offen mit seiner Homosexualität prahlte, paßte er sich doch beim Schreiben dem Zeitgeist an. In seinem Buch »Im Schatten der jungen Mädchen« übertrug Proust alle seine mann-orientierte Zärtlichkeit in die Worte einer Frau.

André Gide (1869-1951), Träger des Literaturnobelpreises 1947, verklärte die Homosexualität in seinem Werk »Corydon«, das er in die Zeiten von Sokrates zurückversetzte. Gide bekannte sich auch offen zu seinen Gefühlen in seinem Briefwechsel mit seinem Freund, dem Dichter Paul Claudel.

Berühmt ist auch Jean Cocteau (1889-1963) als Dichter, Ballettschöpfer, Filmautor und Maler – ein Multitalent. Die größte Rolle in Cocteaus Gefühlsleben hat sicher die Verbindung mit dem Schauspieler Jean Marais gespielt, zusammengefaßt in den Worten: »Mein schöner Engel, ich lebe durch Dich.«

In dem »Weißen Buch« schreibt Cocteau von sich:

»Mein Unglück war nicht meine große, reine Liebe zum Mann, sondern eine Gesellschaft, die das Außergewöhnliche als Verbrechen verfolgt. Und uns zwingt, unsere Neigung zu verbergen.«

Seine Neigungen zeitlebens verborgen gehalten hat Thomas Mann (1875-1955). Obwohl er durchaus glückliche homosexuelle Verbindungen erlebte (siehe seine Tagebücher der Jahre 1918 bis 1934), vermittelte Thomas Mann gegenüber der Öffentlichkeit ein bürgerliches Familienglück. Wo er sich in seinen Werken mit homosexuellen Themen auseinandersetzt – wie im »Zauberberg« und im »Tod in Venedig« – geht jedoch keine der Beziehungen glücklich aus. Nach seinen in dem Essay »Über die Ehe« (1925) vertretenen Auffassungen darf es für einen Schriftsteller nur eine psychosexuelle Bisexualität geben. Der körperliche Teil einer Beziehung zwischen zwei Männern ist eigentlich verurteilenswert.

Darum verfremdete Thomas Mann in »Mario und der Zauberer« das autobiographische Liebeserlebnis mit Mario im italienischen Forte dei Marmi. Übrigens hat sich Thomas Mann nach den Aufzeichnungen seiner Frau Katja selbst als »Zauberer« bezeichnet.

Aus gleichen Überlegungen wird im »Zauberberg« in einem Sanatorium das homoerotische Gefühl des jungen Hanseaten Hans Castorp »neutralisiert«.

Auch im »Tod in Venedig« konnten die Liebenden, der Schriftsteller Aschenbach und der Jüngling Tadzio, nur darum zusammenfinden, weil sich durch eine Choleraepidemie die moralischen Wertvorstellungen der Umwelt auflösten. Doch der Preis war der Tod.

Für Thomas Mann war die Erfahrung mit der Homosexualität lange Zeit eine nicht zu bewältigende Haßliebe (Mayer, 1980; Sommerhage, 1983). Erst im Roman »Joseph und seine Brüder« verarbeitete er das Liebeserlebnis mit Klaus Heuser an der Stelle, wo Potiphars Frau den schönen Jüngling aus Kanaan zu verführen sucht. Erst jetzt identifizierte sich Thomas Mann mit dem Weiblichen in seinen Gefühlen.

Seinem Sohn Klaus (1906-1949) gelang es zeitlebens nicht, das weibliche Fühlen als Teil seiner Persönlichkeit zu integrieren. So ward für Klaus Mann daraus ein selbstzerstörerisches Wechselbad zwischen Männerliebe und Männerhaß (Härle, 1986).

Das aber führt zu dem wichtigen Thema:

»Warum Männer wie Frauen fühlen.«

5.
Männer, die wie Frauen fühlen

> Der weiblich fühlende Mann ist der bessere, weil gefühl- und verständnisvollere Partner.
>
> JEAN PAUL 1793

Im vorhergehenden Kapitel sind die Unterschiede in der Organisation und der Funktion des männlichen und weiblichen Gehirns herausgearbeitet worden. Homosexuelle nehmen meist eine Zwischenstellung im Bereich der Sprache und der Gefühle ein.
Reduzieren wir die Unterschiede des männlichen und weiblichen Gehirns noch einmal auf das Wesentliche:
– Beim Mann bleibt der ganze Gefühlsbereich nur auf die rechte Hirnhälfte begrenzt, während die Sprache in der linken Hirnhälfte »für sich bleibt«,
– Bei der Frau, bei den meisten Homosexuellen und einer Minderheit von heterosexuellen Männern entstehen Gefühle in beiden Hirnhälften und sind damit in ständiger Wechselwirkung mit der Sprache.
Damit ein optimaler Austausch der Gefühle und Empfindungen zwischen beiden Hirnhälften stattfinden kann, wurde von der Natur im Gehirn von Frauen und von solchen Männern, die wie Frauen fühlen, ein spezielles dickes »Telefonkabel« für den Gefühlsaustausch zwischen rechts und links installiert. Der funktionell dafür spezialisierte hintere Teil dieses sogenannten *Corpus callosum* enthält bei Frauen und Homosexuellen bis zu 25 Millionen zusätzliche Nervenkabel. Dieser funktionelle Unterschied im verdickten caudalen Teil – dem *Splenium* – ist bei Illustrationen des Gehirns schon mit dem bloßen Auge sichtbar (Bildtafel III, Seite 130). Zu erkennen ist auch: Männer, die wie Männer fühlen und sich autoritär verhalten, haben ein unterentwickeltes *Corpus callosum*.

Bildtafel III
Das Corpus callosum als Verbindungskabel für die Gefühlskommunikation zwischen beiden Hirnhälften

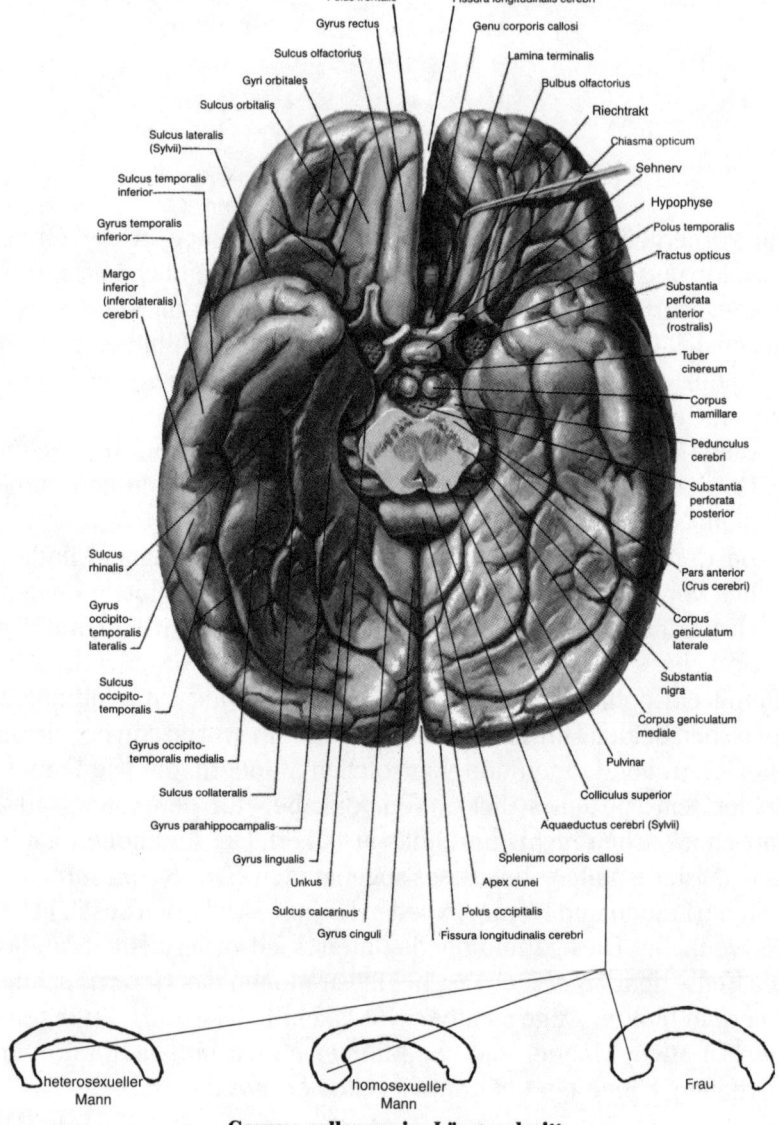

Corpus callosum im Längsschnitt

heterosexueller Mann — homosexueller Mann — Frau

Das sogenannte *Splenium corporis callosi* ist das entscheidende Verbindungskabel für die Gefühlskommunikation zwischen beiden Hirnhälften. Dieser Teil des Corpus callosum ist bei Frauen und bei homosexuellen Männern wesentlich stärker entwickelt.

Mütterlicher Streß und Jahreszeit beeinflussen in der Schwangerschaft die embryonale Gefühlsentwicklung

Zehn Wochen vor der Geburt hemmt eine Erhöhung des Testosteronspiegels in der 29. bis 31. Schwangerschaftswoche von 50 ng auf 100 ng/100 ml Blut die strukturelle Entwicklung des Gefühlsbereiches im embryonalen Gehirn (Abbildung 1, Seite 96).

Da in unserer Zeit immer mehr Frauen während der Schwangerschaft einen anspruchsvollen *Beruf* ausüben, produziert ihr Körper zur Kompensation der dadurch entstehenden Anforderungen vermehrt Testosteron. Aus diesem Grunde hat sich in den letzten 25 Jahren die Testosteronkonzentration im Fruchtwasser bei vielen Frauen um nahezu ein Drittel erhöht. Der mütterliche Testosteronbeitrag spielt sicher keine Rolle, solange beim männlichen Fötus die Eigenproduktion an männlichen Hormonen noch hoch ist. Anders, wenn der Testosteronspiegel in der 29. Schwangerschaftswoche beim männlichen Fötus nur noch doppelt so hoch ist wie beim weiblichen Fötus. Jetzt kann bei der Entwicklung von Hirnstrukturen im Gefühlsbereich der Testosterongehalt im Blut der Mutter den Ausschlag geben. Ein zu hoher Testosteronspiegel in diesem Teil der Schwangerschaft verhindert später, daß solche Männer – auch wenn sie durchaus Gefühle haben – diese zeigen oder über Probleme im Gefühlsbereich sprechen können.

Heinrich Heine hat das sehr schön in Versform gefaßt:

»Du Kleine mit großen Augen
Ich hab es Dir immer gesagt,
Daß ich Dich unsäglich liebe,
Die Liebe mein Herz zernagt.

> Doch nur in einsamer
> Kammer
> Sprach ich auf solche Art
> Und ach!
> Ich habe immer geschwiegen
> in Deiner Gegenwart.«

Auch Goethe hat als ein weiblich fühlender Mann dieses Problem vieler Männer erkannt und in einem Gedicht verarbeitet. An einer Stelle, wo es darum geht, daß eine Frau den geliebten Mann vor einer Marmorstatue um ein Zeichen seiner Gefühle bittet:

> »Du siehst so ernst Geliebter!
> Deinem Bilde von Marmor hier
> Möcht ich Dich wohl vergleichen.
> Wie dieser gibst Du mir kein Lebenszeichen;
> Mit Dir verglichen zeigt der Stein sich milde.«

Ein Beispiel aus unserer Zeit: Der Schriftsteller Peter Handke erklärt in einem »Stern«-Interview des Jahres 1982 sein Schweigen im Gefühlsbereich damit, daß er niemals etwas sagen möchte, was nur einer Laune entspreche. Nichts Privates möchte er preisgeben.

Mit Sicherheit fordert die starke berufliche Einbindung der Frau in den kritischen 12 bis 10 Wochen vor der Geburt hier ihren Preis. Denn nach meinen eigenen Beobachtungen hat seit 1965 die Zahl der »Machos« unter den Homosexuellen um etwa ein Fünftel zugenommen. Gleichzeitig beklagen sich in heterosexuellen Partnerschaften heute nahezu doppelt so viele Frauen über eine »Impotenz der Gefühle« bei ihren Männern.

Bei einem übergroßen Streß, wie er durch ernste Ehestreitigkeiten und große finanzielle Probleme entstehen kann, wird dagegen die Testosteronproduktion durch Streßhormone gänzlich unterdrückt (siehe Seite 79). Männer, deren Gehirn auf diese Weise in relativ wenig Testosteron »gebadet« wurde, fühlen im späteren Leben ausgesprochen weiblich.

Doch es gibt noch einen weiteren sich teilweise überlagernden Einflußfaktor: *Die jahreszeitliche Schwankung des Testosteronspiegels im Mutterleib.*
Der Blutkreislauf schwangerer Frauen zeigt ein »Testosterontief« in den Monaten November bis Januar, wobei die Testosteronkonzentration zwischen Mitte Dezember und Mitte Januar am niedrigsten ist. Danach steigt der Hormonspiegel an, um in den Monaten März/April ein zweites flacheres Tief zu erreichen. In den Monaten Mai und September/Oktober kommt es dagegen jeweils zu einem »Jahreshoch der Testosteronausschüttung«. Das hängt mit der Aktivierung der Hormonuhr und damit der Testosteronproduktion durch ein lichtempfindliches Steuerungszentrum im Hypothalamus zusammen. Dieser sogenannte *Nucleus suprachiasmaticus* reagiert auf größere Veränderungen sowohl in der Sonneneinstrahlung wie in der Tageslänge (siehe Seite 72). Ab der zweiten Januarhälfte sind Verlängerungen des Tages ein aktivierender Einfluß, doch bereits im Februar beginnt sich der »Meßfühler« im Hypothalamus daran zu gewöhnen. Eine weitere Veränderung in der Tageslänge wird nicht mehr wahrgenommen. Erst im Frühling setzt mit der Wirkung einer verstärkten Sonneneinstrahlung der nächste Aktivierungsschub ein. Ähnliche Aktivierungs- und Deaktivierungsmechanismen spielen dann auch im Herbst eine Rolle.
Die dadurch ausgelösten Veränderungen im Hormonspiegel der Mutter können beim männlichen Föten nur dann eine wesentliche Rolle spielen, wenn die Testosteronkonzentration schon wieder auf niedrige Werte abgesunken ist (Abbildung 1, Seite 96). Bei der Gehirnprägung kann somit nur der Gefühlsbereich beeinflußt werden, genauer gesagt die kritische 29. und 30. Schwangerschaftswoche. Ein spezielles Gen auf dem X-Chromosom sorgt in dieser Zeit wie ein Verstärker dafür, daß die sich entwickelnden Hirnstrukturen wesentlich empfindlicher auf kleinste Unterschiede in der Testosteronkonzentration im Blutkreislauf reagieren.
Der niedrige Testosteronspiegel zehn Wochen vor der Geburt bestimmt also, daß Menschen, die im Februar und März geboren

werden, oft besonders gefühlsbetont sind. In dieser Zeit geborene Männer sind später relativ weich in ihrem Fühlen – voller Träume und Sehnsüchte. Sehnsüchte vor allem nach Geborgenheit und Zärtlichkeit. Oft erscheint ihnen der Lebenskampf zu hart, obwohl sie durchaus bereit sind, sich für andere Menschen aufzuopfern. Zwar vertrauen sie anderen schnell, doch genauso leicht sind sie tief enttäuscht. Am Hervorstechendsten ist ihre gestaltende künstlerische Kraft.

In jeder Weise typisch war der Komponist Hugo Wolf (13. März 1860 bis 22. Februar 1903). Berühmt geworden ist er durch seine 242 Lieder, in denen poetische Worte und Noten in einzigartiger Weise harmonisch verknüpft sind. So hat sein Lied »Daß doch gemalt« einen sanften, bewegenden Schluß, während er in »Gesegnet sei, durch den die Welt entstand« eine unvergleichliche Pracht der Musik sprechen läßt. Hugo Wolf träumte immer nur vom Außergewöhnlichen in der Musik und konnte sich dadurch nicht mit Mittelmäßigkeiten abfinden. Das hat für ihn in seiner Zeit als Kapellmeister in Salzburg und als Kunstkritiker in Wien viele Schwierigkeiten mit sich gebracht. Er selber hat sehr unter Feindschaften seiner Kollegen gelitten. Allerdings hat er auch oft überempfindlich reagiert. Nur ein Beispiel: Als er Brahms seine ersten Lieder zeigte, hatte der nur einen Kommentar: »Wolf solle erst einmal bei Nottebohm Kontrapunkt studieren.« Diese ungerechtfertigte Kritik vergaß Hugo Wolf sein Leben lang nicht. Als Musikkritiker bekämpfte er dann seinerseits Brahms. Dessen 4. Symphonie in c-Moll verriß er mit den Worten »... solche Nichtigkeit, Hohlheit und Duckmäuserei, wie sie in der c-Moll-Symphonie herrscht, ist noch in keinem Werk von Brahms in so beängstigender Weise ans Tageslicht getreten. Die Kunst, ohne Einfälle zu komponieren, hat in Brahms ihren würdigsten Vertreter gefunden.« Das Violinkonzert in D-Dur ist nach Wolfs Meinung »ein ganz widerwärtiges Stück, voll von Platitüden« und vom d-Moll-Klavierkonzert gehe eine »Luft aus, so eisig naßkalt und nebelig, daß einem das Herz gefrieren möchte«. In den Augen Hugo Wolfs war es ein Akt der Notwehr. Sein harter Standpunkt gegenüber Brahms war entstanden aus einer

Mischung von Gefühlen: Geboren aus der Illusion, ein Herkules im Kampf der Überzeugungen zu sein, und der gleichzeitigen Suche nach einem Schutz gegen die Außenwelt.

Zwischen Mitte März und Mitte April kann es irgendwann wegen des »Sonneneffektes« zu einem schnellen Anstieg der Testosteronkonzentration der Mutter kommen. Dadurch ist das embryonale Gehirn einem starken Wechsel in der prägenden Testosteronkonzentration ausgesetzt. Fällt in diese Zeit die kritische 28. bis 30. Schwangerschaftswoche, wird in der Folge oft ein Gefühlsbereich angelegt, der scheinbar »zwei Seelen in einer Brust vereint«.

Der Klavier-Komponist Robert Schumann (1810–1856) beschreibt das recht treffend:

»Manchmal habe ich wie ein feurig voranstürmender Florestan, häufig wieder wie ein weiblich-lyrischer Eusebius gefühlt.«

Mitunter war Schumann in seinen Gefühlen übersensibel – so weinte er die ganze Nacht, als er vom Tode Schuberts erfuhr. Dann wieder war er gegenüber seiner Frau Clara, einer weltbekannten Pianistin, unerträglich autoritär. Clara durfte zum Beispiel nicht alleine auf einen Aussichtsturm steigen, als das Ehepaar anläßlich eines von Claras Gastspielen St. Petersburg besuchte. Robert Schumanns Begründung: Schließlich würden ihn Höhen nur schwindelig machen, und allein wollte er nicht unten warten.

Aus den vorangegangenen Beschreibungen von möglichen Einflußfaktoren folgt, daß der Gefühlsbereich bei jedem Mann unterschiedlich stark weiblich geprägt sein kann – und das völlig unabhängig von den sexuellen Anlagen. Nach den psychologischen Untersuchungen von Hoberman (1979) *haben 46 Prozent der Homosexuellen aber auch 26 Prozent der heterosexuellen Männer ein stark ausgeprägtes weibliches Gefühlspotential.*

Bei Homosexuellen läßt sich nur ein weiblich geprägter Gefühlsbereich besser erfassen, weil hier bei einer klar umrissenen Bevölkerungsgruppe der Testosteronspiegel im Mutterleib vom Anfang bis zum Ende der Schwangerschaft stark erniedrigt ist.

Zum Wohle der anderen

Die sexuelle Orientierung wie auch die Gefühlsprägung sind mit der Pubertät weitgehend abgeschlossen.

Aus diesem Grunde wurden von mir psychologische Untersuchungen an vierzehn- bis fünfzehnjährigen Jungen durchgeführt. Verglichen wurden 100 Jungen, die sich ausschließlich zu Mädchen hingezogen fühlten, mit 100 Gleichaltrigen, in deren erotischen Träumen nur andere Jungen vorkamen. Die bekannten psychologischen Methoden »Bem Sex Inventory« und »Feminine Gender Skala« wurden als Auswahlkriterien benutzt. Mit folgenden Ergebnissen:
- Von den Heterosexuellen sahen sich 72 Prozent absolut als einen typischen Mann,
- Bei den Homosexuellen waren es 33 Prozent.

Ganz anders war die Häufigkeitsverteilung, wenn es um die Gewichtung von Gefühlen ging. Als Kriterien galten hierbei Einstellungen zu solchen Fragen wie:
- Es macht mich sehr betroffen, wenn ich Menschen vor Schmerz schreien höre,
- Ich mag keine brutale Gewalt im Fernsehen,
- Bei einem Wettbewerb würde ich meinen besten Freund gewinnen lassen, wenn ich weiß, daß es für ihn viel bedeutet,
- Ich versuche immer, nett zu Menschen zu sein, die ich nicht mag,
- Menschen sind mir wichtiger als »Wunder der Technik«,
- Ich möchte in meinem zukünftigen Beruf gern Menschen helfen bzw. unsere Gesellschaft verbessern.

Jetzt betonten einundsiebzig Prozent der homosexuellen Jungen, daß wenigstens fünf von sechs dieser Aussagen für sie »lebenswichtig« seien. Von den heterosexuellen Altersgenossen waren es nur zweiundzwanzig.

Wurden dieselben Fragen im Rahmen eines großen Fragebogens an vierzehnjährige Mädchen gestellt, so entschieden sich neun von zehn Mädchen für genau diese Inhalte. Denn darin enthalten sind gerade solche Gefühle, aus denen zwischenmenschliche Bezie-

Friedrich der Große zu Beginn des Siebenjährigen Krieges. *Foto:* AKG

Richard Wagner, portraitiert 1868 im Auftrage König Ludwigs II.;
Nationalarchiv Richard Wagner, Bayreuth

Ludwig II. als zwanzigjähriger; ein Taschenportrait für seinen Freund Richard; Sammlung Wahnfried, Bayreuth

Links: Jakob I.; National Portrait Gallery, London.
Rechts: George, Herzog von Buckingham; National Portrait Gallery, London

Lord Byron; National Portrait Gallery, London

Links: Nofretete wurde von ihrem Mann Echnaton verlassen wegen eines Geliebten: Semenchkare (*rechts*), British Museum, London

Königin Elizabeth I. von England; National Portrait Gallery, London

Sappho von Lesbos. *Foto:* AKG

hungen entstehen, auf deren Grundlage aber auch gesellschaftliche Wertvorstellungen entwickelt werden.

In einer großangelegten Studie eines amerikanischen Personalberatungsunternehmens hat sich eine interessante Zusatzinformation ergeben. Bei einer Umfrage unter leitenden Firmenangehörigen, die nichts von der jeweiligen homosexuellen Einstellung ihrer Untergebenen wußten, kamen folgende Aussagen zu den Persönlichkeitsmerkmalen der Angestellten heraus:
- Hilfreich und kameradschaftlich,
- Gesellschaftlich gut adaptiert,
- Setzt sich für die Interessen der Allgemeinheit ein.

Im Extremfall werden Homosexuelle zu »Weltverbesserern«. Im 200. Jahr der Französischen Revolution sind die logischen Beispiele Jean-Jacques Rousseau (1712–1778) und Maximilien de Robespierre (1758–1794).

Rousseau forderte gleiche Rechte für alle Bürger unter der sozialen Kontrolle eines neuen Staates. Dieser sollte auf einem Gesellschaftsvertrag beruhen, den seine Bürger in ihrem Recht auf Freiheit und Gleichheit und in eigener Verantwortung eingegangen waren.

Nachdem Rousseau 1778 gestorben war, machte Robespierre ab 1789 in seinem Eintreten für das einfache Volk diese Thesen zum Leitthema der Französischen Revolution. Dabei war Robespierre anfangs durchaus um den friedlichen Ausgleich bemüht. Er wehrte sich im April 1792 heftig gegen die Kriegserklärung an Österreich und Preußen. Erst als Robespierre im Angesicht der Vielzahl innerer und äußerer Feinde um den Fortbestand der Revolution fürchten muß, greift er zu den Methoden des Terrors. Aber auch diese Einstellung hat ihr weibliches Gegenstück. Im verblendeten Glauben an ihre Sache waren es gerade die Terroristinnen der Roten Brigaden und der RAF, die besonders grausam zu Werke gingen.

Aber zurück zu der Vielzahl homosexueller Friedensstifter und Humanisten, Männer, die oft um den sozialen Ausgleich bemüht waren, wie
- Die Athener Staatsmänner Aristides (5. vorchristliches Jahrh.),

vom Volk der »Gerechte« genannt, und Solon (640–560), der als Reformator den einfachen Bürgern zu mehr politischer Mitbestimmung und zu größerem materiellen Wohlstand verhalf,
- Der römische Kaiser Tiberius (42 v. Chr.–37 n. Chr.), als überzeugter Demokrat gab er dem Senat alle früheren Rechte zurück und beschnitt die Macht der Aristokratie. Mit einem ökonomischen Programm sorgte er für die ärmeren Bürger. Er ließ Pontius Pilatus wegen des ungerechten Urteils gegen Jesus in Ketten legen und klagte ihn vor dem Senat an.
- Niccolò Machiavelli (1469–1527), gemäß seiner Lehre vom Staat sollte eine neue politische Kultur und Tugend über den Zustand des Gemeinwesens wachen; Vorkämpfer eines italienischen Nationalstaates,
- Erasmus von Rotterdam (1466–1536), Kirchenreformator,
- Der freigeistige italienische Philosoph Giordano Bruno (1548–1600),
- Kardinal Mazarin (1602–1661), ein wichtiger Friedensstifer: 1648 der Westfälische Friede am Ende des Dreißigjährigen Krieges; 1658 der Rheinbund; 1659 der Pyrenäenfriede,
- Alexander von Humboldt (1769–1859), berühmter Weltreisender und universaler Gelehrter, geißelte die Sklaverei in Amerika setzte sich in Preußen für mehr Fortschritt und Demokratie ein,
- Walther Rathenau (1867–1922) wollte eine bessere Zukunftsgesellschaft jenseits der klassenkämpferischen Gegensätze von Kapitalismus und Sozialismus. Führte das geschlagene Deutschland in der Außenpolitik aus der Isolation. Wirtschaftsvertrag von Rapallo 1922 mit der UdSSR,
- John Maynard Keynes (1883–1946), der Vater des »Wohlfahrtsstaates«. Nach seiner Lehre sollte der Staat in Zeiten wirtschaftlicher Depression lieber Geld borgen, um die Vollbeschäftigung zu garantieren.
- Jean-Paul Sartre (1905–1980), der sich unermüdlich für einen Sozialismus mit menschlichem Antlitz und für die Erhaltung des Weltfriedens eingesetzt hat.

Übrigens ist auch Friedrich der Große nur gezwungenermaßen zum Kriegshelden geworden. Schon als Jüngling galt seine wahre Liebe mehr der Kunst als dem Soldatenspielen. Mit Hans von Katte musizierte und philosophierte er, und mit seinem militärischen Instrukteur von Keyserlingk unterhielt er sich lieber über Kunst und Literatur.

Um der Soldatenlaufbahn zu entgehen, versuchte Friedrich sogar die Flucht nach England. Allerdings wurde der Plan verraten. Nach einem Prozeß wegen Hochverrats kam Friedrich in Festungshaft, und Katte wurde auf Befehl König Friedrich Wilhelms vor Friedrichs Augen hingerichtet. Damals fiel Friedrich noch in Ohnmacht. Aber von jetzt an war er vorsichtiger mit der Auflehnung gegen den verhaßten Vater.

Als er endlich die Macht hatte, strich Friedrich II. aus den Strafgesetzen sofort alle Brutalitäten. Erstmals in Europa durften Bürger sogar den Staat verklagen. Preußen wurde weiterhin das erste europäische Land mit völliger Religionsfreiheit. Damit war es auch eine Heimstatt für hugenottische Handwerker wie für jüdische Gelehrte und Literaten.

Selbst als ihm der Siebenjährige Krieg gegen Österreich und Frankreich aufgezwungen wurde, bewahrte sich Friedrich in dem Morden der Schlachten ein weiches Herz. Es gibt viele Beispiele tiefer persönlicher Trauer um gefallene Kameraden. Ein Charakterzug, der sich auch in Friedrichs Privatleben äußerte. Wenn sich sein Kammerherr Fredersdorf nicht wohl fühlte, war Friedrich tief besorgt. Typisch in diesem Zusammenhang ist der Satz: »Ich küsse den Arzt, der dich gesund macht.«

Als Friedrich glaubte, in einer letzten Schlacht gegen die vielfache feindliche Überlegenheit den sicheren Tod zu finden, bedachte er in seinem Testament alle Menschen, die ihm etwas bedeuteten. Es waren nur Männer. Doch Friedrich wurde durch ein Wunder oder besser durch einen homosexuellen Bewunderer gerettet. Sofort nach seiner Thronbesteigung unterstellte Zar Peter III. ihm die gesamte russische Armee.

Mit dem Frieden erhielt Friedrich endlich die Zeit, sich seinen wahren Interessen zuzuwenden. Das Staatswesen wurde verbessert und die Steuern gerecht verteilt. Aufgehoben wurde auch die praktisch für alle Bediensteten der königlichen Güter bestehende Leibeigenschaft.

Friedrich der Große hatte ein Gegenstück im Herrscher des Osmanischen Reiches, dem Sultan Suleiman (1495–1566). Unter diesem Dichter und Freund der Künste wurde Konstantinopel zur schönsten Stadt des Orients. Gleichzeitig regelte Suleiman erstmals durch Gesetze das Zusammenleben seiner Untertanen. Das Ende vieler Willkürakte. Als Kriegsherr unterwarf er Persien und eroberte das heutige Albanien, Jugoslawien und Ungarn. Den Kampf um Wien hat übrigens nicht Suleiman verloren. Das war ein taktischer Fehler seines Großwesirs, der die Elitetruppen in den Belagerungsgräben um die Stadt beließ, als sich das Entsatzheer unter Prinz Eugen näherte.

Ein ausgesprochener Pazifist war Ludwig II. von Bayern. Bis zur letzten Minute versuchte er, 1866 den Krieg an der Seite Kaiser Franz Josephs gegen Preußen mit allen Mitteln zu verhindern. Das Kabinett und die Generäle hintertrieben alle seine Bemühungen. Als die Truppen vor Königgrätz standen, veranstaltete Ludwig sogar ein Protestfeuerwerk auf der Roseninsel im Starnberger See. Immerhin verschaffte es ihm die Sympathien Bismarcks und damit einen großmütigen Frieden für das geschlagene Bayern.

Ludwig war gegen alles Töten. Eine seiner ersten Amtshandlungen war das Verbot der Jagd in den königlichen Wäldern und des rücksichtslosen Jagens über Bauernland hinweg. Ludwig war durchaus am Wohlergehen seiner Bürger interessiert – bis er sich nach ständigem Kleinkrieg mit dem Kabinett resigniert von allen Regierungsgeschäften zurückzog. Die Bautätigkeit Ludwigs hat übrigens den bayerischen Staat nicht geschädigt. Die 30 Millionen Goldmark für die Königsschlösser kamen je zur Hälfte aus dem Privatvermögen des Königs und aus preußischen Hilfsgeldern als »Anerkennung« für Ludwigs propreußische Politik. Als 1885 nach einer letzten Rate von einer Million Mark die Zahlungen aus dem preußischen Welfenfonds ausblieben, drohte der königlichen Kasse die Zahlungsunfähigkeit. Doch weil ein Bankrott in jener Zeit als unverzeihliche Todsünde galt – die eigentlich nur mit Selbstmord gesühnt werden konnte –, sollte die »Schande« aus der Welt geschafft werden, indem man den König für unzurechnungsfähig erklärte.

Homosexuelle Partnerschaften sind oft die besseren Ehen

Bereits um die Jahrhundertwende hat der Psychiater Krafft-Ebing die These aufgestellt: Jede gleichgeschlechtliche Beziehung sei wegen der fehlenden Gefühlskomponente zum Scheitern verurteilt. Selbst noch heute herrscht in der breiten Öffentlichkeit die Meinung vor, homosexuelle Paare würden sich weniger lieben – womit ihr Zusammenleben ja auch nur ein geringeres Maß von Zufriedenheit haben könne (Testa et al. 1987). Die Vorstellungen von romantischer Liebe hat auch in unserer so technikbetonten Zeit noch sehr viel zu tun mit dem Märchenprinzen, der Aschenputtel trifft und sie dann in ein Königreich ewigwährenden Eheglücks entführt.

Doch Homosexuelle haben durchaus Langzeitpartnerschaften (Dailey, 1979; Peplau & Gordon, 1983; Tuller 1978). Jenseits des 29. Lebensjahres leben über fünfzig Prozent in einer festen Bindung – viele davon ein ganzes Leben lang.

Nimmt man nur einmal die ersten zwei bis drei Jahre des Zusammenlebens, dann zeigt ein Vergleich zwischen eheähnlichen heterosexuellen Paaren, Jungvermählten und Homosexuellen keinerlei Unterschiede, was Zuneigung und Zärtlichkeit, Treue und Zufriedenheit anbetrifft (Dailey, 1979).

Interessanter aber wird es, wenn es um längerdauernde Beziehungen geht. In Ehen kommt es wesentlich öfter zu Streitigkeiten als in homosexuellen Partnerschaften (Dailey, 1979; Jones & Bates, 1978) und die Zufriedenheit im heterosexuellen Ehealltag nimmt mit den Jahren immer mehr ab (Duffy & Rusbult, 1986).

Psychologische Untersuchungen deuten auf verschiedene Ursa-

chen hin, welche die höhere Zufriedenheit vieler homosexueller Partnerschaften erklären können:
- Stärker als in Ehen werden bei Homosexuellen von *beiden* Partnern folgende Punkte hervorgehoben: möglichst viel gemeinsam verbrachte Zeit mit vielen Gesprächen und gemeinsamen Freizeitaktivitäten; Gleichberechtigung in der Beziehung, d. h. auch bei Geldentscheidungen (Kurdeck & Schmitt, 1987; Peplau & Cochran, 1981),
- Homosexuelle erleben den Partner als freundlicher und hilfreicher, als man es sonst in anderen Ehen findet (Schullo & Alperson, 1984),
- Über Probleme wird wesentlich offener zwischen zwei Homosexuellen gesprochen, dabei wird versucht, auf den anderen einzugehen, und
- Gegenseitige Kameradschaft und Freundschaft spielen bei Homosexuellen eine gewichtige Rolle – zusätzlich zu Liebe und Zärtlichkeit (Blumstein & Schwartz, 1983; McWhirter & Mattison, 1984).

Verwirklicht werden hier Partnerschaftsinhalte, die man sonst häufig von Frauen hört, wenn es um Wertvorstellungen in Beziehungen geht (Derlega et al. 1981; Hattkoff & Lasswell, 1979; Hawkins et al. 1980; Rubin et al. 1981). Viele Beziehungen zwischen Mann und Frau scheitern mit den Jahren in herkömmlichen Ehen, weil der Mann meist konfliktträchtigen Gesprächen aus dem Wege geht und bei Vorwürfen der Frau auf »stur« schaltet (Gottman & Krokoff, 1989). Eine Verbindung mit einer Zukunftsperspektive braucht die Offenheit der Meinungen und gelegentlich einen klärenden Streit (Burke et al. 1976; Gottman & Krokoff, 1989). Vor allem aber braucht sie die Kommunikation von Gefühlen.

Und genau das vermißt die Mehrheit aller Frauen. Schon Shere Hite schrieb in ihrem Buch »Frauen und Liebe«, daß die meisten Amerikanerinnen sich über die emotionale Verweigerung der Männer beklagen. Sie wünschen sich von ihren Männern, daß sie mehr mit ihnen über ihre Gedanken, Gefühle und Pläne sprechen und überhaupt Vertrauen zeigen. Nach einer Umfrage des »Journal für die Frau« gehören in diese Gruppe in der Bundesrepublik dreiundvierzig Prozent aller Frauen. Die Medizin nennt diese Unfähigkeit der Männer, ihre Gefühle und Wünsche auszudrücken bzw. überhaupt eine Zuwendung gegenüber dem Partner zu zeigen, eine *Alexithymie*. Frauen wie Homosexuelle haben es da leichter, weil das weiblich geprägte Gehirn eine strukturell stark ausgeprägte Verbindung zwischen den Teilen hat, die mit Sprache und Gefühlen zu tun haben (siehe Bildtafel III, S. 130).

Romantik und Erotik stehen meist im Vordergrund

Es ist ein Vorurteil zu denken, daß Homosexuelle den Geschlechtsverkehr immer in den Vordergrund stellen. Das ist eher ein Wesenszug von Männern, die ausschließlich auf Frauen fixiert sind (de Ceco, 1988), was ja auch vom Gesichtspunkt des Fortpflanzungsprogramms der Natur sehr sinnvoll ist. Bei *heterosexuellen* Männern steht an erster Stelle:
- Für 73 Prozent das körperliche Zusammensein mit einer Frau,
- Bei 18 Prozent die Zärtlichkeit,
- Für weitere 6 Prozent waren erotische Phantasien bestimmend.

Dagegen gilt nach de Ceco (1988), Peplau & Cochran (1981) und Salida (1980) für *Homosexuelle*:
- Für 75 Prozent sind Zärtlichkeit in Wort und Gestik genauso wichtig wie die körperliche Vereinigung,
- 83 Prozent aller Homosexuellen sagen, daß für sie Sex ohne Liebe nicht möglich ist,
- Nicht weniger als 40 Prozent warten länger als ein Jahr, bis es zu sexuellen Intimitäten kommt.

Für die große Mehrheit der Homosexuellen stehen das nähere Kennenlernen und die sich daraus ergebende Zärtlichkeit im Vordergrund. Das wird schon durch Briefe und Gedichte unter liebenden Männern dokumentiert. Auch wenn diese Worte von Künstlern stammen, soll deren Sinn doch stellvertretend für das Fühlen vieler namenloser Homosexueller stehen.

Über das erste Kennenlernen schreibt zum Beispiel der Maler und Bildhauer Michelangelo an Febo di Poggio:

»Vor Deiner Augen Pracht
Sinkt jeder Blick, der Trotz ist überwunden!
Wenn einer je den Freudentod gefunden,
Geschieht's in solchen Stunden,
Wo Schönheit unterliegt der Liebe Macht.
Ich wär' in Todesnacht gesunken,
Hätt' sich mein Herz im Feuer nicht bewährt,
Durch Deinen vielversprechenden ersten Blick,
Vor dem ich nie zurück,
Mein Auge hielt, das sehnend sich verzehrte.
Wenn Schwäche mich zerstörte,
Wärst Du nicht Schuld; ich dürfte garnicht klagen!«

Das Zeigen von Gefühlen kann durchaus mit der vielgepriesenen Vernunft harmonieren. Den weisen Sokrates (470–399 v. Chr.), der ja in seiner Lehre die Vorzüge von der Besonnenheit im Denken predigte, traf es genauso wie ein Blitz. Er hört von einem außergewöhnlich schönen und klugen jungen Mann mit Namen Charmides. Noch vor dem Zusammentreffen betont Sokrates, ihn interessiere nur die Seele eines Menschen, das Äußere spiele dabei keine Rolle. Doch dann läßt Platon im »Gastmahl« den Sokrates weiter sprechen:

»Charmides kam und verursachte ein großes Gelächter, denn jeder von uns, die wir schon saßen, drängte, um Platz zu schaffen, seinen Nachbarn eifrig auf die Seite, damit sich Charmides neben ihn setzen sollte. Er aber setzte sich zwischen mich und Kritias. Da geriet ich in Verlegenheit, und meine sonstige Dreistigkeit, mit der ich es immer leicht gefunden hatte, eine Unterredung zu beginnen, verließ mich. Als Charmides aber gar mich mit seinen Augen auf eine unbeschreibliche Weise anschaute ... da entbrannte ich ganz und gar und war plötzlich nicht mehr Herr meiner selbst.«

Wie eine liebende Frau verzehren sich Homosexuelle nach dem
Geliebten und finden keinen Schlaf. Schon 260 v.Chr. schreibt
Theokrit:

»Furchtbar! Wie das bedrückt! Wie diese Qual mich krank
und elend macht!
Seit zwei Monaten liebe ich ihn und bin wie im Fieber!
Richtig schön ist er nicht. Dafür umgibt Anmut
und Grazie seine ganze Person.
Ach und so süß lächelt sein Wangenpaar!
Es gibt Tage, da drückt mich diese Pein, dann wieder
läßt sie nach.
Doch bald find' ich in mir nicht mehr die Ruh' für
ein bißchen Schlaf!
Gestern huschte sein Blick ganz kurz, so im Vorbeigehn,
schräg zu mir her;
Ins Gesicht mir zu sehn wagte er nicht – doch er errötete.
Und das griff mir ans Herz.
Mehr als zuvor packte die Liebe mich.«

Die tiefe Bedeutung der »ersten Liebe« wird besonders gut in dem
Gedicht Mörikes eingefangen, welches er 1829 als 25jähriger an
Hermann schrieb:

»Unter Tränen rissest Du Dich von meinem Halse!
In die Finsternis lang sah ich verworren Dir nach,
Wie? auf ewig? sagtest Du so? Und warum?
Bei allem was heilig ist, weißt Du es selber,
Wenn es der Übermut schwärmender Jugend nicht ist?
O verwegenes Spiel! Komm! nimm Dein Wort zurück!
Aber Du hörtest nicht, ließest mich staunend allein.
Weinend erwacht ich, trüb schien der Mond auf mein Lager,
Aufgerichtet im Bett saß ich und dachte Dir nach,
O wie tobte mein Herz! Du fülltest wieder die Brust mir
Wie kein Bruder es vermag, wie kein Mädchen es kann.

Homosexuelle sind durchaus bereit, zu warten und zu werben. Michelangelo warb 18 Monate lang aus der Ferne mit Gedichten um die Liebe Tommaso de Cavalieris – für eine Gemeinschaft, die einmal 30 Jahre halten sollte. Hier wieder einige Auszüge aus seinen Sonetten:

> »Ich spiegele mich in Dir und aus der Ferne
> Erfleh' ich heim zum Himmel zu gelangen;
> Gleichwie ein Fisch am Haken wird gefangen,
> Also geködert komm' zu Dir ich gerne!
> O sel'ger Tag, der einst Gewißheit bringt!
> Erbarmt Euch, Zeit und Stunde, Tag und Sonne:
> Steht plötzlich still in Eurem ew'gen Gange;
> Daß mir's auch ohne mein Verdienst gelingt,
> Zu schließen in die Arme voller Wonne
> Den holden Freund, nach dem ich längst verlange!«

Bei der Beschreibung von Zärtlichkeiten gerät auch ein Philosoph wie Platon im Jahre 320 vor unserer Zeitrechnung ins Schwärmen:

> »Als ich, mein Agathon, Dich küßte,
> Fühlt ich die Seele auf den Lippen schweben,
> Wie wenn die Ärmste fließen müßte
> In meine Seele ein mit Sehnsuchtsbeben.«

Wenn es um ein ersehntes Wiedersehen geht, schwingt schon lange vorher die Erwartung mit, wie es aus den 1799 geschriebenen Zeilen des Kunstschriftstellers Wackenroder an den Dichter Tieck spricht:
»Ich sehe mich schon seit Tagen im Geiste durch den romantischen Garten Reichardts wandern und vom Giebelsteiner Felsen auf die unter mir liegende Landschaft blicken. Deinen Arm in meinem und meinen Mund auf deinen Lippen.«
Diese Empfindungen klingen aber auch lange hinterher nach. Niemand kann das wohl treffender beschreiben als Hölderlin:

»O, es waren goldne unvergeßliche Tage, voll von den Freuden der Liebe und süßen Beschäftigung! In allen Tiefen und Höhen ergreift die Erinnerung im Augenblick uns, und wandelt, ehe sie für uns da ist, ehe wir fragen wie uns geschieht, durch und durch ihre Schönheit in Seligkeit uns um.«

Es ist aber auch die Zartheit und Rücksichtnahme, die so manches Zusammensein zwischen Homosexuellen prägt. Hier nur als Beispiel die Geschichte vom chinesischen Prinzen Wei:

»Als sein Geliebter Lung-yang-chün auf dem Ärmel des königlichen Prachtgewandes einschläft, schneidet sich Wei lieber den Ärmel ab, um ja den schlafenden Freund nicht zu wecken.«

Selbst wenn eine Liebesbeziehung zu Ende ist, geht es vielen Homosexuellen noch darum, die Freundschaft zu retten und die Schönheit der Erinnerungen zu erhalten.

Als Beispiele zwei Gedichte von August Graf von Platen:

>»Mit dem Blatt, das meine Hand beschrieben,
>Nimm die Sehnsucht und den Drang zu lieben,
>Nimm die Träne, die mein Aug' vergoß,
>Schmerzlich hat sich mein Geschick entschieden,
>Gib mir nichts sonst, gib mir nur den Frieden,
>Dessen Tempel mir die Liebe schloß«

und dem amerikanischen Dichter Ralph Waldo Emerson:

>»Perhaps your lot in life is higher
>Than the fates assign to me
>Why they fulfil your large desire
>And kill my hopes as vision flee
>But grant me still in joy or sorrow
>In grief or hope to claim your heart
>And I will then defy the morrow
>While I fulfil a loyal part.«

Vielleicht ist besser Deine Zukunft
Als schicksalhaft für mich bestimmt
Doch bist Du einst am Ziel der Wünsche
Wird meine Hoffnung ganz vergehen.
Nur laß mich weiter an Dich denken
voll Schmerzen, Depression und Glück
Nur so kann ich die Zukunft lenken
In Treue werd' ich zu Dir stehen.

In der Liebe sind sie großzügig bis zur Selbstaufgabe

Kehren wir zurück in eine Zeit, wo ein Mann seinem Geliebten noch ein Königreich zu Füßen legen konnte. Jakob I. (1566–1625), der Sohn Maria Stuarts, war solch ein Mann. Er war ein künstlerisch interessierter Monarch. Kein Politiker, obwohl er aus Abscheu gegen den Krieg sofort seinen Frieden mit Spanien machte. Jakob mochte Menschen, und er vertraute ihnen.

Nach einer Reihe von Liebeleien, wie mit seinem französischen Cousin Esmé Stuart, mit Lord Hay und dem Grafen von Somerset, trifft Jakob im Sommer 1614 die große Liebe seines Lebens. Es ist der junge Landadelige George Villiers. George sah nicht nur blendend aus, er hatte auch am französischen Hof die ganze Kultur dieses Landes in sich aufgenommen.

Es gab nichts, was der König seinem geliebten »Steenie« verweigert hätte. George Villiers wird von Jahr zu Jahr mit Titeln, Ländereien und einträglichen Ämtern überhäuft. Im Jahre 1616 ist er bereits Marquis mit einem Jahreseinkommen von 33 000 Pfund Sterling (nach heutigem Geld etwa 95 Millionen Mark). Sogar George Villiers' ganze Familie wird mit Ämterpfründen ausgestattet. Ein Bruder, Christopher, wird Zeremonienmeister, der andere, Edward, erhält die Oberhoheit über die Münzprägung. Und für beide sucht der König auf Wunsch George Villiers', inzwischen Graf von Buckingham, reiche Bräute.

Weil George in der Gesellschaft voll akzeptiert werden möchte, wünscht er sich 1620 vom König sogar eine Frau – und niemand anderes als die Tochter des allmächtigen Grafen von Rutland soll es sein. Dabei ist sie katholisch, was für Jakob I. ein beträchtliches politisches Problem ist. Doch in blinder Liebe schiebt der König alle Einwände beiseite:

»Ich liebe den Grafen von Buckingham mehr als jeden anderen Menschen auf dieser Welt. Christus hatte seinen Johannes[1], und ich habe meinen Steenie.«

Jetzt möchte Buckingham auch alle weltliche Macht in seiner Hand vereinen, und er wird Chefminister. Obwohl der inzwischen zum Herzog von Buckingham avancierte George gute Ideen hat, ist er kein geborener Verwaltungsmann. Seine Fehler bringen nur Spannungen zwischen dem Parlament und dem König. Es wird alles andere als der erhoffte ruhige Lebensabend für Jakob I.

Auch außenpolitisch ist Buckingham eine Belastung für die englische Politik. Er ist verantwortlich für die Wiederaufnahme der Kriegshandlungen gegen Spanien, die mit der Niederlage von Cadiz enden. Persönlich führt er das Entsatzheer für die in La Rochelle eingeschlossenen Hugenotten – wieder ein Mißerfolg.

Übrigens, ein anderer »Erfolg«, den ihm Alexandre Dumas in den »Drei Musketieren« andichtet – die Liebe der französischen Königin –, ist Buckingham nie zuteil geworden. Sie hätte ihn auch nie interessiert. Eher hätte sich der homosexuelle König Ludwig XIII. über den hübschen Besucher gefreut.

Weniger reiche Männer, als es Jakob I. war, haben sich für ihre Geliebten ruiniert. Als der Vater von Alfred, Lord Douglas, es ablehnt, seinem Sohn noch Geld zu geben, unterstützt ihn Oscar Wilde. Und Wilde will gerade durch eine unbeschreibliche Großzügigkeit beweisen, daß Alfred die finanziellen Zuwendungen seiner Familie überhaupt nicht braucht. So kann denn auch Alfred das Angebot seines Vaters, Oscar Wilde für die Zahlung einer größeren Geldsumme aufzugeben, mit den Worten zurückweisen: »Es gibt

---

[1] Eine Behauptung des Dichters Marlowe

nichts auf Erden, was ich liebe, außer Oscar.« Auch die Mittel für Alfreds Flucht nach Italien stammen von Oscar Wilde. Doch durch das Gerichtsverfahren wegen Homosexualität bringen seine Werke plötzlich im viktorianischen England kein Geld mehr. Als sich auch noch Wildes Frau von ihm scheiden läßt, ist der Dichter ruiniert. Trotz der Geldnöte leben Oscar und Alfred nach der Haftentlassung am 19. Mai 1897 noch einmal für kurze Zeit glücklich zusammen in Neapel.

Meistens geht es um ganz andere Dinge als finanzielle Opfer.

Was ist wohl für einen erfolgreichen Feldherrn ein größeres Opfer als der Verzicht auf einen Sieg in einer wichtigen Schlacht? Aber genau das tat Friedrich der Große in der Schlacht von Kolin. Denn Friedrich war dem gegnerischen General, dem pfalzbayerischen Prinzen Friedrich Michael, dem wohl schönsten Mann seiner Zeit, von Herzen zugetan.

Am Nachmittag des 18. Juni 1757 hatte das Korps von Treskows die Division Sincère in der Mitte des österreichischen Heeres ins Wanken gebracht. Eine der drei Batterien auf der strategisch entscheidenden Krzeczhorz-Höhe war bereits ausgeschaltet. Die Reihen der Österreicher, Sachsen und Badener waren um 16 Uhr in heller Verwirrung. Doch statt den Befehl zum Bajonettkampf zu geben, sorgte sich Friedrich der Große um das Leben des dort kämpfenden Friedrich Michael. So ließ der König die Infanterie in der Mitte anhalten und befahl statt dessen der Kavallerie, auf dem linken Flügel anzugreifen. Da das Korps Pevenaire erst herangeführt werden mußte, ging wertvolle Zeit verloren. Hinzu kam, daß die Kürassiere Pevenaires bei ihrer Zangenbewegung viel zu weit ausholten und in den Hohlwegen des Geländes die Aufmarschordnung durcheinanderkam. Dadurch konnten sie von der Österreichischen Kavallerie unter Serbelloni abgedrängt werden. Zwar schaffte die preußische Infanterie unter General von Krosigk um 17.30 Uhr den Durchbruch auf dem linken Flügel, doch der Kommandeur fiel. In dieser Verwirrung entschieden die frischen Reserven der auf österreichischer Seite kämpfenden sächsischen Chevaulegers und der sogenannten Deutschen Reiter Starhembergs das Schlachtglück. Die preußische Infanterie mußte sich völlig zersprengt zurückziehen.

Das weibliche Gefühl der Rücksichtnahme kostete Friedrich II. 392 Offiziere und 13 376 Mann an Gefallenen – und einen möglichen schnellen Frieden mit Österreich. Denn Dauns Armee war das letzte Aufgebot Maria Theresias.

Liebe bis zur Selbstaufgabe bedeutet letztendlich auch sein Leben für den Geliebten hinzugeben. Auf einer Reise durch Ägypten hatten die Priester dem römischen Kaiser Hadrian geweissagt, daß er bald sterben müsse. Es sei denn, ein anderer würde sich in reiner Liebe für ihn opfern. Um den Freund vor dem sicheren Tode zu retten, rudert Antinous am 30. Oktober des Jahres 130 mit einem kleinen Boot in die Strudel des Nils. Hadrian versteckte den einbalsamierten Körper des geliebten Antinous vor der Welt. Damals entstand in Rom eine neue Religion mit dem Anliegen: durch ein Liebesopfer könne die Welt gerettet werden.

In unseren Tagen bestehen die Parallelen zum Liebesopfer des Antinous eher im intensiven Zusammenleben mit dem AIDS-infizierten Freund. Der englische Starjournalist Adam Mars-Jones hat das in einem Nachruf auf seinen verstorbenen Geliebten Michael Jelicich in der Zeitung »Independent« am 15. Juli 1989 so beschrieben:

»Da wir wußten, daß Michael nicht mehr lange zu leben hatte, haben wir unsere Verbindung mit einer sehr viel tieferen Intensität erlebt. Für Michael war es unendlich wichtig. Sein Lieblingsspruch: er würde lieber mit mir und AIDS in London leben als gesund allein in Neuseeland.«

Liebe über den Tod hinaus

Häufig ist es ein tiefes Verbundenheitsgefühl über den Tod des Geliebten hinaus. Dazu die Worte Michelangelos auf einem Grabstein:

»Ich lebte! ... Gut! ... Im Tode leb' ich fort,
Vom Freund geliebt noch, dem ich nun entrissen!
Tod ist ein Glück, Verklärung durch's Vermissen,
Liebt er mich mehr, als er es je vermocht.«

Besonders rührend zeigt sich das am Beispiel des großen Kriegshelden Alexander. In der Schule des Philosophen Aristoteles hatte er einst den um ein Jahr älteren Hephaistion kennengelernt. Jeder war die Ergänzung des anderen. Schon äußerlich. Alexander hatte welliges braunes Haar und ein sehr fein geschnittenes Gesicht, welches dem seiner Mutter, der schönen Olympia, sehr ähnlich war. Auch Alexanders Körperbau war sehr zierlich, wobei er von Statur eher klein war. Hephaistion dagegen war groß und sehr muskulös, mit schwarzen Haaren und haselnußbraunen Augen.

Schon ein Jahr nach dem Kennenlernen erklärt Alexander seinem Vater, daß er niemals heiraten werde, denn:

»Hephaistion ist meine Seele, und ich brauche keine andere.«

Alexander und Hephaistion studierten und lebten zusammen. Es war eine geistige und sehr zärtliche Verbindung. Hierbei spielte Sex nur eine untergeordnete Rolle. Alexander war wenig an körperlichem Sex interessiert. Überliefert ist sein geflügeltes Wort: »Sex und Schlaf erinnern mich an den Tod.« Hephaistion beschrieb das so: »Der schwierigste Kampf in meinem Leben war immer der mit Alexanders Lenden.«

Zusammen eroberten sie die Welt. Doch im Jahre 324 vor unserer Zeit wurde Hephaistion im Sommerschloß der persischen Könige in Hamadan vom Typhusfieber erfaßt. Alexander hielt den Geliebten Tag und Nacht in seinen Armen. Plötzlich hörten die Wachen einen grauenhaften Schrei – wie von einem Tier in Todesnöten. Es war Alexander: Sein Freund war tot.

Drei Tage und Nächte lag er neben dem toten Hephaistion. Als wenn er hoffte, auf diese Weise dem Körper des Toten neues Leben einhauchen zu können. Als Alexander von seinen Generälen daran erinnert wurde, »ein Imperium warte auf ihn und er, Alexander, wäre doch am Leben«, antwortete er:

»Wie kann ich leben, wenn eine Hälfte von mir gestorben ist.« Im ganzen Königreich mußten als Zeichen der Trauer alle Feuer verlöschen. Nach Diodor (XVII, 114,1) betrieb Alexander

»die Leichenfeier mit solchem Eifer, daß sie nicht nur glänzender wurde als alle Totenehrungen der früherer Zeiten, sondern es auch in Zukunft nicht möglich war, ihn darin zu übertreffen. Denn er liebte Hephaistion mehr als alle anderen Menschen.«

Auch in den Monaten danach hörten die Wachen nachts Alexander immer wieder weinen und nach Hephaistion rufen. Er hatte kaum noch Interesse am Weiterleben. Am 13. Juni 323 nahte auch Alexanders letzte Stunde. Er wurde von seinen Generälen auf dem Todeslager gefragt, wen er als Besten zum Nachfolger ausersehen habe. Da zog er nur den Königsring vom Ringer und ließ diesen mit den Worten: »Der Beste ist längst tot« zur Erde gleiten.

Liebe zwischen zwei Menschen ist etwas Zeitloses, Immerwiederkehrendes.

Ganze 2222 Jahre später verging der Schriftsteller William Somerset Maugham in tiefem Seelenschmerz, als er nach 25 Jahren des gemeinsamen Glücks Gerald Haxton im II. Weltkrieg verlor:

»Jede Minute des Wachens denke ich an ihn, und 18 lange Stunden des Tages versuche ich ihn zu vergessen.«

Doch wehe, wenn sie eifersüchtig sind

Hier soll es nicht um die kleinen Eifersüchteleien gehen, wie sie für weiblich fühlende Männer so typisch sind. »Klassische« Beispiele sind das wochenlange Schmollen des Dichters Nikolaus von Lenau, wenn ein Freund vergessen hatte, ihm einen Gruß zu schicken, oder das Klagen des sich vernachlässigt fühlenden Lord Byron, wenn ein Freund einen Brief an ihn nur mit der Anrede »Lieber« statt »Liebster« begann.

Es geht um mehr. Ähnlich wie bei Frauen spielt auch bei vielen Homosexuellen ein gewisses Sicherheitsbedürfnis eine Rolle. Der englische Dichter Wildeblood formulierte das so:

»Nur ein anderer Mann kann mir das Gefühl der Sicherheit geben, das ich gegenüber einer feindlichen Umwelt brauche. Liebe ist für mich Kameradschaft, und ich kann mir eine solche Beziehung zu einer Frau überhaupt nicht vorstellen.«
Doch damit setzen auch genauso wie bei Frauen Verlustangst und Eifersucht ein, wie es der große österreichische Dramatiker Grillparzer in seinem Verhältnis zu Altmüller zeigte:
»Aber wo hatte ich meine Augen! Warum bemerkte ich nicht schon längst seine Gleichgültigkeit! Er, in dessen Armen ich in jenen heiligen Stunden gelegen hatte, der allein von allen Menschen das Innerste meines Herzens sah, er fand schon seit einiger Zeit Interesse an jenem Burschen und nennt ihn Du in einem Briefe. Nie vergesse ich jenen Abend, wo ich selber ihn zum ersten Male Du nannte und mit diesem Wort auf ewig meine Freundschaft besiegelte. Wie heilig war mir dieses Wort und wie mißbraucht er es nun.«
In gesteigerter Form läßt ein wie eine Frau fühlender Mann den Partner unter seiner krankmachenden Eifersucht leiden. Weil er auch selber schrecklich unter dieser Eifersucht leidet. Die Angst, die Zuneigung des anderen zu verlieren, setzt ungeahnte zerstörerische Kräfte frei. Die Anzüge und selbst das Auto werden auf Spuren der Untreue untersucht. Briefe werden geöffnet und Telefongespräche belauscht. Das nächtliche Träumen von der Untreue wird am nächsten Tag als »Beweis« zitiert. Wieder folgen böse Blicke und vor allen Dingen auch Szenen in der Öffentlichkeit. Es ist ein Wechselbad der Gefühle: Mal wird der Partner gehaßt, dann wird er wieder in den Himmel gehoben. Wenn nichts hilft, folgt ein Selbstmordversuch – als Hilfeschrei und weil der Betroffene in diesem Moment wirklich will, daß sein Leiden irgendwie aufhört.

Natürlich kann ein Gefühl der Eifersucht sich auch zerstörerisch gegen denjenigen richten, den man eigentlich liebt. Hierzu zwei Beispiele:
William Somerset Maughams letzter Freund war eifersüchtig, daß der Schriftsteller immer noch Kontakte zu seiner Frau hatte,

obwohl zwischen beiden keineswegs ein sexuelles Verhältnis bestand. Also tat er alles, um Somerset Maugham einzureden, seine Frau hätte ihn früher betrogen und die Tochter Lisa sei gar nicht sein Kind. Dabei war William Somerset Maugham immer so stolz darauf gewesen, daß er als Homosexueller ein Kind gezeugt hatte. Diese Enttäuschung machte ihn zu einem bitteren alten Mann.

Noch extremer werden diese Haßgefühle, wenn sich ein sehr auf das »eigene Ich« fixierter Mann um eines in seinen Augen »minderwertigen« anderen Mannes willen verlassen fühlt. Ein solches extremes Beispiel ist die Beziehung zwischen Richard Wagner und Friedrich Nietzsche. In den regelmäßigen Zweisamkeiten auf dem Landsitz Tribschen hatte Wagner sich daran gewöhnt, daß Nietzsche ihm gehörte. Und daß dieser ihn anbeten sollte. Dafür hatte er Nietzsche versprochen, ihn zu seinem »Kronprinzen« zu machen. Mit der Fertigstellung Bayreuths sollte Nietzsche als eine Art Chefideologe und Kultusminister fungieren.

Doch als Nietzsche 1876 zur großen Galaschau in Bayreuth anreiste, fühlte er sich kaum von Wagner beachtet. Der kümmerte sich lieber um die gekrönten Häupter wie Kaiser Wilhelm I., König Peter II. von Brasilien, den König von Württemberg oder den Großherzog von Schwerin.

Nietzsche verließ gekränkt das Festspielhaus. Mitten in der nun folgenden Depression tauchte ein Bewunderer und ehemaliger Student aus Nietzsches Baseler Universitätszeit auf. Was den tief verwundeten Nietzsche anbetraf, so war das stürmische Liebeswerben des fünf Jahre jüngeren Paul Rée Balsam für die verletzte Seele. Es war Nietzsche ein Bedürfnis, schnellstmöglich Richard Wagner mitzuteilen, daß er und Paul »Flitterwochen« im Schweizer Kurort Bex im Rhonetal verbracht hatten. Der 63jährige Wagner reagierte mit rasender Eifersucht, als er hörte, daß ihn der 32jährige Nietzsche für den 27jährigen Paul Rée verlassen hatte. Er verbreitete die schrecklichsten Dinge über Nietzsche. Sogar mit dessen Arzt Otto Eiser setzt sich Wagner in Verbindung, um dem Arzt zu suggerieren, die sexuelle Veranlagung treibe Nietzsche unaufhaltsam zum Wahnsinn. Doch abartige Triebe bedeuteten in jener Zeit den gesellschaftlichen Ruin. Es waren bei Wagner die charakteristischen Reaktionen einer zutiefst verletzten und betrogenen »Frau«, deren Liebe in zerstörerischen Haß umschlug.

Auch wenn das späte Mittelalter für uns nicht mehr Maßstab sein kann, mitunter hat es auch heute noch seine Parallelen. Suleiman der Prächtige (1495–1566) liebte von Jugend an den hübschen und hochintelligenten Sklaven Ibrahim. Sie wuchsen zusammen auf. Ibrahim blieb Suleimans einzige große Liebe. Auf diese Weise wurde Ibrahim sogar zum Großwesir. Doch dann hörte Suleiman, daß ihn Ibrahim hinterging. Und er lud ihn ein zu einem nächtlichen Liebesmahl. Am nächsten Morgen wurde Ibrahim tot im Schlafgemach des Sultans gefunden. Die Wände waren mit Blut bespritzt. Bis zum Tode Suleimans durfte dieses Blut nicht abgewaschen werden.

Auch der religiöse Mystiker Rasputin wurde 1916 in Rußland aus gekränkter Eifersucht umgebracht. Im Sommer 1916 hatte Rasputin den jungen Prinzen Felix Jussupow mit seinen hypnotischen Fähigkeiten verführt. Und das, obwohl Jussupow eigentlich eine feste Beziehung zu dem Cousin des Zaren, Großfürst Dimitri Pawlowitsch, hatte. Nach einigen Wochen war Rasputin wegen einer anderen Eroberung, noch dazu einer Frau, nicht mehr an Felix interessiert. Damit hatte er zwei zu allem entschlossene Gegner: den tief gekränkten Felix und den eifersüchtigen Dimitri.

Aus Rache redete Dimitri dem Prinzen ein, Rasputin zu töten. Und weil die Eifersucht beide anstachelte, wurde es auch ein besonders schrecklicher Mord. Dimitri und Felix hatten Rasputin zuerst mit Zyankali zu vergiften versucht. Dann schoß Dimitri siebenmal auf ihn, und schließlich hat Felix noch auf den am Boden Liegenden mit einem schweren Knüppel eingeschlagen. Am Ende wurde Rasputin mit Eisenketten umwickelt in die Newa versenkt. Entgegen dem Wunsche der Zarin hat Nikolaus II. die beiden nicht erschießen lassen, sondern verurteilte sie, was für beide viel schlimmer war, zu lebenslänglicher Verbannung in weit voneinander entfernten Orten Sibiriens.

Ein »geschichtsträchtiger Fall« von homosexueller Eifersucht aus neuerer Zeit passierte am 9. November 1938. Damals erschoß Herschel Grünspan in der Pariser Botschaft den ihm untreu gewordenen Legationsrat Ernst vom Rath. Dieses persönliche Eifersuchtsdrama wurde von den Nazis zum Anlaß für die »Reichskristallnacht« umfunktioniert.

Doch wo Liebe in Haß übergeht, passieren solche Dramen immer wieder. So wurde 1967 der 34jährige englische Dramatiker Joe Orton von seinem Freund mit einem Hammer erschlagen.

Das sexuelle Erleben ist oft weiblich geprägt

Auch in der Gewichtung von Vorspiel und eigentlichem Geschlechtsakt sind die meisten Homosexuellen den Vorstellungen einer Frau wesentlich näher. Es wird viel dabei erzählt und sogar gelacht, es wird viel geküßt und gestreichelt. Das Vorspiel wird länger ausgedehnt, als es zwischen Mann und Frau im allgemeinen der Fall ist (Suppe, 1981). Und der Orgasmus wird hinausgezögert, bis beide gleichermaßen erregt sind. Viele Homosexuelle schwärmen denn auch von einem stundenlangen »Nachglühen« der Gefühle, wie es sonst nur Frauen beim tiefen Orgasmus erleben.

Das Bild von einer weiblich geprägten Sexualität, was zumindest bei zwei Dritteln der Homosexuellen zutrifft, wird auch durch die *Art der sexuellen Störungen* erhärtet.

Während bei heterosexuellen Männern der zu schnelle Samenerguß das häufigste sexuelle Problem ist (Kaplan, 1988), tritt bei Homosexuellen vorrangig ein stark verzögerter Samenerguß auf (Wilensky & Myers, 1987). In solchen Fällen wird die Unfähigkeit zum Samenerguß durch ähnliche Mechanismen verursacht wie sie zu Orgasmusproblemen bei der Frau führen (Kaplan, 1986). Auch das andere Extrem, welches man bei Homosexuellen gelegentlich findet, der Zwang, den Geschlechtsverkehr unter der Angst der drohenden Entdeckung auszuführen, hat ein weibliches Gegenstück. Es gibt nämlich Frauen, die zu völlig sinnlosen Ladendiebstählen neigen oder sich bewußt mit dem Auto ins absolute Halteverbot stellen, nur weil sie durch die Angst vor der Entdeckung einen Orgasmus bekommen (Kaplan, 1986).

Was aber, wenn sie anders fühlen?

Natürlich gibt es auch etwa dreißig Prozent *männlich-geprägte Homosexuelle*, denen die ausgesprochen weibliche Gehirnprägung im Gefühlsbereich fehlt (siehe auch Freund et al. 1974; Hooberman, 1979). Das äußert sich bei 18–26jährigen Homosexuellen als eine hormonelle Sturm- und Drangperiode, in der immer neue Sexualpartner »aufgerissen« werden. In diese Gruppe gehören aber auch die achtzehn Prozent Homosexuellen, die im Liebesleben immer nur die aktive Rolle spielen wollen (Saghir et al. 1969) und die zehn Prozent, bei denen es in bestehenden Verbindungen gelegentlich sogar zu Vergewaltigungen kommt (Waterman et al. 1989).

»Klassische Beispiele« waren:
- Der ägyptische Pharao Ramses III. (1188–1156), der drei große Angriffe auf Ägypten siegreich abwehren konnte. Er hatte einen Harem mit 300 ausgesuchten intelligenten und hübschen Männern, die er an leitenden Positionen im Staatswesen einsetzte,
- Der türkische Sultan Ayyubid al-Salih (1240–1249). Sein Harem bestand aus 1000 männlichen Sklaven. Diese Mamelucken waren bereits in der Pubertät ausgesucht worden und hatten die bestmögliche Erziehung in den Künsten und Wissenschaften erhalten. Später dienten sie dem Herrscher im Rechtswesen und in der Verwaltung. Solche Mamelucken organisierten den Handel bis nach Afrika und dem heutigen Indonesien.

Außerdem gibt es noch eine *Gruppe extrem weiblich fühlender Homosexueller.* Hier handelt es sich um etwa fünf Prozent aller Homosexuellen (Kaplan, 1988). Die meisten von ihnen fallen schon durch einen schwingenden Gang auf und sprechen oft mit einer hohen Stimme. Bei diesen Männern darf man sicher von einem übertrieben weiblichen Gefühlsleben sprechen.

Natürlich ist auch diese Gruppe nicht völlig homogen. Da sind zum einen die Homosexuellen, die sich emotional zu Lesbierinnen hingezogen fühlen. Weil sie hier den Schutz und die Geborgenheit suchen, ohne das gefährliche Risiko eines sexuellen Kontaktes. Zu diesen Menschen gehörte zum Beispiel Rainer Maria Rilke. Die engste emotionale Bindung, die Rilke je zu einer Frau verspürt hat, war die zu der Lesbierin und Schriftstellerin Lou Andreas-Salomé. Eine Verbindung, die von 1897 bis 1919 unter dem Motto stand: »Ich kann niemand um Rat fragen als Dich; Du allein weißt, wer ich bin. Nur Du kannst mir helfen. Du kannst mir aufklären, was ich nicht verstehe, Du kannst mir sagen, was ich tun soll; Du weißt, wovor ich mich hüten muß und wovor nicht... Ich weiß, daß jetzt alles besser wird, da ich zu Dir reden darf und Du mich hörst.«
Auch der Philosoph Friedrich Nietzsche suchte bei Lou Andreas-Salomé das emotionale Gegenstück. Nach außen hin scheinbare Männlichkeit hervorkehrend trägt Nietzsche einen Riesenschnauzbart, stellt Thesen vom Supermann auf und greift bewußt zu markigen Worten wie: »Wenn Du zum Weibe gehst, vergiß die Peitsche nicht« (Zarathustra). Doch auch er wünscht sich den Schutz und die Ermutigung dieser starken Frau:
»Nun meine Freundin, ist der Himmel über mir hell. Sie sandten mir Ihre Zusage, das schönste Geschenk, das mir jemand hätte machen können. Von jetzt ab, wo Sie mich beraten, werde ich gut beraten sein und brauche mich nicht mehr zu fürchten.«
Und Nietzsche brauchte eine solche ordnende Hand. Denn sein ganzes Handeln war abhängig von Affekten wie Liebe und Haß. Zwar war er »lüstern auf Männerseelen«, aber gleichzeitig fürchtete Nietzsche – besonders nach den Erfahrungen mit Richard Wagner –, wieder zu sehr unter einen männlichen Einfluß zu geraten.
Auf ähnliche Weise hat der Philosoph Jean-Paul Sartre immer wieder die Hilfe der lesbisch fühlenden Simone de Beauvoir gebraucht, um bedrückende Stimmungen und das Chaos um sich herum aushalten zu können:
»Immer noch kein Brief von Ihnen. Im Moment bin ich schwer

beunruhigt. Wo sind Sie? ... Mir ist ganz unheimlich. Ohne Sie verläßt mich der Mut. Für Sie halte ich durch, ich spüre wohl, daß ich, wenn Sie nicht wären, nicht einmal mehr Energie zum Schreiben hätte, alles ginge den Bach hinunter ...«

Andere extrem weibliche Homosexuelle suchen wieder ausschließlich nach der schützenden Hand des Mannes. Beispiel der Märchendichter Hans Christian Andersen. Schon im Jahre 1825 schreibt er als Zwanzigjähriger an den erst Siebzehnjährigen Eduard Collin: »Ich fühle Sehnsucht nach Ihnen. Ja, in diesem Augenblick verlangt mich nach Ihnen, als ob Sie eine entzückende Calabreserin wären mit dunklen Augen und flammendem Blick. Nur könnt' ich diese unmöglich lieben, wie ich Sie liebe. Ihnen bin ich wie ein Kind anhänglich.«

Zeit seines Lebens bewegt sich Hans Christian Andersen in einer selbstgezimmerten weiblichen Welt. Zu Hause trägt er Frauenkleider, näht Kleidchen und spielt mit Puppen. Die einzige Frau, die zu ihm Kontakt haben darf, ist die lesbische Sängerin Jenny Lind.

Die letzte Untergruppe sind Homosexuelle, die ihre Feminität als ein von der Natur verliehendes Lockmittel einsetzen – für den geliebten Mann (Westfall et al. 1975). Möglicherweise auch, um Frauen zu signalisieren: Ich bin nichts für Euch.

Gefährdet sind sie, wenn sie in die Machtkämpfe einer Männerwelt verwickelt werden. Das geschah im Jahre 222 nach Christus. Das Opfer war der römische Kaiser Elagabalus.

Nachdem der Kaiser Caracalla ermordet worden war, ohne einen Erben zu hinterlassen, wurde sein unehelicher Sohn Elagabalus zum Imperator gekürt. Elagabalus war 204 im heutigen Syrien als Sohn einer assyrischen Adeligen geboren worden. Er war äußerst zierlich gebaut, hatte blonde Haare und eine bronzen getönte Haut. Nach Meinung seiner assyrischen Landsleute hatte er einen erotischen Gang, denn wenn er ging, wackelte Elagabalus aufreizend mit dem Po. Dazu sprach er noch mit einer glockenhellen Stimme. Wegen seiner weiblichen Schönheit war er zum Priester des Fruchtbarkeitskultes einer mann-weiblichen Göttin erwählt worden.

Die Römer interessierten sich nicht allzusehr für die Religion des Elagabalus. So blieb seine Zerstreuung neben dem Flötenspiel nur der Zirkus. Hier hatte es ihm ein griechischer Wagenlenker angetan – ein herrlich anzusehender Muskelprotz mit schwarzen Haaren und braunen Augen. Wochenlang winkt Elagabalus dem Hierocles zu und klatscht Beifall. Dann nimmt sich der Kaiser ein Herz und läßt Hierocles einfach in den Palast bringen. Dort wird er gebadet und parfümiert. Von nun an ist Hierocles kaiserlicher Liebhaber.

Doch Elagabalus will eine bleibende Verbindung. Aus diesem Grunde beschließt er, den geliebten Hierocles zu heiraten. Elagabalus trägt dabei das Hochzeitsgewand einer Römerin. Ein ungläubiges Staunen geht durch die Menge. Als einer seiner Generäle ausruft: »Heil sei Dir, Imperator und Herr«, reagiert Elagabalus ärgerlich: »Ich möchte von nun an nur noch als Herrin bezeichnet werden.« Gerüchte beginnen zu kursieren, der Kaiser habe einen Arzt um operative Anlage einer weiblichen Scheide gebeten.

Ihr Oberbefehlshaber – eine Frau, das ist zuviel für die Prätorianergarde. Sie beschließen, den Kaiser zu stürzen. Nur mit Mühen gelingt es Elagabalus und Hierocles, als bäuerliches Paar verkleidet, nach Athen zu fliehen. Von da an verliert sich ihre Spur.

Homosexualität ist eben ein sehr breites Spektrum weiblich-männlicher Gefühle. Aber auch heterosexuelle Männer haben ein viel breiteres Gefühlsspektrum, als es die Klischeevorstellungen heute wahrhaben wollen.

Interessant sind in diesem Zusammenhang *heterosexuelle Männer*, die abgesehen von ihrem auf Frauen gerichteten Verlangen mehr oder minder stark ausgeprägte weibliche Gefühle entwickeln. Diese Männer sind verständlicherweise bei Frauen sehr beliebt. Von Männern bringen ihnen aber nur Homosexuelle große Sympathien entgegen – ein Gleichklang der Seelen.

Der Extremfall ist der »*Softie*« das Kuscheltier im Bett, ein Mann, der sich ständig nach den Bedürfnissen der Frau erkundigt. Und er ist sehr leicht verletzbar. Weder im Geschäfts- noch im Geschlechtsleben entwickelt der »Softie« Eigeninitiative. Darum wirkt ein solcher übertrieben weiblich fühlender Mann mit der Zeit langweilig auf eine Frau. Am Ende weckt er bestenfalls nur noch mütterliche Gefühle.

Zur Zeit sind Vorstellungen von der androgynen Verschmelzung der Geschlechter modern. *Der androgyne Mann* soll im Beruf und Liebesleben cool sein und mit klarem analytischem Verstand die Dinge ins rechte Lot rücken. Im richtigen Moment darf er auch viel Gefühl zeigen. Der androgyne Mann soll eine Mischung sein aus dem frechen Charme eines Robert Redford, der gefühlsbetonten Empfindsamkeit Dustin Hoffmans und der intellektuellen Traurigkeit eines Woody Allen. Doch die Vorstellungen vom androgynen Wesen, welches zu gleichen Teilen männliche und weibliche Charaktereigenschaften hat, sind Wunschphantasien und Ideale.

Leicht läßt sich in der Mode mit dem reizvollen androgynen Touch spielen oder auch ein androgynes Management in der Wirtschaft propagieren. Schwieriger wird es schon, wenn es um die Teilzeitarbeit von Männern mit guter Ausbildung zugunsten der Übernahme »weiblicher« Pflichten im Haushalt geht. Die vom Bonner Familienministerium geförderte Studie »Teilzeitarbeitende Männer und Hausmänner« zeigt die Grenzen auf. Nur zwei Prozent der Männer sind bisher dazu bereit, beruflich ein solches Leben zu führen.

Im Liebesleben würden die Probleme sogar noch größer sein. Zwar hat die französische Philosophin Elisabeth Badinter postuliert:
»Mann und Frau werden sich in einer künftigen leidenschaftslosen Sexualbeziehung absolut ähnlich.«
Doch echte Zwischenstufen androgyner Männer sind praktisch geschlechtsneutral. Auch ihr Sexualprogramm hat sich nicht entscheiden können. Sie stellen eine relativ seltene »Laune der Natur« dar und sind überwiegend im Showgeschäft zu finden. Bekanntestes Beispiel: Michael Jackson.

Der Marquis de Sade hat auf unbewußte Weise in seinen »120 Tagen von Sodom« die Königin der androgynen Wesen, Durand, recht treffend dargestellt. Sie hat eine riesige Klitoris, dafür hindert sie eine Verwachsung der Scheide zeitlebens am herkömm-

lichen Geschlechtsverkehr. Dieses körperliche Handicap gilt es bei Androgynen nur in den psychischen Bereich zu transponieren. Es ist ein Zustand, treffend definiert im Roman *Pelladan* in der »Hymne an den Adrogyn« als
»unentschiedener Augenblick des Körpers, verwirrter Punkt der Seele, zögernde Farbe«.

6.
Bisexuelle: Im hormonellen Wechselbad der Gefühle

> O Herr, laß mich dieser Liebe entsagen, aber bitte noch nicht jetzt.
>
> SANKT AUGUSTIN: Confessiones 8,7

Das Wesen der Bisexualität läßt sich leichter verstehen, wenn man sich ausnahmsweise einmal als erstes die Statistiken ansieht:
- 40–46 Prozent aller Männer reagieren gefühlsmäßig in irgendeiner Form auf einen anderen Mann (Kinsey et al. 1948; Mead, 1975; Klein, 1978),
- bei drei von vier dieser Männer sind es lediglich gelegentliche erotisch gefärbte Träume, ein tiefes, schwärmerisches Gefühl, oder sie werden durch den Anblick eines gutgebauten Männerkörpers angeregt (Bell & Weinberg, 1978; Schwartz & Blumstein, 1976; Weinberg & Williams, 1974).
- 15 Prozent aller Männer haben, weil sie es sich wünschen, ab und zu ein für sie gefühlsmäßig befriedigendes homosexuelles Verhältnis in ihrem Leben – zusätzlich zu ihren heterosexuellen Beziehungen (Gebhard, 1972; Van Wyk & Geist, 1984) und
- 5–6 Prozent haben regelmäßig sexuelle Beziehungen sowohl zu Männern als auch zu Frauen, wobei die Orientierung zu Männern (Altshuler, 1984) oder zu Frauen überwiegen kann (Bell & Weinberg, 1978, Seite 292–294). Nur bei einem von fünf dieser Männer ist die Neigung zu beiden Geschlechtern etwa gleich stark (MacDonald, 1983).

Die Häufigkeit bisexueller Neigungen ist übrigens keine Erscheinung unserer Zeit. Schon im alten Athen wechselte jeder fünfte Mann zwischen einer Frau und einem Männerfreund hin und her (siehe Plutarchs *Moralia*, 751 F + 767 A und Lysias 4. 7–8).

Bisexualität ist ein breites Spektrum der Gefühle und ist keineswegs an sexuelle Beziehungen gebunden. Darum können ohne weiteres auch Männer in ihren Neigungen bisexuell sein, obwohl sie Zeit ihres Lebens ihrer Frau körperlich treu sind. Oft genug lieben sogar solche Männer ihre Frau und einen Freund gleich stark, ohne daß es dabei zu sexuellen Beziehungen mit dem anderen Mann kommt (Coleman, 1985; MacInness, 1973). Es hängt alles davon ab, welche erotischen Signale auf den betreffenden Mann in welcher Intensität und zu welchem Zeitpunkt anregend wirken (Storms, 1978).

In der Bevölkerung verteilt sich die Stärke der erotischen Anziehung zwischen Männern und Männern und zwischen Männern und Frauen in der Gestalt einer Glockenkurve (siehe Abbildung 6). Damit ist eine Vielfalt von Übergängen in Gefühlen und Verhaltensweisen möglich.

Bei den fünf bis sechs Prozent sexuell aktiven bisexuellen Männern ist es eine spezielle Art der Erregung und der anschließenden Befriedigung, wie sie solche Männer in dieser Form nicht bei einer Frau empfinden (Saliba, 1982; Storms, 1978; Tripp, 1975).

Wenn es Liebe ist

Bei der Hälfte der in ihren sexuellen Beziehungen bisexuellen Männer handelt es sich durchaus um eine tief romantische Liebesbeziehung zu einem anderen Mann.

Um diesen Aspekt zu illustrieren, möchte ich zwei Beispiele aus vergangener Zeit anführen:

David wird in der Bibel von der Liebe zu Jonathan (dem Sohn König Sauls) wie vom Blitz getroffen. Zitiert sei die Stelle aus dem 1. Buch Samuels (17, 57+58 und 18, 1–4):

»Als David den Goliath erschlagen hatte und zurückkam, da nahm ihn Abner und brachte ihn vor König Saul. Und Saul sprach zu David: Von welchem Geschlecht bist Du, o Jüngling? Und David sagte: Ich bin der Sohn des Isai, des Bethlehemiters.

Und es geschah, als David mit Saul zu reden aufgehört, da

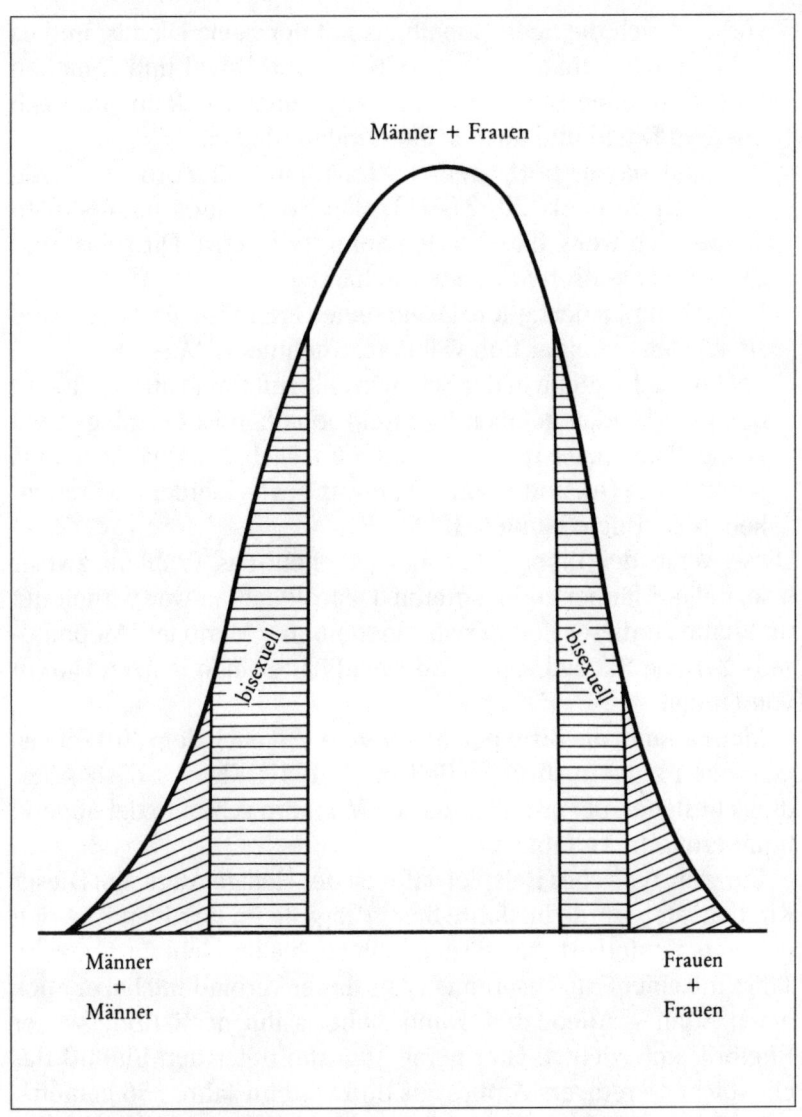

Abb. 6: Häufigkeitsverteilung der sexuellen Anziehungskraft zwischen Männern und Frauen
(Aus Kaplan: »Ein Mann bleibt ein Mann – Lösungen für sexuelle Probleme«. Ariston Verlag, Genf 1988).

verband sich die Seele Jonathans mit der Seele Davids, und es liebte ihn Jonathan wie sich selbst. – Und David und Jonathan schlossen einen Bund. Jonathan zog seinen Rock aus und gab ihn dem David und auch seine übrigen Kleider.«

Als Saul davon hört, stellt er Jonathan voll Zorn zur Rede (1. Buch Samuels 20, 27–41): »Du Sohn eines mannstollen Weibes! Ich weiß, daß Du den Sohn Isais liebst, Dir selbst und deiner schamlosen Mutter zur Schande!«

Danach nimmt der tapfere David seinen Freund in die Arme: »Und sie küßten einander und weinten zusammen« (Vers 41).

Später, als Jonathan in der Schlacht fällt, ruft David aus: »Wie sind doch die Helden gefallen im Streit! Jonathan ist erschlagen auf Deinen Höhen, o Israel! Leid ist mir um Dich, Jonathan! Überaus schön warst Du, und Deine Liebe war beglückender als Frauenliebe!« (2. Buch Samuels 1, 25+26).

Diese Verse der Bibel sollen dazu dienen, das Problem zweier bisexueller Männer zu illustrieren. Denn Jonathan war verheiratet und hatte zu dieser Zeit bereits einen Sohn – Meribaal (Mephiboseth, 2. Buch Samuel 9, 6). Und David hatte einen ganzen Harem von Frauen.

Meist kommt die Bisexualität übrigens erst nach dem 30. Lebensjahr offen zum Ausbruch (Bell et al. 1981; Klein, 1978). Allerdings bestehen bei fast allen diesen Männern schon in der Jugend homoerotische Gefühle.

Ein ganz typisches Beispiel dafür ist der Heilige Augustin. Dieser Kirchenvater wurde im Jahre 354 in Tagaste im heutigen Algerien geboren. Er studiert griechische Philosophie und lebt für fünfzehn Jahre mit einer Frau zusammen. Aus dieser Verbindung hat er auch einen Sohn – Adeodatus. Dann zieht es ihn nach Rom, wo er Rhetorik unterrichtet. Hier gerät Augustin unter den Einfluß des christlichen Predigers Ambrosius und wird im Jahre 386 getauft.

Im Jahre 388 kehrt Augustin nach Nordafrika zurück und gründet eine Mönchsgemeinde. Und hier erfüllte sich das Schicksal des 34jährigen, wie er es in seinen »Bekenntnissen« beschreibt (Confessiones 4, 4–12):

»Als ich in meiner Vaterstadt Unterricht zu erteilen begann, hatte die Übereinstimmung der Neigungen mich durch innige Freundschaft mit einem Mann verbunden, der in meinem Alter und wie ich in der Blüte der Jahre stand.
Es war eine Freundschaft, welche Du selbst – o Gott – zwischen den Seelen befestigest, durch das Band der Liebe, die in unserem Herzen ausgegossen ist. Allein sie war überaus wonnig, unsere Freundschaft, geschlossen durch die Glut der gleichen Neigungen...
Meine Seele konnte ohne ihn nicht mehr leben. Aber, o mein Gott, plötzlich nahmst Du mir diesen Menschen, nachdem ich seine Freundschaft kaum ein Jahr genossen hatte, sie mir süß war über alle Süßigkeiten meines damaligen Lebens. Dieser junge Mann war von einem hitzigen Fieber ergriffen – und er starb in meiner Abwesenheit.
O welch düsterer Schmerz erfüllte da meine Seele! Alles, was ich sah, zeigte mir das Bild des Todes. Der Aufenthalt in meiner Vaterstadt wurde mir zur Marter. Betrachtete ich ohne ihn die Dinge, deren Genuß wir einst geteilt hatten, so zerrissen mir unaussprechliche Qualen die Seele. Überall suchten ihn meine Augen, und ich fand ihn nicht mehr. Alles war mir verhaßt, weil er nicht da war, und weil mir nichts mehr sagen konnte: Siehe, er kommt wieder.
Ja, mir war elend zumute. Und gibt es ein in Liebe entflammtes Herz, welches das nicht gewesen wäre – welches sich nicht zerrissen gefühlt hätte, wenn es dieselbe verloren hätte. Ich vergoß bittere Tränen und fand Linderung nur in ihrer Bitterkeit. O wie unglücklich ich war.
Der Grund liegt ohne Zweifel darin, daß mir der Tod, welcher mir den Geliebten entrissen hatte, um so verhaßter erschien. Ich fühlte, daß seine Seele und die meine nur eine Seele in zwei Leibern gewesen waren. Darum wurde mir das Leben zum Ekel, weil ich mich sträubte, nur halb zu leben. Und darum fürchtete ich mich auch zu sterben, weil durch meinen Tod auch derjenige ganz gestorben wäre, den ich so heiß geliebt hatte.

Ich seufzte, ich weinte – mein Herz war voll Verwirrung. Ich war ohne Ruhe und ohne Rat. Meine zerrissene und ungeduldige Seele ertrug es nur schwer, in mir zu bleiben. Nichts konnte mich zerstreuen – keine lieblichen Gärten, keine Freuden des Spiels und des Gesanges, nicht die herrlichsten Mahlzeiten – nicht der Rausch der Wollust. Denn was nicht der war, den ich verloren hatte, stieß mich ab.

O meine Seele, wenn dir die Leiber durch ihre Schönheit gefallen, so seien sie dir ein Anlaß, Gott zu preisen. Diese Schönheit wäre nicht, wenn sie nicht seine Hand geschaffen hätte. Sie entsteht nur, um zu vergehen. Indem sie wächst, vervollkommnet sie sich, und hat sie dieses Ziel erreicht, so verwelkt sie und kehrt ins Nichts zurück.

Meine Seele preise Dich wegen all dieser Dinge, o mein Gott, der Du sie geschaffen hast. Aber sie hänge nicht mehr länger an ihnen mit den Banden der fleischlichen Liebe!«

Aus dieser Verbitterung über die verlorene große Liebe seines Lebens und der anschließenden Resignation entstehen Augustins Schriften zur christlichen Moral von Ehe und Liebe:

1. Die Lehre, daß die Sexualorgane nur zur Fortpflanzung bestimmt sind – denn in der rein fleischlichen Liebe würde die »Ursünde« weitergegeben,
2. das Postulat von der Dreieinigkeit der Ehe, basierend auf der Familie, der Treue und dem Sakrament.

Wie treffend, daß der Heilige Augustin später mit einem brennenden Herzen dargestellt wird.

Doch diese Art der Liebe zu einem Mann kann auch ansonsten durchaus mit Frauen glückliche Männer zu Wahnsinnstaten treiben. Aus Eifersucht schießt der bisexuelle Dichter Paul Verlaine (1844–1896) auf seinen Freund, den Dichter Jean-Arthur Rimbaud (1854–1891). Verlaine wird zu zwei Jahren Kerkerhaft verurteilt. In dieser Zeit entstehen viele seiner schönsten Gedichte. So beschreibt er auch den homosexuellen Teil seiner Gefühle in der Gedichtesammlung »Parallèlement«:

»Ces passions qu'eux seuls nomment encore amours
Sont des amours aussi, tendres et furieuses,
Avec des particularités curieuses
Que n'ont pas les amours certes de tous les jours.

Même plus qu'elles et mieux qu'elles héroique,
Elles se parent de splendeurs d'âme et de sang
Telles qu'aux prix d'elles les amours dans le rang
Ne sont que Ris et Jeux ou bésoins érotique«[1]

Im Wechselbad der Gefühle

Eine große Zahl von bisexuellen Männern erlebt das zwingende Gefühl nach der sexuellen Vereinigung mit einem anderen Mann nur in bestimmten Zeitphasen. Häufig ist es zwei- oder dreimal im Monat. Das Gefühl geht dann auch meist schnell wieder vorüber. Typisch für solche Fälle ist die Schilderung eines Patienten:
»Als meine Frau verreist war, freute ich mich schon auf das Wochenende mit meinem Freund. Wir wollten endlich einmal zusammen ein richtiges Liebeswochenende genießen. Schließlich kannten wir uns erst seit ein paar Monaten, und es waren in dieser Zeit immer nur kurze Begegnungen gewesen. Doch dann kam der Freitagabend, und ich verspürte nicht mehr die geringste sexuelle Lust. Daraufhin habe ich meinen Freund zwei Monate nicht mehr gesehen. Doch plötzlich übermannte es mich wieder – und es war alles wieder wie früher. Bei unseren kurzen Zusammenkünften gab er mir gefühlsmäßig mehr als es meine Frau je vermochte.«

---

[1] Diese Leidenschaften, die noch unter die Bezeichnung Liebe fallen, sind in Wirklichkeit Lieben von einer Zärtlichkeit und Heftigkeit, die allgemein übliche Lieben nicht haben.
Sie sind verklärt von einer Herrlichkeit der Seele und des Blutes, wie man sie bei Liebschaften nicht findet, die nur aus Spiel und Freude oder aus erotischen Bedürfnissen bestehen.

Bei einer ganzen Reihe dieser nur gelegentlich bisexuellen Männer spielen jedoch Gefühle überhaupt keine Rolle. Wie unter einem Zwang wollen sie unbedingt Sexualkontakt mit einem Mann. Das endet dann in völlig anonymen Zufallsbekanntschaften in Toiletten oder der Sauna. Ist der »Trieb« abreagiert, ist auch jegliches Bedürfnis für eine Weile gestillt. Solche Bisexuellen haben sehr stark »mitgeholfen«, den Ruf von der großen Promiskuität der Homosexuellen zu prägen. Denn während ihre »Hormonuhr« (siehe Kapitel 3, Seite 73+76) auf Sturm steht, tun sie es beinahe ohne Pause hintereinander.

Ein extremes Beispiel war Rasputin, der durch seinen übergroßen Einfluß auf die letzte Zarenfamilie bekannt geworden ist. Für Sex war Rasputin niemals zu müde. Die Zahl der beglückten Frauen und Männer ging in die Tausende.

Nur um es noch einmal ins Bewußtsein zu rufen: Bei der großen Mehrheit der heterosexuellen und homosexuellen Männer wird die Sexualität durch eine feinregulierte Hormonuhr »geregelt«.

Nahezu vierzig Prozent der Bisexuellen aber haben plötzliche Hormonsprünge. Denn die Hormonuhr der Bisexuellen wird auf einmal schneller (Abbildung 7) und schaltet vom »Regelbetrieb« auf »Sturmlauf« um.

Der Grund liegt in einem Umspringen des »Sexmotors« (siehe hierzu die Funktionsbeschreibung der Kerngebiete im Kapitel 3). Normalerweise verhindern opiumähnliche Substanzen des Körpers, daß zuviel von dem Signalhormon LHRH vom Nucleus arcuatus im Hypothalamus ausgeschüttet wird (siehe Seite 73). Das geschieht, weil diese sogenannten Endorphine direkt am Nucleus arcuatus ankoppeln und so ein zu schnelles Umlaufen der Hormonuhr abbremsen (Rasmussen et al. 1983). Übrigens, ein Mechanismus, der auch beim Menstruationszyklus der Frau eine wichtige Rolle spielt (Ferin et al. 1984). Die Endorphine verlangsamen die Hormonuhr in der unfruchtbaren Phase des Monatszyklus.

Bei den beschriebenen bisexuellen »Quartalsliebhabern« entfällt diese Bremse. Durch steigende Konzentrationen von Östradiol werden die Endorphine von ihren Kontrollstellen verdrängt (La

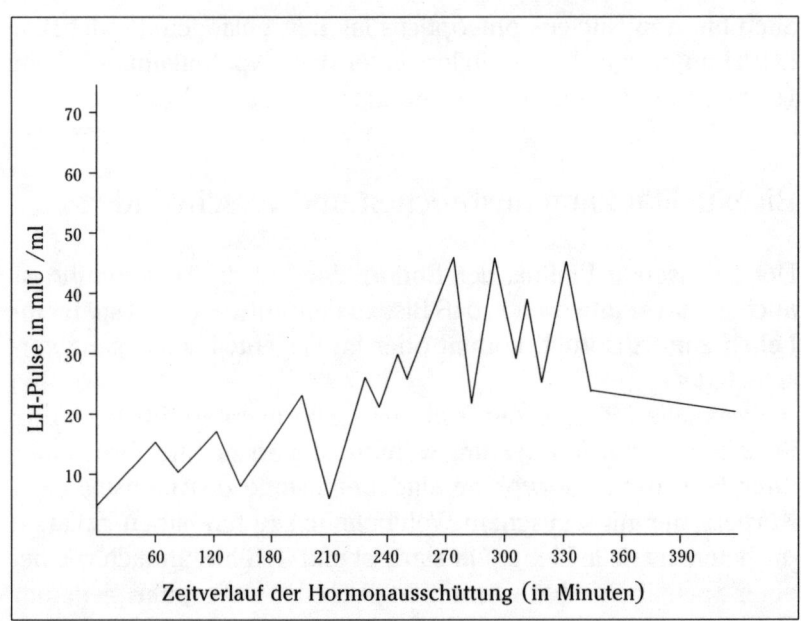

Abb. 7: Umschalten der Hormonuhr bei Bisexuellen

Bella, 1983). Die Folge: Die Konzentration des Signalhormons LHRH im Hypothalamus steigt. Es wird von der Hypophyse mehr Neurohormon LH freigesetzt und damit von den Hoden auch mehr Testosteron ausgeschüttet.

Die erhöhten Konzentrationen des Signalhormons LHRH aktivieren auch noch den benachbarten Nucleus praeopticus medialis und den Nucleus dorsomedialis (Bildtafel III, Seite 69). Da auch das Lustzentrum im Nucleus posterior durch die hohen Testosteronspitzen stimuliert ist, läuft die Sexualität auf Hochtouren. Nur ist sie jetzt – dem zusätzlich aktivierten homosexuellen Partnerprogramm im Nucleus dorsomedialis entsprechend – auf Männer gerichtet.

Damit das System sich aber nicht auf unbestimmte Zeit »heißläuft«, hat die Natur doch noch eine Notbremse eingebaut. Wenn eine bestimmte kritische Konzentration von LHRH durch den Signalgenerator im Nucleus arcuatus ausgeschüttet wird, kann LHRH auch bis zum Nucleus praeopticus lateralis gelangen. Bindet sich LHRH an diesen »Liebeszügler« unter den Hypothalamus-Kernen (siehe Seite 71), wird die Hormonuhr sofort scharf gebremst.

Bisexualität kann ausbrechen und verschwinden

Der bremsende Einfluß der Endorphine auf die Hormonuhr ist auch dafür verantwortlich, daß Bisexualität entweder erst später im Leben zum Ausbruch kommt oder im Gegenteil sogar ganz verschwindet.

Bisexuelle Männer, die früh aus Liebe heiraten, bleiben trotz ihrer homosexuellen Neigung während der ersten Ehejahre immer ihrer Frau treu. Endorphine sind Botenstoffe des menschlichen Körpers, die mit seelischem Wohlbefinden zu tun haben. Solange die heterosexuelle Liebe sehr stark ist und Gefühle, ähnlich wie bei einer Sucht, befriedigt werden, ist auch der Endorphinspiegel im Gehirn hoch. Doch dann läßt die Bremswirkung mit den Jahren nach, häufig, wenn durch ein zweites Kind die Beziehung zwischen Mann und Frau auf eine neue Gefühlsebene gestellt wird. Die angeborene bisexuelle Neigung bricht wieder hervor.

Wie bei Echnaton, der als Pharao von 1379 bis 1352 vor unserer Zeit in Ägypten regierte. Bis zu seinem 28. Lebensjahr ist er glücklich mit der schönen Nofretete verheiratet und hat vier Kinder mit ihr. Dann trifft er auf SemenchKare. Es ist die große Liebe für Echnaton. Nofretete muß in einen Palast am anderen Ende der Stadt umziehen, und Echnaton überträgt auf SemenchKare offiziell die Namen der Königin »Geliebte des Echnaton« und »Die Schöne, die gekommen ist«. Erhalten geblieben sind der Nachwelt drei Reliefs in den Berliner Museen – auf einem küßt Echnaton ganz offen den nackten SemenchKare.

Umgekehrt ist es, wenn ursprünglich bisexuell aktive Männer später im Leben plötzlich eine über alles geliebte Frau gefunden haben. Überflutet von Glückshormonen werden sie plötzlich rein heterosexuell.

Nehmen wir als Beispiele Zar Peter I. (1672-1725) und Lord Nelson (1758-1805). In beiden Fällen war die Orientierung zu Frauen zum Ende ihres Lebens stärker als zu Männern. Peter der Große trennte sich von seinem langjährigen Geliebten Alexej Mentschikoff, als er seine zweite Frau Katharina heiratete. Horatio Nelson traf die Liebe wie ein Blitz, als er 1799 Emma Lady Hamilton in Neapel kennenlernte. Sowohl Zar Peter wie Lord Nelson blieben ihren Frauen absolut treu, auch wenn wir durch den frühen Tod der beiden Kriegshelden nicht wissen, wie lange dieser Zustand angehalten hätte.

Die Lebensmitte scheint die »kritische Zeit« für eine Umstellung im Partnerprogramm zu sein. Anfang 1989 ging es durch die Presse: Nach 25 Jahren langandauernder Männerbeziehungen war der Popsänger Cliff Richard plötzlich entbrannt in unstillbarer Liebe zu Caroll, der Frau von Jet Harris – dem Bassisten der »Shadows«.

Der Schriftsteller und Philosoph François Marie Arouet, genannt Voltaire (1694-1778), einstiger enger Freund Friedrichs II., wurde ebenfalls erst in seinen letzten 25 Lebensjahren rein heterosexuell. Das gleiche gilt auch für den Philosophen Jean-Paul Sartre (1905-1980). Denkbar ist, daß im Alter die periodischen Hormonstürme an Stärke abnehmen. Denn nach dem 50. Lebensjahr bleiben 25 Prozent aller bisexuellen Ehemänner ihrer Frau treu (Coleman, 1982; Matheson 1985).

Nichts zu tun hat der Beginn oder das Ausleben einer bisexuellen Neigung mit dem fehlenden Angebot verführerischer heterosexueller Partner. Das gilt für den Wundergeiger Niccolò Paganini (1782-1840), dem die schönsten Frauen zu Füßen lagen. Und auch für Mick Jagger, den Leadsinger der Rolling Stones. Verheiratet mit der schönen und temperamentvollen Bianca, ständig umschwärmt von verführerischen und immer bereiten Groupies (wie beispielsweise Margaret Trudeau) hat er sich doch immer wieder zu Männern hingezogen gefühlt. Mick Jagger hat sich zu dieser Neigung auch öffentlich bekannt (»Bisexual Chic«, 1974; »The New Bisexuals«, 1974).

Bei der Mehrheit der bisexuellen Männer ist es zeitlebens ein Wechselbad zwischen heterosexuellen und homosexuellen Gefühlen. Übrigens ein wiederkehrendes Phänomen in allen Epochen der Menschheitsgeschichte.

Schon Herkules – der größte Muskelprotz und Weiberheld der Antike – (»50 Jungfrauen in einer Nacht«) war bisexuell. Er hatte zur gleichen Zeit engste Beziehungen zu seinem Neffen Iolaus und zum »süßen« Hylas. Auch der Monstertöter Theseus verführte durchaus nicht nur Frauen.

Karl II. von England (1630–1685) ließ es sich nicht nehmen, Hunderte von Engländerinnen zu beglücken, obwohl er in John Wilmot, Earl of Rochester, einen festen Liebhaber hatte.

Zwischen Mann und Frau schwankte auch die Zuneigung des Komponisten Sir Arthur Sullivan (1842–1900). Zwar hatte er zehn Jahre lang eine feste Geliebte, doch sie teilte ihn die ganze Zeit mit Männern. Ähnlich auch der Komponist Peter Cornelius (1824–1874). Sein großer Schwarm war Richard Wagner. Franz Schubert (1797–1828) hatte nur eine Männerfreundschaft: mit Mayerhofer. Da er sich bei seiner ersten weiblichen Bekanntschaft gleich die Syphilis holte, war er schließlich an der Sexualität überhaupt nicht mehr interessiert.

Natürlich hat es auch in der Literatur prominente Bisexuelle gegeben. Beispiele sind der römische Dichter Ovid (43 v. Chr.– 17 n. Chr.), der große österreichische Dramatiker Franz Grillparzer (1791–1872) und die Schriftsteller Honoré de Balzac (1799–1850), Fjodor Michailowitsch Dostojewski (1821–1881) und Stefan Zweig (1881–1942). Auch Hermann Hesse (1877–1962) werden gewisse Neigungen in dieser Richtung nachgesagt.

Übrigens hat Dostojewski sehr schön die eigenen wechselnden Gefühle in seinem Buch »Der Idiot« beschrieben. Wie in jenen Zeiten schwerster Verfolgung von Homosexuellen im zaristischen Rußland üblich, überträgt Dostojewski seine Einstellungen in das Dreigestirn der Frauen. Der Held des Romans entwickelt eher weiblich anmutende Gefühle für eine Mann-Frau, eine Kindfrau und eine reife Geliebte. Jede dieser drei Frauen – Nastassja, Aglaja und Wjera – liebt den noch völlig unreifen Mann auf ihre Art. Und das Kind im Manne will sie natürlich alle.

Was bedeutet Bisexualität für die Ehe?

Von den mir bekannten Bisexuellen haben sieben von zehn Männern bereits im Wissen um ihre homoerotischen Gefühle geheiratet. Die immer wiederkehrenden Begründungen:
– Sie hätten ihre Frau wirklich geliebt,
– Sie hätten die Hoffnung gehabt, daß ihre männerorientierten Neigungen in der Ehe verschwinden würden und
– Sie hätten sich Kinder gewünscht.
Von diesen hat sogar einer von zehn Männern seiner Frau vor der Heirat von seinen homosexuellen Neigungen erzählt. Nur waren alle vorgewarnten Frauen überzeugt, daß in ihren Armen alle anderen Gefühle schnell vergessen würden.

Schon während einer intakten Gefühlsbindung zu ihrer Frau treten bei Bisexuellen erotische Phantasien immer wieder auf, in denen Männer die Hauptrolle spielen. Aber solange die Gefühle für ihre Frau sehr stark sind, werden bisexuelle Männer gut damit fertig. Fest steht, daß solche Ehepaare oft ein überdurchschnittlich aktives Sexualleben haben (Brownfain, 1985; Dixon, 1985; Latham & White, 1978).

Bei neun von zehn bisexuellen Männern ist die homosexuelle Neigung nach spätestens sieben Jahren Ehe so stark, daß sie Verhältnisse zu anderen Männern haben. Selbst wenn das für sie meist mit Schuld- und Schamgefühlen verbunden ist. Doch einmal geweckt, läßt ihre Neigung sie nicht mehr zur Ruhe kommen.

Immer leiden jedoch die Frauen darunter. Der Leidensdruck wird sicher geringer, wenn der Betroffene sich entschließt, offen mit seiner Frau über seinen Gefühlszustand zu sprechen. Am einfachsten ist das für solche Bisexuelle, die ehrlich zugeben können, daß es nur ein unstillbares sexuelles Bedürfnis ist und sie dadurch ihrer Frau nichts an zärtlicher Zuwendung wegnehmen wollen.

Das Schlimmste ist für eine Frau nun einmal die Ungewißheit, ob hinter dem Abwesendsein ihres Mannes nicht etwa eine andere Frau steckt. Wenn sie erst einmal einsieht, daß ihr Mann nicht anders kann, als einem inneren Zwange zu gehorchen, ist es ihr eher möglich, sich mit dem Problem auseinanderzusetzen (Hatterer, 1974; Gochrow, 1978). Die Ehefrau durchläuft jetzt Phasen des Schocks, des ungläubigen Staunens, des Ärgers und der Verzweiflung, bevor sie allmählich – oft erst nach Jahren – anfängt, diese Anlage bewußt zu tolerieren.

Für eine liebende und verstehende Frau gibt es klare Bedingungen, unter denen sie bereit ist, die neue Situation zu akzeptieren:
- Sie muß sicher sein, daß die intakte Ehe für beide an erster Stelle steht
- Ihr Mann darf den anderen Mann nicht lieben,
- Es muß absolut diskret geschehen, um sie zu schützen,
- Er darf durch seine homosexuellen Aktivitäten weder sie noch die Kinder vernachlässigen

und natürlich
- Er soll keine Krankheiten mit nach Hause bringen.

Durch offene und ehrliche Gespräche werden drei von vier Ehen gefühlsmäßig und auch sexuell neu belebt (Matheson, 1985). Nach allem, was man gemeinsam durchgemacht hat, entwickelt sich im allgemeinen eine starke seelische, fast kameradschaftliche Bindung. Wichtig war für die Frauen, daß die Zeiten der Angst und Ungewißheit vorbei sind und daß sie sich nicht länger wie eine Versagerin vorkommen. Für die Männer steht im Vordergrund, daß sie endlich einen unterdrückten Teil ihrer Gefühle ohne Scham und Schuldkomplexe ausleben können. Denn jetzt wissen sie, daß ihre Frau – die ihnen ja viel bedeutet – ihre Veranlagung akzeptiert.

Als Mediziner würde ich jedem Bisexuellen empfehlen, so zeitig wie möglich mit seiner Frau über die wiedererwachenden homosexuellen Neigungen zu sprechen. Dann gilt es, die bestmögliche Form des Zusammenlebens zu finden. Später wird es immer schwieriger, verlorengegangenes Vertrauen zurückzugewinnen, denn die Ehefrau kommt sich hintergangen vor.

Manchmal braucht es allerdings etwas Zeit, bis nach den ersten Andeutungen des Mannes bei der Frau die Bereitschaft zu einem wirklich offenen Gespräch ausreichend vorhanden ist.

Bleiben noch die bisexuellen Männer, die wirklich eine tiefe Liebe zu einem anderen Mann empfinden. In solchen Fällen ist es fairer der Ehefrau gegenüber, diese Ehe nicht fortzusetzen. Das soll auf keinen Fall bedeuten, daß alle Brücken abgebrochen werden sollen, denn es geht ja meist um das Wohl von Kindern. Aber wenn die Bisexualität bereits zur reinen Homosexualität geworden ist, gibt es im Sinne des einmal erweckten Partnerprogramms in absehbarer Zeit kein Zurück mehr.

Gibt es ein Mittel gegen die Bisexualität?

Auch hier muß betont werden, daß die Prägung der bisexuellen Anlage im Mutterleib erfolgt. Im Vergleich zu ausschließlich homosexuellen Männern dürfte es sich um einen zeitlich verschobenen Einfluß des erniedrigten Testosteronspiegels auf das Gehirn handeln. Das ergibt sich zumindest aus retrospektiven Streßrelationen, wenn man die Schwangerschaftszeiten von Bisexuellen und Homosexuellen vergleicht (Ellis et al. 1988).

Um es vorwegzunehmen: Eine Psychotherapie kann nicht helfen, egal ob sie sechs Monate oder siebzehn Jahre dauert (Coleman, 1982). Denn ein bisexuelles Verhalten ist ja ein Teil der Persönlichkeit. Trotzdem lohnen sich Versuche bei Männern, die zum Erhalt ihrer Ehe unbedingt die Zeiten des Hormonsturms überstehen wollen. Möglich sind psychische Hilfen.

Vielversprechender ist jedoch eine hormonelle Therapie. Werden nämlich bisexuellen Männern hohe Dosierungen von etwa 10 mg Östrogen gespritzt (zum Beispiel Presomen®), so wird dadurch die Endorphinproduktion in den nächsten Tagen angekurbelt. Die Hormonuhr arbeitet dann für fünf Tage beträchtlich langsamer als vorher. Sinnvoll ist eine solche Behandlung, wenn es sich nur um etwa zwei bisexuelle »Ausreißer« im Monat handelt, weil nur dieses Muster einen hinreichenden zeitlichen Vorlauf bei der Hormonbehandlung zuläßt.

Jede Frau macht für zwei bis vier Tage vor der Menstruation einen ähnlichen Endorphinentzug durch, der ja bei bisexuellen Männern den Hormonsturm auslösen kann. Wegen der daraus bei Frauen resultierenden Entzugserscheinungen leiden auch so viele von ihnen unter einem prämenstruellen Syndrom. Sinkt nämlich schlagartig der Spiegel der »seelischen Antischmerzmittel und Stimmungsaufheller«, fühlen sich viele Frauen depressiv oder aggressiv. Allerdings nimmt bei einigen Frauen kurz vor und während der Monatsregel die Sexualität zu. In gewisser Hinsicht sind sie dann bisexuellen Männern vergleichbar.

7.
Die gespaltene Sexualität: Wenn Körper und Seele nicht harmonieren

> Für 40 Jahre hat eine sexuelle Zwangsvorstellung mein Leben bestimmt und mich zerrissen: der tragische und irrationale Wunsch, mich aus der männlichen Hülle in die Weiblichkeit zu flüchten.
>
> JAN MORRIS

Es sind vor allem Menschen wie die Transsexuellen, die besonders unter ihrer Anlage leiden. Die Geschlechtsorgane passen einfach nicht zur völlig andersgearteten Gefühlswelt des Betreffenden. Darum liegen Körper und Seele in einem ständigen Kampf. Dieser seelische Zwiespalt ist häufig so stark, daß Selbstmordgedanken keine Seltenheit sind.

Keine Frage, das Geschlecht wird durch Chromosomen bestimmt. Bei der Frau sind es zwei X-Chromosomen, beim Mann ein Y- und ein X-Chromosom. Dieser Chromosomensatz entsteht bei der Verschmelzung des Spermiums mit der Eizelle.

Doch für die eigentliche Geschlechtsentwicklung im Mutterleib spielen zusätzliche Faktoren eine entscheidende Rolle. Ohne den Einfluß des männlichen Hormons Testosteron entwickelt jeder Embryo – egal welchen Chromosomensatz er hat – sich immer zu einem weiblichen Fötus.

Was macht aus männlichen Genen den Mann?

Im Anfang ist es ab der dritten Schwangerschaftswoche nur eine primitive Keimdrüse mit einem sogenannten Rindenteil und einem Mark. Erhält die Keimdrüse entsprechende Signale von männlichen Genen auf dem Y-Chromosom, dann entwickelt sich das Mark der Keimdrüse in der sechsten Schwangerschaftswoche zum Hoden. Die Rinde wird dann zurückgebildet.

Spezielle Leydig-Zellen beginnen in der neunten Schwanger-

schaftswoche mit der Synthese des männlichen Hormons Testosteron. Daneben produzieren andere Sertoli-Zellen noch ein weiteres Hormon:
 den Müller-inhibierenden Faktor (MIF).
Dieser Faktor ist für die embryonale Entwicklung außerordentlich wichtig. Denn er hemmt die Ausbildung der inneren weiblichen Geschlechtsorgane: genauer gesagt, der Eileiter, der Gebärmutter und der Scheide. Allerdings muß hinreichend Testosteron während der achten bis vierzehnten Schwangerschaftswoche vorhanden sein, damit die äußeren männlichen Genitalien angelegt werden können. Sonst wird der männliche Fötus mit weiblichen äußeren Geschlechtsorganen geboren.
Umgekehrt spielt der Testosteronspiegel der Mutter für den weiblichen Fötus eine entscheidende Rolle. Normalerweise ist der mütterliche Testosteronspiegel zu niedrig um die Genitalienentwicklung zu beeinflussen. In den 60er Jahren wurden jedoch Risikoschwangerschaften bis zum Ende der 12. Schwangerschaftswoche mit männlichen Hormonen behandelt. Eine ernste Nebenwirkung: Diese Hormone können die äußeren Geschlechtsorgane des weiblichen Fötus »vermännlichen« (Grumbach & Ducharme, 1960).

Durch den unmittelbaren hormonellen Einfluß auf die Entwicklung der Steuerungszentren im Hypothalamus (siehe Kapitel 3) entscheidet die Testosteronkonzentration der folgenden Wochen über die Entwicklung des Partnerprogramms und des Sexualverhaltens:
– Zwischen der 13. und 15. Schwangerschaftswoche entsteht mit dem männlich geprägten Nucleus praeopticus medialis im Hypothalamus ein ausschließlich auf Frauen fixiertes Partnerprogramm,
– Reicht die Testosteronkonzentration in der 15. Woche nicht aus, um die Anlage des weiblichen Nucleus ventromedialis zu unterdrücken, fühlt sich der oder die Betreffende zu Männern hingezogen,
– Von der 13. bis 18. Schwangerschaftswoche wird die testosteron- oder östrogenabhängige Hormonuhr im Kerngebiet des Nucleus arcuatus angelegt,

- In der 23. Woche wird der Nucleus dorsomedialis je nach Testosteronspiegel männlich oder weiblich geprägt. Damit hat der oder die Betroffene von sich ein männliches oder weibliches »Bild«,
- Zum Ende der 24. Schwangerschaftswoche bildet sich die Verbindung zwischen Nucleus dorsomedialis und dem »Lustzentrum« heraus.

Aus diesem zeitlich verteilten Entwicklungsprogramm ist bereits absehbar, wieviel »Programmabweichungen« möglicherweise bis zur Ausprägung eines stereotypen, rein männlichen Sexualverhaltens auftreten können.

Einzige Variable: die Testosteronkonzentration im fötalen Blutkreislauf.

Der Mann im Frauenkörper

Die Natur hat ein sehr aufschlußreiches Experiment gemacht. Bei der sogenannten *Androgen-Unempfindlichkeit* (früher auch als Testikuläre Feminisierung bezeichnet) haben die betroffenen Männer ein normales männliches XY-Chromosom. Ihren Körperzellen aber fehlen durch eine Genmutation die Bindungsstellen für Testosteron. Damit kann das Hormon Testosteron auch nicht die sonst übliche männliche Entwicklung induzieren. Zwar kann die Müllersche Hemmsubstanz produziert werden, doch das weibliche Entwicklungsprogramm wird durch das Fehlen der Testosteronwirkung nicht völlig unterdrückt. Wie in verschiedenen Studien (Simmer et al. 1965; Money & Erhardt, 1972) gezeigt wurde, sind die unmittelbaren Folgen:
- Die äußeren Geschlechtsorgane erscheinen weiblich. Allerdings wird keine Vagina gebildet. Die Hoden sitzen meist in der Bauchhöhle der »Frau«,
- Durch die Hoden wird hinreichend Testosteron produziert – auch wenn es im Körper unwirksam ist. Dafür wird es in Östrogen umgewandelt,

– In der Pubertät führt die Schwemme von Testosteron und damit von Östrogen zur Anlage eines durchaus weiblichen Busens,
– Da auch das Gehirn sich nur weiblich entwickeln kann, fühlen sich diese genetischen Männer ganz als Mädchen – bis hin zum Anziehen und Interesse an Familie und Kindern – und sie sind besonders sprachbegabt.

Zwei charakteristische Unterschiede fallen jedoch sofort auf:
– Diese »Frauen« haben kaum Haare in der Scham- oder Achselgegend, denn diese Behaarung erfolgt unter Testosteroneinfluß und
– Sie haben natürlich auch keine Monatsregel.

Wegen des fehlenden Testosteroneinflusses wurde im Hypothalamus bei diesen »Frauen« eine weibliche und damit östrogenabhängige Hormonuhr angelegt. Allerdings entfallen die zyklischen Einflüsse des Menstruationszyklus. Da auch die anderen Hypothalamuskerne sich nur weiblich entwickeln konnten, sind diese »Frauen« ausschließlich an Männern interessiert.

Von 20000 Frauen hat eine Frau ein voll entwickeltes Syndrom der Androgen-Unempfindlichkeit, bei einer von 2000 Frauen besteht nur eine verminderte Wirkung von Testosteron bei der Gehirn- und Körperentwicklung (Houser, 1963). Dann wird zum Beispiel eine kurze Vagina gebildet, es kann aber auch in selteneren Fällen die Klitoris die Größe eines kleinen Penis annehmen.

Das Syndrom der Androgen-Unempfindlichkeit wird in der weiblichen Linie vererbt. Das Gen, welches die Entwicklung von Testosteronbindungsstellen unterdrückt, ist auf dem weiblichen X-Chromosom lokalisiert.

Elisabeth I. von England: »Die ewige Jungfrau«
Seit der Thronbesteigung der 25jährigen Elisabeth im Jahre 1558 haben sich die einflußreichsten Männer Europas um ihre Hand bemüht. Zuerst war es König Philipp II. von Spanien, der nach dem Tod seiner Frau Mary I. von England seinen Einfluß auf das Inselreich sichern wollte. Von 1559 bis 1567 wirbt um sie Erzherzog Karl, der Sohn Kaiser Ferdinands I. Und ab 1574 macht Elisabeth dem

Herzog von Alençon, dem Bruder und Erben König Franz I. von
Frankreich, Hoffnungen – alles für ein Bündnisversprechen Frankreichs gegen Spanien.

Auch das englische Parlament drängt die Königin immer wieder
zur Heirat – und die Lords sind sehr verärgert, als sich Elisabeth
hinter dem Rat ihres Leibarztes Dr. Huick verschanzt,
»sie solle aus medizinischen Gründen nicht heiraten«.
Was aber waren nun diese medizinischen Gründe?
Schon zu Lebzeiten Elisabeths I. hatte es aus Hofkreisen Andeutungen gegeben:
»Sie habe ein Jungfernhäutchen, so stark, daß es kein Mann
durchdringen könne, obwohl viele es versucht hätten.«
Als ihr Berater Lord Sussex sie immer mehr mit Vorschlägen für
dynastische Heiratsalliancen bedrängt, sagte Elisabeth nur:
»Ich hasse den Gedanken an eine Ehe aus Gründen, die ich
keiner Seele offenbaren möchte.«
Dazu der Kommentar ihrer Hofdame, Lady Shrewsbury:
»Sie ist nicht wie andere Frauen gebaut.«
Philipp II. ließ durch seine Botschafter Feria und DeQuadro den
Bediensteten am englischen Hof Riesensummen für vertrauliche
Informationen anbieten. So wissen wir aus den Berichten der Botschafter, daß Elisabeth
– niemals eine Menstruation hatte
und
– aus »bestimmten Gründen« keine Kinder bekommen konnte.
Damit war für Philipp klar, daß Maria Stuart als Cousine Elisabeths
die Erbin der englischen Krone war. Das erklärt auch Philipps II.
tiefe Enttäuschung, als die katholische Maria Stuart im Februar
1587 hingerichtet wird. Seine Antwort: Im Mai 1588 segelt die
Armada gegen England.

Nun hatte Elisabeth I. keineswegs etwas gegen Männer. Kaum
15jährig wird sie mit ihrem Onkel Thomas Seymour im Bett überrascht. Kurz nach der Krönung trifft sie bei Hof ihre erste große
Liebe: Robert Dudley, den Sohn des Herzogs von Northumberland.
Eines stört – er ist jungverheiratet. Ein Jahr später bricht sich seine

junge Frau beim Hinunterfallen auf einer Steintreppe das Genick. Eigenartigerweise weiß die Königin schon Stunden vor dem Ehemann Bescheid über dieses Unglück (der Klatsch nannte es Mord). Im Jahre 1561 macht die Königin Robert Dudley zum Earl of Leicester.

In diesem Jahr wird Elisabeth schwer krank und beichtet:
»Sie habe mit Robert Dudley sexuelle Beziehungen gehabt, ohne daß es dabei zum eigentlichen Geschlechtsakt kommen konnte.«

Im Jahre 1581 trifft Elisabeth auf ihre zweite große Liebe, den neunzehn Jahre jüngeren Walter Raleigh. Drei Jahre später wird er zum Ritter geschlagen und darf im Namen der Königin Ländereien in Amerika in Besitz nehmen. Nur als er später die bereits im fünften Monat schwangere Hofdame Bess Throckmorton heiraten will, wechselt sein Glück schnell. Unter dem Vorwurf des Verrates wird Raleigh in den Tower geworfen. In den Verhören macht er Andeutungen über Analverkehr und orale Liebespraktiken mit der Königin.

Der nächste große Favorit ist der schillernde und machthungrige Robert Devereux, Earl of Essex. Elisabeth ist von dem 34 Jahre jüngeren Cousin so angetan, daß er zu allen Tages- und Nachtzeiten Zugang zu ihren Privatgemächern hat. Als Devereux dann aber nach zehn Jahren heimlich heiratet – nachdem die Königin ihn bereits vorher bei vier Liebschaften erwischt hatte –, ist auch sein Leben verwirkt. Doch der Earl of Essex erzählt noch vor seiner Hinrichtung etwas über den »deformierten Körper« der Königin, die nur eine kleine Delle hätte, wo andere Frauen ein Loch haben. Und sie wäre da unten völlig kahl.

Das Wissen um ihre eingeschränkte Weiblichkeit und ihre absolute Unfruchtbarkeit hat die Königin immer wieder in ihrem Verhalten beeinflußt:
– Sie stellt wiederholt ihre nackten Brüste zur Schau,
– Sie ist maßlos eifersüchtig, wenn ein von ihr begehrter Mann sich für andere Frauen interessiert,
– Sie weigert sich, Maria Stuart trotz vieler schriftlicher Bitten auch

nur ein einziges Mal zu sehen, weil sie sich ihr gegenüber »als unfruchtbaren Boden« empfindet.
Königin Elisabeth war ein klassischer Fall von Androgen-Unempfindlichkeit:
- Die nur als Delle angelegte Vagina,
- Die Haarlosigkeit im Schambereich und
- Die fehlende Menstruation.

Die Farbtafel zeigt, daß dieser Mann in Frauengestalt auch durchaus männliche Gesichtszüge hatte.

Ein Gegenstück aus neuerer Zeit ist die Weltmeisterin im Ski-Abfahrtslauf der Damen, die Kärtnerin Erika Schinegger. Nach dem Gewinn der Goldmedaille im Jahre 1966 wird durch einen Hormontest festgestellt, daß sie eigentlich ein »Mann in Frauengestalt« ist. Nachdem Erika in der Innsbrucker Universitätsklinik mitgeteilt wird, daß sie sogar Hoden im Bauchraum hat, läßt sie sich durch eine Operation in einen Mann verwandeln – zu Erik Schinegger.

Besser spät als nie

Beginnend mit der neunten Schwangerschaftswoche setzt beim männlichen Fötus die Maskulinisierung ein. Die Anlage von Penis, Prostata und Hodensack ist erst in der dreizehnten Schwangerschaftswoche abgeschlossen, obwohl der Penis im Verlauf der gesamten Schwangerschaft weiter wächst.

Fehlt ein Schlüsselenzym – die 5-Alpha-Reduktase – für die Umwandlung von Testosteron in Dihydrotestosteron, hat der männliche Fötus bei der Geburt äußere weibliche Genitalien. Allerdings sind die inneren Geschlechtsorgane durchaus männlich.

Solche kleinen Jungen wurden früher für Mädchen gehalten. Erstmals wurden diese Fehlentwicklungen von Imperato-McGinley 1974 an 24 Jungen aus dreizehn Familien in der Dominikanischen Republik beschrieben. Inzwischen weiß die Medizin, daß dieser vererbte Enzymdefekt weltweit vorkommt (Imperato-McGinley & Gautier, 1986).

Bis zur Pubertät wurden die Kinder auch als Mädchen erzogen. Doch als die Hoden anfingen, vermehrt Testosteron auszuschütten, fing plötzlich die »Klitoris« an zu wachsen, bis sie schließlich Penisgröße erreichte.

Durch retrospektive Befragungen von etwa 200 Betroffenen wurde eines klar: Alle hatten angefangen, sich bereits zwischen dem siebten und zwölften Lebensjahr als Jungen zu fühlen, obwohl sie von den Eltern wie Mädchen behandelt wurden. Das ist auch nur verständlich, wenn man bedenkt, daß das Gehirn durch das Vorhandensein von hohen Testosteronkonzentrationen ja auch absolut männlich geprägt wird (siehe Kapitel 4 und 5).

Allerdings sind diese »Versuche der Natur« ein überzeugendes Argument dagegen, daß Erziehung etwas mit dem künftigen Partnerprogramm zu tun hat. Denn alle diese Jungen heirateten Frauen, obwohl sie ja fünfzehn Jahre lang als Mädchen erzogen und auf männliche Partner programmiert worden waren.

Wenn die Gehirnentwicklung nicht nach Programm verläuft

Es geht um die stärker oder schwächer ausgeprägte weibliche Gehirnentwicklung im männlichen Fötus, wenn der Testosteronspiegel bereits früher als in der siebzehnten Schwangerschaftswoche absinkt. Also vor dem Zeitpunkt, zu dem die Hodenfunktion normalerweise reduziert wird.

Fassen wir noch einmal das Ergebnis von Kapitel 3 zusammen:
- Sind alle Hypothalamuskerne, die mit der Steuerung der Sexualität zu tun haben, mehr weiblich geprägt, fühlt und reagiert der Mann später im Leben als ein weiblich-orientierter Homosexueller,
- Ist der Nucleus praeopticus lateralis noch stark männlich entwickelt und auch der Nucleus praeopticus medialis eher männlich geprägt, resultieren daraus die Verhaltensweisen eines Homosexuellen mit männlichen Verhaltensweisen.

Was aber, wenn die anderen Hypothalamuskerne sich unterschiedlich männlich oder weiblich entwickeln?

Hier geht es um das Zusammensetzen der Bausteine eines Puzzles, das uns die Natur vorgegeben hat. Beginnen wir auch hier einmal an einem Eckpunkt.

Was geschieht, wenn der Nucleus dorsomedialis in der 23. Schwangerschaftswoche weiblich geprägt wird, nachdem bereits das übrige Steuerungsprogramm männlich angelegt worden ist?

Transvestiten: Liebesgefühle durch ein weibliches Spiegelbild

Hier geht es nicht um die Welt des Showgeschäftes. Ein wirklicher Transvestit trägt Frauenkleider, weil er auf diese Weise erotisch stimuliert wird. Und er trägt sie im Verborgenen (Bullough et al. 1983). Allen Transvestiten gemeinsam ist der Wunsch, wenigstens auf Zeit eine weibliche Identität anzunehmen.

Solche Männer wachsen durchaus als normale Jungen auf. Mit einem Unterschied: Es verschafft ihnen eine starke gefühlsmäßige Entspannung und Befriedigung, wenn sie sich wie eine Frau zurechtmachen. Bei mehr als der Hälfte dieser Transvestiten besteht der Drang nach dem Tragen von Frauenkleidern bereits vor der Pubertät (Buhrich & Conaghy, 1977).

Mit Beginn der Pubertät spielt ein sexuelles Hochgefühl beim Anziehen eine wichtige Rolle. Es wird durch die weibliche Aufmachung praktisch ein »Doppelgänger« geschaffen. Im Unterbewußtsein entsteht die Vorstellung, eine richtige Frau mit Scheide und Busen zu sein. Diese Männer erleben eine starke sexuelle Stimulierung, wenn sie sich als Frau im Spiegel betrachten (Blanchard et al. 1986). Viele der Transvestiten möchten dann mit ihrem »weiblichen Spiegelbild« ein Liebeserlebnis haben. Darum wird in Frauenkleidern masturbiert. Allerdings verschwindet dieser Zauber mit Erreichen eines Orgasmus. Dann werden die Frauensachen sofort ausgezogen.

Durch den Gewöhnungseffekt muß mit der Zeit die Illusion des »Frau-Seins« immer mehr verstärkt werden. Aus diesem Grunde wird oft stundenlang das weibliche Erscheinungsbild durch Makeup und Accessoires perfektioniert. In selteneren Fällen muß das Gefühl, eine begehrte Frau zu sein, dann sogar noch durch das Werben eines anderen Mannes verstärkt werden. Auf diese Weise werden Transvestiten auf Zeit scheinbar homosexuell.

Doch neunzehn von zwanzig Transvestiten sind rein heterosexuell orientiert. Und viele wünschen sich sehnlichst, ihren weiblichen Aufzug mit in die ehelichen Liebespiele einbeziehen zu können. Indem die Ehefrau dann den aktiven Teil übernimmt. Das aber schafft in der Mehrheit der Ehen verständlicherweise Probleme (Brown & Collier, 1989).

Es ist kein ständiges Verlangen nach dem weiblichen Erscheinungsbild. Bei der Hälfte der Transvestiten tritt es zwischen ein Mal pro Woche und ein Mal im Monat auf. Interessant sind die Auslöser für dieses unstillbare Verlangen:

O Spannungszustände und Ärger bei der Arbeit oder im Eheleben. Dabei gilt es, darauf hinzuweisen, daß es sich keineswegs um die Ohnmachtsreaktionen eines »schwachen Mannes« handelt. Denn praktisch alle Transvestiten sind im Beruf sehr erfolgreich (Bullough et al. 1983).

Rein hormonell läßt sich in den transvestiven Phasen immer ein kurzzeitiger sprunghafter Anstieg des männlichen Hormons Testosteron nachweisen. Und wie in Kapitel 3 erklärt, wird auf diese Weise das Lustzentrum aktiviert.

Gehirnuntersuchungen haben eine veränderte Struktur des Nucleus dorsomedialis gegenüber heterosexuellen Männern ergeben (siehe Abbildung 8). In der Zahl der Neuronen und ihrer synaptischen Verbindungen zu tiefergelegenen Hirnschichten ist bei Transvestiten dieser Hypothalamuskern dem von Frauen sehr viel ähnlicher. Wie in Kapitel 3 erklärt, wird im Nucleus dorsomedialis aber sowohl das »Bild vom eigenen Ich« wie auch das Partnersuchbild geprägt.

Die erotisch erregende Komponente des Tragens von Frauensa-

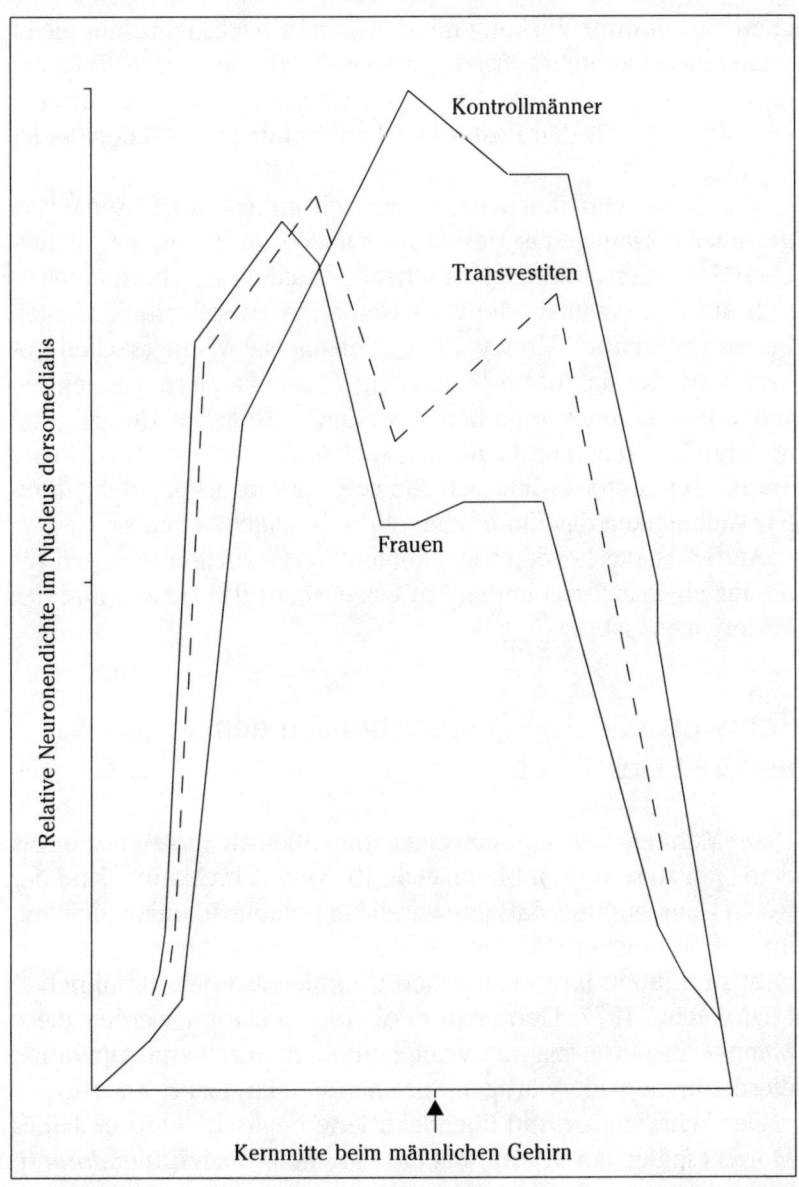

Abb. 8: Unterschiede im Aufbau des Nucleus dorsomedialis bei Transvestiten

chen läßt in ihrer Wirkung mit den Jahren nach. Trotzdem bleibt immer das ungemein befriedigende Gefühl der seelischen Entspannung. Mancher alternde Transvestit entscheidet sich aus diesem Grunde dafür, für den Rest seines Lebens nur noch Frauenkleider zu tragen.

Manchmal wird auch ein hormonell induzierter Busenansatz gewünscht. Dagegen ist der Wunsch nach Entfernung der männlichen Genitalien eine ausgesprochene Seltenheit. Hierbei handelt es sich um Transvestiten, die von vornherein zwei Persönlichkeiten haben (siehe auch Money, 1974). Solange sie Männersachen tragen, sind sie stahlharte Männer. In Frauenkleidern werden sie weich und nehmen eine betont weibliche Rolle im Umgang mit anderen Menschen und natürlich auch in der Sexualität an. Dieser Transvestitentyp wünscht sich dann oft zur Verstärkung der gefühlten Weiblichkeit das Eindringen eines männlichen Penis.

Anders ist das bei den sogenannten transsexuellen Männern, für die ihr eigener Penis immer ein Gegenstand des Hasses und des Widerwillens ist.

Transsexuelle: Die Sehnsucht nach dem anderen Geschlecht

Unter Männern wünscht sich einer von 10 000 nichts sehnlicher, als eine Frau zu sein (Feinbloom et al. 1976). Solche Männer sind der festen Überzeugung, daß ihre wirkliche sexuelle Identität nicht mit ihren körperlichen Merkmalen übereinstimmt. Am meisten verhaßt sind ihnen ihre männlichen Geschlechtsorgane (Buhrich & McConaghy, 1977; Goodman et al. 1985). Darum werden diese Männer auch von einem Zwang getrieben, durch eine Operation diesen für sie widerwärtigen Zustand unbedingt zu beenden.

Der Schriftsteller und hochdekorierte englische Offizier James Morris (später Jan Morris) hat das in seinem Buch *Conundrum* so beschrieben:

»Für 40 Jahre hat eine sexuelle Zwangsvorstellung mein Leben bestimmt und mich zerrissen: der tragische und irrationale Wunsch, mich aus der männlichen Hülle in die Weiblichkeit zu flüchten.«

Diese Überzeugung, als Frau in einem Männerkörper gefangen zu sein, besteht bereits schon von frühester Kindheit an (Benjamin, 1967). Wieder Jan Morris

»Ich war etwa drei oder vier Jahre alt, als ich merkte, daß ich in den falschen Körper hineingeboren war. Daß ich in Wirklichkeit ein Mädchen sein sollte.

Dieser Augenblick, der auch meine früheste Erinnerung ist, blieb mir immer gegenwärtig.«

Auch schon in der Kindheit und Jugend haben diese Transsexuellen mädchenhafte Interessen: Sie haben lieber Mädchenspiele und ziehen auch Mädchenkleider an (Lutz et al. 1984).

Und dann beginnt der jahrelange Leidensweg, wie ihn Jan Morris beschreibt:

»Ich war einfach mit dem falschen Körper zur Welt gekommen, und Erfüllung konnte ich nur finden, wenn meine Geschlechtsorgane auch äußerlich zu meinem wahren Geschlecht paßten. Dabei ging es mir gar nicht um eine geschlechtliche Betätigung oder Vorliebe. Für mich war es eine leidenschaftliche und unauslöschliche Überzeugung. Für diesen inneren Zwang konnte ich anderen gegenüber keinen vernünftigen Grund angeben. Ich weiß nur, daß er mich blindlings und hilflos dem Operationstisch zugetrieben hat. Eine Überzeugung, von der noch nie ein wahrer Transsexueller zu Lebzeiten abgewichen ist.«

Schon in der Antike haben sich Männer wegen dieses Zwanges von den störenden Geschlechtsorganen befreien lassen, die wilden Skythen genauso wie die hochzivilisierten Alexandriner.

Lange war die Operation nicht ungefährlich. Noch 1921 stirbt der junge dänische Dichter Einar Wegener ein Jahr nach einer solchen Operation. Doch der Zwang, etwas für die Harmonie von Seele und Geschlecht zu tun, hat noch in unserer Zeit Transsexuelle dazu getrieben, sich selbst zu verstümmeln (Money & de Priest, 1976; van Kammen & Money, 1977).

Jan Morris wird im Alter von 46 Jahren in Casablanca operiert, und erst jetzt läßt er sich das erste Mal mit Genuß von einem Mann küssen. Übrigens wollen männliche Transsexuelle einen Geschlechtsverkehr oft erst dann ausüben, wenn sie eine wirkliche Frau sind. Der Widerwille gegen die eigenen Geschlechtsorgane ist so groß, daß die Mehrheit der Transsexuellen bis zum Zeitpunkt der Operation mit ihrem Sexualleben absolut unzufrieden ist (Kockott & Fahrner, 1988).

Die Operation hat durch chirurgische Konstruktion einer neuen Vagina unter Einbeziehung der gefühlsintensiven Teile des Penis eine gute Erfolgsgarantie für ein späteres erfülltes Geschlechtsleben. Da es ein nicht umkehrbarer Eingriff ist, rate ich allen Transsexuellen, zuerst »probeweise« für ein Jahr in einer Frauenrolle zu leben und zu arbeiten. Während dieser Zeit kann bereits Östrogen eingenommen werden. Dadurch schrumpfen die Hoden und lästige Spontanerektionen werden seltener.

Da diese transsexuellen Männer sich als Frauen fühlen, sehen sie es auch als ganz normal an, daß sie Männer als Partner wollen. Allerdings mögen männliche Transsexuelle im allgemeinen keine homosexuellen Sexualpartner (Benjamin, 1967). Natürlich hat es gerade in früherer Zeit auch immer wieder Transsexuelle gegeben, die ihren Widerwillen überwunden haben und zu einem – allerdings sehr sporadischen – Eheleben mit einer Frau in der Lage waren.

Typisches Beispiel ist der Stammvater des englischen Königshauses und Urgroßvater Kaiser Wilhelms II. – der Herzog August von Sachsen-Gotha (1772–1822), genannt August der Glückliche.

Meistens zog Herzog August es vor, in Frauenkleidern herumzulaufen. Er trug an jedem Finger Ringe, dazu mehrere Armbänder und Spangen. Täglich wechselte August die Haarfarbe oder trug eine französische Perücke mit langen blonden Haaren. Und er benutzte große Mengen von Damenparfüm.

Kein Wunder, daß er trotz seiner witzigen und feinfühligen Gespräche auf Frauen »überweiblich« wirkte. War August gezwungen, aus Gründen der Staatsraison Männeruniformen zu tragen, stürzte

Herzog August von Sachsen-Gotha war der Stammvater des englischen Königshauses und der Urgroßvater Kaiser Wilhelms II. und Zar Nikolaus' II.

ihn das in gefühlsmäßige Konflikte. Aufschluß über diesen Haß auf seine erzwungene Männerrolle gibt der Brief vom 19. November 1815 an seine Vertraute, die Lesbierin Sidonie von Dieskau: »Hell flackerten Selbstliebe und Selbstdasein in mir auf, und mich stärker und besser fühlend als vorhin, fielen bald von meinem Ich die mühsam mir angeklebten erbärmlichen Symbole der mir angezwängten Männlichkeit.«
Natürlich waren alle seine Liebesgefühle auf Männer gerichtet. Trotzdem hat sich Herzog August geopfert und eine Tochter – Luise – gezeugt. Danach ließ er sich bei seiner Frau durch Exzellenz von Thümmler vertreten.

Luise heiratete den Herzog Ernst von Sachsen-Coburg. Deren beider Sohn Albert wurde der Prinzgemahl der englischen Königin Viktoria und damit der Großvater Kaiser Wilhelms II.

Ansonsten war Herzog August ein passabler Schriftsteller und Dichter, ein guter Zeichner und ein sehr erfolgreicher Designer von Schmuckstücken. Napoleon I. empfand August als eine wohltuend geistvolle Ausnahme unter den deutschen Fürsten.

Etwa fünfzehn Prozent aller männlichen Transsexuellen sind aber überhaupt nicht am sexuellen Teil des Zusammenseins interessiert. Für sie geht es bestenfalls um Zärtlichkeiten und Liebe. Oft lieben solche Männer eigentlich nur ihr eigenes, weibliches Spiegelbild, ohne jegliches erotisches Interesse an einem Partner (Blanchard, 1985).

Zu dieser Gruppe der Transsexuellen gehörte der französische Chevalier Charles Geneviève d'Eon (1728–1810). Mit langen blonden Haaren, großen blauen Augen und zarten Gliedern sah er einer Frau zum Verwechseln ähnlich. Und er hatte auch nicht den geringsten Bartansatz.

Schon als Kind hatte der Chevalier die Kleider seiner Schwester getragen. Doch er tat es auch noch in offizieller Mission als französischer Diplomat in Rußland und England. Und das war wichtig, denn in Rußland herrschte die Zarin Elisabeth, die sich im Grunde ihres Wesens für einen Mann hielt – also eine weibliche Transsexuelle – und alle Männer ihrer nächsten Umgebung in Frauenkleider steckte. Kein Wunder, daß d'Eon bei ihr sehr schnell zum privaten Vorleser avancierte.

Auf dem Wege nach St. Petersburg hatte der Chevalier in weiblicher Aufmachung in Neustrelitz halt gemacht. Hier verliebte sich Sophie Charlotte von Mecklenburg-Strelitz – eine lesbisch veranlagte junge Frau – in d'Eon. Als Sophie später die Frau des englischen Königs Georg II. wird, stehen d'Eon als französischem Botschafter alle Türen bei Hofe offen. Er wird übrigens extra von Ludwig XV. mit einem »Beglaubigungsschreiben« an König Georg III. ausgestattet, daß er eine Frau sei.

Von Ludwig XV. nach Frankreich zurückgeholt, begegnet d'Eon in diesem Aufzug Caron de Beaumarchais, dem berühmten Verfasser des »Barbier von Sevilla« und von »Figaros Hochzeit«. Der Chevalier muß so verführerisch ausgesehen haben, daß sich

Oben links: Friedrich Schiller. *Oben rechts:* Johann Wolfgang von Goethe.
Unten links: William Shakespeare. *Unten rechts:* Johann Christian Friedrich Hölderlin.
Fotos: dpa (3), AKG (1)

Teil eines Gedichts, welches Ludwig II. am 4. Oktober 1864 an Richard Wagner schrieb. Aus dem Geheimen Archiv der Wittelsbacher

Oben links: Alexander von Humboldt. *Oben rechts:* Erasmus von Rotterdam. *Unten links:* John Maynard Keynes. *Unten rechts:* Walther Rathenau. *Fotos:* dpa

Oben: Der Philosoph Friedrich Nietzsche und sein Freund Dr. Paul Rée. *Foto:* AKG.
Unten: Jean-Paul Sartre und Simone de Beauvoir. *Foto:* dpa

...en links: Admiral Lord Nelson. *Oben rechts:* Zar Peter I.
...ten links: Der Schriftsteller Dostojewski. *Unten rechts:* Der Philosoph Voltaire.
...os: dpa (2), AKG (2)

Oben links: Der Teufelsgeiger Paganini. *Oben rechts:* Pop-Idol Mick Jagger.
Unten links: Franz Schubert. *Unten rechts:* Leonard Bernstein.
Fotos: dpa (2), AKG (2)

Oben links: Pauline Wiesel. *Oben rechts:* Rahel Varnhagen. *Unten links:* Karoline von Günderode. *Foto:* BPK. *Unten rechts:* Bettine von Arnim. *Foto:* AKG

Oben links: George Sand. *Oben rechts:* Marlene Dietrich. *Foto:* UVA Filmarchiv.
Unten links: Joan Baez. *Foto:* dpa. *Unten rechts:* Madonna. *Foto* dpa

Beaumarchais sofort in d'Eon verliebt. Doch trotz monatelanger Versuche bleibt es nur bei gelegentlichen Umarmungen und dem Kuß auf die Wange. Der Chevalier d'Eon hat niemals Affären gehabt – weder mit Männern noch mit Frauen.

Noch als 43jähriger schreibt Charles Geneviève d'Eon an den Grafen von Broglie:

»Ich gestehe, daß ich noch so unberührt bin, wie mich die Natur geschaffen hat. Mein ruhiges Temperament hat mich nie der Wollust zugeführt. Dies hat meinen Freunden in Frankreich, Rußland und England den Gedanken eingegeben, ich sei weiblichen Geschlechts.«

Als d'Eon am 21. Mai 1810 in London stirbt, wird er bei Ausstellung des Totenscheins genauestens von einem Arzt, dem Chirurgen Dr. Thomas Copeland, untersucht. In Gegenwart von acht Zeugen. Danach gibt es keine Frage mehr: Die Vollständigkeit der männlichen Geschlechtsorgane wird ärztlich bescheinigt.

Bisher ist immer wieder hervorgehoben worden, daß es bei transsexuellen Männern keine hormonellen Veränderungen gebe, durch welche ihr Sexualverhalten erklärt werden könnte (Gladue, 1988; Goodman et al. 1985; Meyer et al. 1986). Dazu bestünde auch keine Notwendigkeit, vorausgesetzt,

- Es besteht eine weibliche Prägung für den Nucleus dorsomedialis und den Nucleus ventromedialis während der Schwangerschaft,
- Dabei kann die Hormonuhr im Nucleus arcuatus durchaus unverändert »männlich« sein.

Nur bei sexuell uninteressierten Transsexuellen gibt es einen wesentlichen Unterschied:

Verglichen mit heterosexuellen Männern haben diese eine stark verlangsamte Hormonuhr – mit einer zeitlichen Rhythmik von etwa 200 Minuten – wenn auch doppelt so hohen Pulsen des Signalhormons LH. Dadurch ist der Gesamt-Testosteronspiegel wesentlich niedriger, und das »Lustzentrum« wird nicht aktiviert. Das seltene Vorkommen der männlichen Transsexualität wäre dann auf ein nicht allzu häufiges Absinken des Testosteronspiegels zwischen der 15. und 23. Schwangerschaftswoche zurückzuführen. Dabei könnte ein ererbtes vorzeitiges Abschalten der fötalen Hodenfunktion eine mögliche Rolle spielen. Immerhin wird in der Literatur über eine Familie von 117 Personen berichtet, zu der nicht weniger als zwölf transsexuelle Männer gehörten (Hoenig & Duggan, 1974).

Auf jeden Fall ist der Transsexualismus bei Männern etwa fünfmal häufiger als bei Frauen. Das gilt für Deutschland wie für die USA und die Sowjetunion (Belkin & Trejper, 1972; Hirschfeld, 1925; Meyer et al. 1986; Roberto, 1983). Lediglich in Polen sind weibliche Transsexuelle fünf bis sechsmal häufiger (Goldlewski, 1988) als unter den Frauen anderer Länder.

Mögliche Erklärung: Bei einer von 50000 Frauen könnte durch mütterliche Einflußfaktoren der Testosteronspiegel in der kritischen 15. bis 23. Schwangerschaftswoche erhöht gewesen sein. Das Resultat sind:

»Frauen, die wie Männer fühlen.«

8.
Frauen, die wie Männer fühlen

> Erst in einer tiefen Freundschaft
> mit einer Frau ist wahre Nähe,
> Vertrauen und Geborgenheit möglich.
> Aus dem Gleichklang von Fühlen
> und Denken, von Interessen und
> Wünschen ergibt sich die totale
> Erfüllung in der Liebe.
>
> VITA SACKVILLE-WEST an Virginia Woolf

Auch wenn das provokant klingt – sie mußten als Frauen wie Männer fühlen, sonst hätten sie nicht ihre Welt verändern können.
Es beginnt in biblischer Zeit mit:
Hatschepsut, dem einzigen weiblichen Pharao, 1490–1470 vor unserer Zeit. Sie fühlte sich ganz und gar als Mann und trug auch nur männliche Kleidung. In ihren dreißig Jahren Regierungszeit hat Ägypten eine ungeahnte Blüte erlebt. Erhalten geblieben sind der Tempelpalast in Luxor und die großen Tempelbauten von Deir-el-Bahari. Bezeichnenderweise läßt sich Hatschepsut auf den Reliefs schon bei der Geburt als Junge darstellen – eine Rolle, die sie auch auf allen ihren Denkmälern beibehält (Lepsius, 1852). Ihre engsten Vertrauten waren Priesterinnen und Sklavinnen.
Semiramis, assyrische Königin im IX. vorchristlichen Jahrhundert. Nach dem Tode ihres Mannes regiert sie lange Jahre energisch und kompetent für ihren kleinen Sohn. Dabei führt sie neun Kriege und zieht bis nach Indien. Der Nachwelt ist sie durch ihre »Hängenden Gärten« in Erinnerung geblieben. Ihre wahren Gefühle gehörten immer nur Frauen (Hommel, 1885).

Die Verbindung zwischen zwei Frauen war nie allein eine Frage der sexuellen Anziehung. Auch bei Sappho nicht. Sappho mußte von 603 bis 595 vor unserer Zeitrechnung aus politischen Gründen Mytilene verlassen, weil sie versucht hatte, das dortige männergeprägte System zu ändern. Auf Lesbos sammelte sie eine Schar von Jüngerinnen um sich. Aus gleichen geistigen Interessen ergaben sich enge Freundschaften – und später sexuelle Bindungen. Für Sappho waren ihre Mitstreiterinnen Atthis, Telesippa, Megara, Anagora und Gongyla in gleicher Weise geistig wie sexuell anregend.

Übrigens entdeckte Sappho erst nach einer gescheiterten Ehe mit dem ihr widerlichen Kerkylas und der Geburt ihrer Tochter Kleis ihre wahre Neigung. Dieses Gefühl beschreibt sie in den Versen:

»Der Mond ist untergegangen,
Es ist mitten in der Nacht,
Ich liege allein,
Die günstige Stunde ist da und geht vorüber,
Die Stunde, in der ich so bereit bin,
In der ich so bereit sein kann.
Ich werde älter.
Die geneigte Stunde geht vorüber.«

In ihren Liedern – meist von ihr selbst mit der Harfe begleitet – bekennt sich Sappho offen zu ihren Empfindungen:

»Ich sehe und ich begehre
Die ganze Nacht durch.
Ich rufe Dich, Gongyla,
Abanthis, nimm die Harfe.
Das Verlangen umflattert Dich, Schöne.
Dein verführerisches Kleid erregt jede, die es sah.
Ich aber lege auf weiche Kissen die Glieder.
Du kommst, das ist schön, ich sehnte mich nach Dir.
Du machst meinen Sinn überströmen,
Der vor Sehnsucht brennt.
Eros schüttelt mir die Sinne,
Wie der Wind in die Eichen fährt.
Ich werde Dich nicht verlassen.«

Das christliche Zeitalter sah dann in Sapphos Werken nur ein Zeichen heidnischer Entartungen. Schließlich war schon bei den Babyloniern und Phöniziern die körperliche Vereinigung zwischen zwei Frauen ein religiöses Ritual. Frauen, die der Göttin Aschtoret bzw. Astarte »geweiht« waren, dienten als Reinkarnation dieser Liebesgöttin und zogen so die Tempelbesucherinnen an.

Liebe zwischen zwei Frauen wurde daher vom Christentum mit heidnischen Bräuchen und Verbindung mit dem Teufel gleichgesetzt. Darum auch die Hexenprozesse im Mittelalter. Noch 1721 wurde die Lesbierin Catharina Linck im deutschen Reich »wegen widernatürlicher Beziehungen« verbrannt.

Natürlich wurden von den Christen auch die acht Bücher Sapphos zerstört – ohne Rücksicht auf den hochwertigen geistigen und künstlerischen Inhalt. Über den hat sich niemand Geringerer als der Philosoph und Dichter Platon geäußert.

»Einige sprechen von neun Musen. War nicht Sappho die zehnte?« (Anthologia Graeca IX, 506). Erst 1897 wurden Fragmente der Gedichttafeln bei Ausgrabungen entdeckt. Sie waren gepreßt zur Herstellung von Sarkophagen verarbeitet worden.

Bis in unsere Zeit hat das Unverständnis über das Wesen der »lesbischen Liebe« angehalten. Alles wird auf die Sexualität geschoben und gipfelt oft in dem typischen Kommentar: »Die brauchen bloß einen richtigen Mann.«

Wesenszüge lesbischer Verbindungen

Im Anfang stehen immer Freundschaft, gegenseitige Achtung und Vertrauen. Aus amerikanischen und deutschen Studien ist deutlich geworden: Achtzig Prozent lesbischer Frauen waren zwischen 9 und 36 Monaten eng befreundet, bevor es zu sexuellen Kontakten kam. (Schäfer, 1977; Vetere, 1982). Durch die Verwandtschaft ihres Denkens und Fühlens – bedingt durch den Gehirnaufbau (Kapitel 4 und 5) – bestehen ein besseres Verständnis und ein größerer Gleichklang der Seelen zwischen zwei Frauen.

Dadurch werden Bedürfnisse nach Nähe, geistigem Austausch und Zärtlichkeit auf eine Weise erfüllt, wie das Frauen nur mit wenigen Männern möglich erscheint.

Geistige Nähe steht am Anfang jeder Beziehung, und sie ist auch bleibende Grundlage für die langdauernden Verbindungen zwischen zwei Lesbierinnen (Lynch & Reilly, 1984). Daraus ergibt sich in lesbischen Verbindungen:
- Entscheidungen werden gemeinsam getroffen,
- Es bestehen viele gemeinsame Interessen,
- Die Freizeit wird gemeinsam verbracht.

Natürlich gibt es auch in lesbischen Verbindungen eine geistige »Führerin«. Das hat nichts mit traditioneller Rollenverteilung zu tun. Auch wenn nach klassischen psychologischen Tests zwanzig Prozent der Lesbierinnen als »männlich« und dreißig Prozent als »mannweiblich« eingestuft werden (Dailey, 1979; Oldham et al. 1982).

Lesbische Frauen, die ein mehr männlich geprägtes Gehirn haben (siehe Kapitel 4, Seite 96), haben ein höheres Maß an geistiger Stärke und Durchsetzungskraft. Das hängt wieder mit dem Testosteronspiegel zusammen – nur ist diesmal die Konzentration von männlichen Hormonen bei lesbischen Frauen nicht nur vor der Geburt, sondern auch danach im ganzen späteren Leben hoch (Loraine et al. 1971). Außergewöhnlich hohe Testosteronwerte haben das Drittel aller Lesbierinnen, die in der Bundesrepublik oder in den USA in leitenden Stellungen tätig sind.

Diese Adaptation im Testosteronspiegel hat sich im Laufe der Entwicklungsgeschichte herausgebildet. Rangordnung und Erfolg in einer Gruppe spiegeln exakt den individuellen Testosteronspiegel wider (Bouissou, 1978).

Die Führerrolle einer Lesbierin braucht meist die geistig-emotionale Unterstüzung durch eine geliebte Frau. Nehmen wir wieder Beispiele aus der Geschichte:
- Die Zarin Katharina die Große (1729–1796) brauchte zum »Auftanken ihrer geistigen Kräfte« die Verbindung mit Frauen, wie der Branitza, der Fürstin Daschkow und der Protasow (Chevalier, 1893; Stern, 1802). Ansonsten war ihr nur am geistigen Aus-

Eleanor Roosevelt

Lorena Hickok

tausch mit dem homosexuellen – und damit mann-weiblich fühlenden – Philosophen Voltaire gelegen.

Sex mit Männern war für Katharina nur eine Form der schnellen körperlichen Entspannung und ein Mittel, sich der Loyalität ihrer Generäle zu versichern.

- Die französische Revolutionärin Louise Michel (1833–1905), die den Pariser Kommunenaufstand 1871 in erster Reihe anführt. Wer kennt nicht das Bild der fahnenschwingenden »Madeleine«, flankiert von zwei Männern. Es ist ihre Liebe zu Marie Ferré, die Louise Kraft und Mut gibt. Als Marie 1881 stirbt, schreibt Louise Michel in einem Gedicht »ihr Herz sei mit Marie unter dem Leichenstein begraben«. Einen Mann hat »La Vierge Rouge« – so ihr Revolutionsname – nie in ihre Nähe gelassen.
- Eleanor Roosevelt (1884–1962), die Frau des amerikanischen Präsidenten Franklin D. Roosevelt, schöpfte ihre seelische Kraft aus einer über drei Jahrzehnte dauernden Beziehung zu der Journalistin und späteren persönlichen Assistentin Lorena Hikkok. Die in bitterster Armut verbrachte Kindheit prägte Lorena

Hickoks lebenslanges soziales Engagement. Durch sie lernte Eleanor Roosevelt das Leben der Arbeitslosen und Puertorikanern in den Slums kennen. In dieser Partnerschaft geistig gestärkt, widmete sich Eleanor Roosevelt ihrer Sozialarbeit und ihrem Kampf für die Menschenrechte in den Vereinten Nationen. Eleanor Roosevelt bekannte sich seit 1924 ihrem Mann Franklin gegenüber offen zu ihren lesbischen Neigungen, nachdem sie ihn 1919 bei einem Verhältnis mit seiner Sekretärin Lucy Mercer ertappt hatte. Durch diesen Schock gab Eleanor Roosevelt übrigens damals ihre Hausfrauenrolle auf und begann sich politisch zu betätigen.

Umgekehrt standen natürlich auch Frauen mit Macht unter dem Einfluß einer starken lesbischen Freundin. Auch auf diese Weise wurde Geschichte geschrieben.

Nehmen wir nur die englische Königin Anne (1665–1714). Sie läßt sich von ihrer Geliebten Sarah Churchill immer wieder drängen, den Spanischen Erbfolgekrieg gegen Frankreich zu verlängern. Kein Wunder, daß dieser kostspielige Krieg auch als »Queen Anne's War« in die englische Geschichte eingegangen ist. Und alles nur, weil Sarahs Mann, der Herzog von Marlborough, Oberkommandierender des englischen Expeditionsheeres ist und möglichst lange in der Fremde bleiben soll. Erst als Sarah 1707 durch die neue königliche Favoritin, Abigail Masham, ersetzt wird, folgt der Friede von Utrecht. Dafür verhilft jetzt Abigail ihrer Partei – den Tories – zur Macht.

In allen Fällen war die geistige Verwandtschaft zwischen zwei Frauen die Grundlage für geschichtlich bedeutende Veränderungen.

Die Einheit von Gefühl, Sexualität und geistiger Nähe ist für Lesbierinnen nur in der Vereinigung mit einer anderen Frau möglich. Die Sexualität beginnt für sie mit geistiger Gemeinschaft und andauernder Zärtlichkeit.

Lassen wir als Beispiele zwei große Vorkämpferinnen einer geistigen und politischen Gleichberechtigung der Frau zu Wort kommen:

Queen Anne
Sie ließ ihrer Freundin Sarah zuliebe
einen kostspieligen Krieg führen

Rahel Varnhagen (1771–1833). Ihr Salon war Treffpunkt der fortschrittlichsten Geister der damaligen Zeit wie Fichte, Heine, Schleiermacher, Alexander und Wilhelm von Humboldt. Auch für die Pflege von Kranken und Verwundeten wendet Rahel Varnhagen viel Kraft und Energie auf. Sie gewinnt sie aus der tiefen Liebe zu Pauline Wiesel.

»Teure Pauline! Nur Sie haben den Verstand es zu vermögen, die Dinge wie ich zu hören, zu sehen und zu fühlen. Ihr Leben – unser Leben, für mich gibt's nur Eine Pauline. Und wenn ich glücklich bin, leb ich mit ihr.« Da sie von Männern wirtschaftlich abhängig waren, haben beide Frauen in den 25 Jahren ihrer Freundschaft nie zusammenleben können.

Bettine von Arnim (1785–1859) hatte Vorstellungen von einer Art humanitärem Sozialismus. Charakteristisch ein Brief ihrer Freundin, der Schriftstellerin Caroline von Günderode, an die Dichterin:

»Deine absurden Demonstrationen, wie sie Deine Gegner nennen, habe ich nie in Zweifel gezogen. Ich hab Dich verstanden wie in meinem eigenen Glauben. Ich hab Dich geahnt und begriffen.«
Bei soviel Gleichklang kann nicht überraschen, daß Bettina schreibt:
»Drum lebe mit mir, ich fordere jeden Tag von Dir. Ach, wo sollt ich hin, wenn Du nicht wärst? Ja, gewiß – es hätte dann keinen Sinn mehr, nach dem Glück zu suchen... Ich will alles tun, was Du willst. Nur um Deinetwillen leb ich – hörst Du.«

In der Revolution von 1848 gehen dann auch in Deutschland Frauen mit ihren Partnerinnen gemeinsam auf die Barrikaden. Auch wenn Namen wie Mathilde Franziska Anneke und Amalie Struve oder Emma Herwegh und Elise Blenker heute in Vergessenheit geraten sind, diese Frauen gehörten zu den gesellschaftlichen Triebkräften ihrer Zeit.

In New York begründet 1848 Elizabeth Cady Stanton die Frauenbewegung – zusammen mit Susan Anthony. Es geht um die Gleichberechtigung der Frau. Susan Anthony startet eine landesweite Kampagne gegen die Ehe als »legale Prostitution«, welche Frauen in die totale Abhängigkeit zwingt. Mit ihrer Freundin Anna Dickinson gründet Susan Anthony 1868 die erste militante Frauenzeitschrift der Welt. Alle Artikel der »Revolution« beschäftigen sich mit Frauenrechten.

In Deutschland entsteht 1865 in Leipzig der erste Frauenverein, dem in kurzer Zeit andere Vereine im ganzen Reichsgebiet folgen. Triebkräfte dieser Bewegung sind die Paare Elsbeth Krukenberg und Lina Hilger sowie Käthe Schirmacher und Klara Schleker. Das ist darum so wichtig, weil bis 1908 die Mitgliedschaft von Frauen in politischen Vereinen verboten war. Ihre Teilnahme an politischen Veranstaltungen durfte sich nur auf stummes Zuhören beschränken. Natürlich geht es den Frauenvereinen auch um die wirtschaftliche Eigenständigkeit der Frau und die Unabhängigkeit von der ungewollten Versorgungsehe.

Aus diesem Grunde richtete die Berliner Lehrerin Helene Lange 1890 Realkurse für Frauen ein. Aber erst zu Beginn des 20. Jahrhunderts wird unter dem Druck der Frauenbewegung das Staatsexamen für Oberlehrerinnen eingeführt und Frauen ab 1908 auch offiziell zum Hochschulstudium zugelassen.
Das moderne deutsche Schulwesen und die Frauenbildung wären nicht denkbar ohne Betty Gleim und Marie Lasius oder Bertha Glöckner und Anna Vorwerck.

Besonders erfolgreich waren Frauen zu allen Zeiten in der Literatur. Gerade unter Schriftstellerinnen war die »Partnerschaft« im wirklich umfassenden Sinne Voraussetzung für ein erfolgreiches Schaffen. Beispiele aus den »goldenen« zwanziger Jahren sind:
Virginia Woolf (1882-1944) und Vita Sackville-West in London,
Gertrude Stein und Alice Toklas in Paris,
Karin Boye und Gerda Rothermund in Berlin.
Noch heute wird Virginia Woolf (1882-1941) als Schöpferin der Bewußtseinsliteratur geschätzt. Ihre Werke zeigen die Veränderung von Zeit und Bewußtsein als Triebkräfte des Fortschritts. Sie wendet sich vehement gegen die Benachteiligung der Frau im viktorianischen England.

Gertrude Stein (1874-1946) studierte bei William James, dem Vater der amerikanischen Philosophie. Ihre durch James geprägten Werke beeinflußten auch Künstler wie Ernest Hemingway und Pablo Picasso.

Karin Boye (1900-1941) war in der Zeit vor dem zweiten Weltkrieg die wohl bedeutendste schwedische Schriftstellerin mit sozialkritischem Engagement.

Natürlich gibt es auch eine ganze Sammlung von Poesie und Prosa, geschrieben von Frauen für Frauen in den verschiedenen Jahrhunderten. Einen Überblick geben zwei Bücher:
- Surpassing the love of men: romantic friendship and love between women from the renaissance to the present (Lilian Faderman, New York: Morrow 1981),
- Sex variant women in literature (Jeanette Foster, London, 1958).

Stellvertretend für viele andere soll an dieser Stelle nur die Dichterin Annette von Droste-Hülshoff (1797-1848) stehen. Mit einem Gedicht, welches an ihre geliebte Freundin Amalie Hasenpflug gerichtet ist

> »Jüngst hab' ich Dich gesehn im Traum,
> So lieblich saßest Du behütet,
> In einer Laube grünem Raum,
> Von duftendem Jasmin umblütet.
> Durch Zweige fiel das goldne Licht,
> Aus Vogelkehlen ward gesungen,
> Du saßest da wie ein Gedicht
> Von einem Blumenkranz umschlungen.
> Und Deine liebe Rechte trug
> Das Antlitz mit so edlen Sitten,
> Im Sand das aufgeschlagene Buch,
> Schien von dem Schoße Dir geglitten;
> Dich lehnend an den frischen Haag
> Hauchtest du flüsternd leise Küsse,
> Im Auge eine Träne lag
> Wie Tau im Kelche der Narzisse.
> Dich anzuschaun war meine Lust,
> Betrachtend Deiner Züge Regen.
> Und dennoch hätt' ich gern gewußt,
> Was Dich so innig mocht' bewegen.
> Um Deine Lippen flog ein Zug,
> Wie ich ihn oft an Dir gesehen,
> Und meinen Namen ließ im Flug
> Sie über ihre Spalte gehen.

Annette von Droste-Hülshoff hatte eine Persönlichkeit mit einer kraftvoll männlichen Austrahlungskraft. Demonstrativ zog sie mit ihrer Freundin zusammen und wollte auch mit ihr gemeinsam auf dem Meersburger Friedhof begraben sein. Aus ihrer starken Erlebniskraft und beeinflußt von Lord Byron gestaltet Annette von

Droste-Hülshoff Gedichte und Erzählungen, in denen sie Landschaft und Geschichte verbindet.

Die andere Art der lesbischen Liebe

Selbst da, wo Zärtlichkeit und Sexualität ineinander übergehen, erreicht der Orgasmus nach Aussagen der Lesbierinnen für sie eine ganz andere »Qualität«. Darum ist für solche Lesbierinnen die körperliche Intimität mit einem Mann oft sogar unangenehm. Ihre Scheide bleibt trocken – denn es wird kein Erregungssekret produziert –, oder die Muskeln verkrampfen sich.

Drei Viertel aller wirklichen Lesbierinnen sind nicht mehr zu Intimitäten mit einem Mann in der Lage, nachdem sie erstmals die wirkliche sexuelle Erfüllung mit einer Frau erlebt haben.

Bei der Mehrheit der späteren Lesbierinnen spielen Frauen in den erotischen Phantasien bereits schon kurz nach der Pubertät eine Rolle – also lange vor jedem sexuellen Kontakt (Schäfer, 1976; Van Wyk & Geist, 1984; Vetere, 1982). Zumindest besteht von Anfang an ein starkes Gefühl der Zuneigung und seelischen Nähe nur dann, wenn es um eine andere Frau geht.

Trotzdem wird oft geheiratet, weil sich die junge Frau über den sexuellen Gehalt ihrer Gefühle nicht klar ist. Zwei Drittel läßt das Zusammensein mit einem Mann dann allerdings ziemlich kalt. Diese Ehen sind von vornherein zum Scheitern verurteilt. Die größte männliche Potenz macht eine solche Frau nicht glücklich. Immerhin wurde die Sexbombe Brigitte Nielsen von Sylvester Stallone geschieden, weil sie ihn mit ihrer Sekretärin betrogen hatte. Für einen männlichen »Macho« gibt es nichts Schlimmeres als entdecken zu müssen, daß eine andere Frau ihm – dem Größten – von der eigenen Frau vorgezogen wird. Aus genau diesem Grunde ließ Heinrich VIII. seine fünfte Frau Catherine Howard 1542 sogar hinrichten.

Spätestens mit Ende Zwanzig ist eindeutig lesbisch geprägten Frauen klar, wohin ihre Gefühle sie ziehen. Erst in einer Partnerschaft mit einer anderen Frau erleben sie dann die volle emotionale Erfüllung. Auf diese Weise werden die meisten lesbischen Verbindungen zu Langzeitbeziehungen (Cotton, 1975; Peplau et al. 1978, 1982).

Bleibt zum Schluß noch der Einwand vieler Psychologen:
»Zur Lesbierin werden nur solche Frauen, die von einem Mann tief enttäuscht worden sind.«

Die Wirklichkeit sieht ganz anders aus. Selbst Frauen, die einen einfühlsamen und erfahrenen männlichen Liebhaber haben, folgen doch eines Tages »dem Ruf ihres Blutes«.

Der Sexspezialist Henry Miller (»Der Wendekreis des Krebses«) war June mit Leib und Seele verfallen. Es hätte nichts gegeben, was er in seiner leidenschaftlichen Liebe nicht mit ihr und für sie getan hätte. Und doch verliebt sich June unsterblich in die Künstlerin Anaïs Nin, wie diese in ihren Tagebüchern aus den Jahren 1931 bis 1934 beschreibt (dtv, München 1985).

Es muß doch mehr als Sex sein. Lassen wir an dieser Stelle Anaïs mit ihren Vorstellungen von der lesbischen Liebe zu Wort kommen:
»Wenn es eine Erklärung für das Rätsel gibt, dann ist es diese: Die Liebe zwischen zwei Frauen ist eine Zuflucht und Ausflucht in die Harmonie, weg von dem Konflikt. In der Liebe zwischen Mann und Frau gibt es Widerstand und Konflikt. Zwei Frauen verurteilen einander nicht. Sie schließen ein Bündnis. In einer gewissen Weise ist es Selbstliebe. Ich liebe June, weil sie die Frau ist, die ich sein möchte.«

Was macht eine Frau zur Lesbierin?

Wieder beginnt die Partnerprägung im Mutterleib – etwa zwischen der dreizehnten und fünfzehnten Schwangerschaftswoche (siehe Kapitel 3). Das zeigt ein Rückblick:

Im Jahre 1971 haben wir Blut aus den Nabelvenen von weiblichen Föten entnommen – in der Suche nach behandelbaren Ursachen für Totgeburten und Schwangerschaftskomplikationen.

Dabei fiel eine Gruppe auf *mit einem besonders hohen Testosteronwert von etwa 100 ng/100 ml fötalem Blut.*
Wir haben versucht, diese Mädchen auf ihrem ganzen späteren Lebensweg zu verfolgen. Auch wenn nach achtzehn Jahren nur zu knapp zwei Dritteln noch Kontakt besteht, von diesen verbliebenen 42 Mädchen haben 34 eindeutig auf Frauen gerichtete Gefühle. Von 200 weiblichen Föten mit geringeren Testosteronwerten von nur 40–60 ng/100 ml Blut ist kein einziges Mädchen lesbisch geworden.

Der erhöhte Testosteronspiegel setzt wieder an den sich während der dreizehnten bis zwanzigsten Schwangerschaftswoche entwickelnden Steuerungszentren für Partnerprogramm und Sexualverhalten an. Die Bedeutung dieser Kerngebiete im Hypothalamus oder *Nuclei* ist bereits ausführlich in Kapitel 3 beschrieben worden, siehe Seite 70–74.

Gehirn- und Hormonuntersuchungen haben für Lesbierinnen im Vergleich zu heterosexuellen Frauen charakteristische Unterschiede ergeben:
- Der Nucleus ventromedialis und der Nucleus anterior sind weniger weiblich ausgeprägt,
- Der Nucleus dorsomedialis ist bei etwa einem Drittel nahezu männlich entwickelt.

Im Vergleich zu heterosexuellen Frauen »geht« die Hormonuhr bei Lesbierinnen etwas schneller. Besonders ausgeprägt ist das bei mehr männlichen Lesbierinnen (Abbildung 9). Auch die Konzentration an freigesetztem Signalhormon LH ist größer. Das wieder führt zu einem höheren Testosteronspiegel und damit zu einer stärkeren Aktivierung des »Lustzentrums« im Gehirn. Vergleiche Abbildung 2, Seite 75. Allerdings besteht ein unliebsamer Nebeneffekt. Wird zuviel Östrogen in Testosteron umgewandelt, altert die Haut der betroffenen Frauen schneller.

Inzwischen kennt die Medizin sogar die genaue Ursache für die höhere Testosteronproduktion und das aktivere Liebesleben der Lesbierinnen. Ihre Hormonuhr wird durch Endorphine weniger »gedämpft«, als das bei anderen Frauen der Fall ist (vergleiche

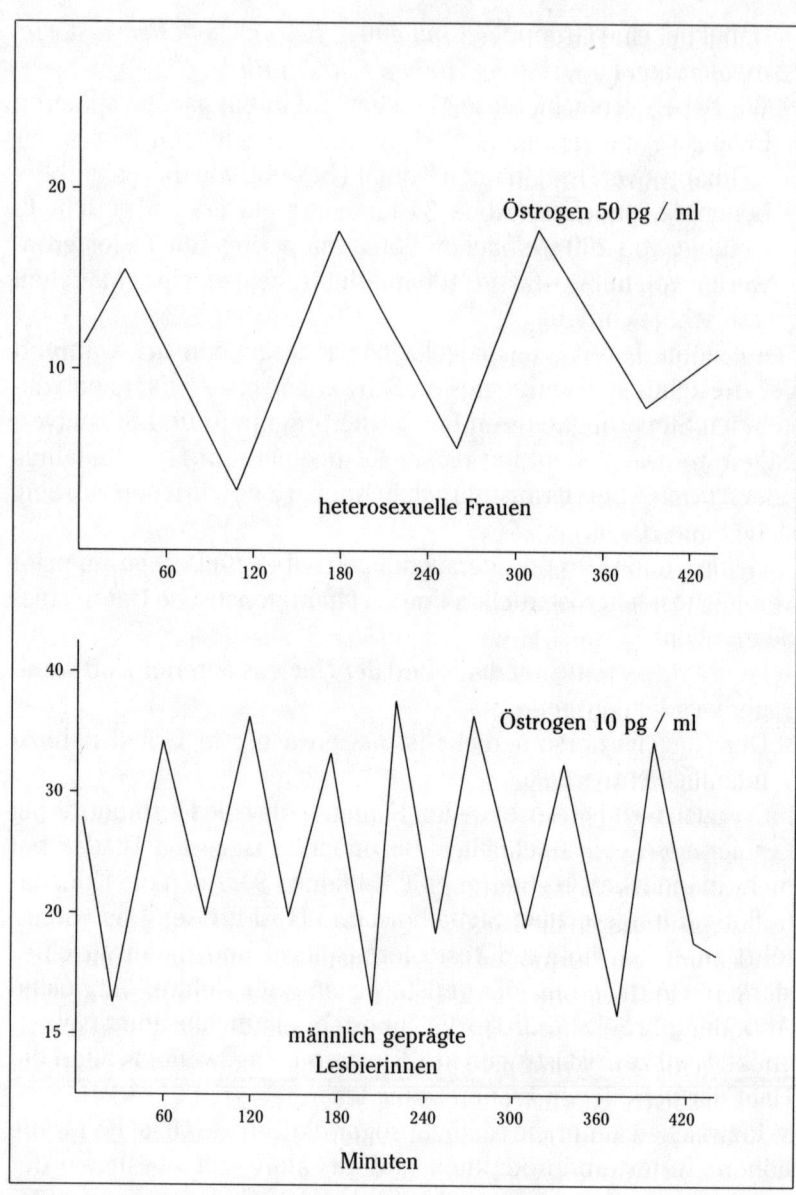

Abb. 9: Hormonuhr 1 Tag nach Aufhören der Menstruation LH (mIU / ml)

Kapitel 3 u. 6). Diese Besonderheit der lesbischen Sexualuhr läßt sich sogar in einem relativ einfachen Test beweisen. Wird Lesbierinnen nämlich ein sogenannter Opiat-Antagonist (Naloxon®) verabreicht, ist ihre Hormonuhr blockiert. Sie verlieren dann alles Interesse am Liebesleben, während heterosexuelle Frauen von solcher Behandlung nahezu unberührt bleiben.

Interessant ist aber auch die männliche Prägung des Gehirns vieler Lesbierinnen in den folgenden Schwangerschaftswochen, in denen das Denken und Fühlen ausgebildet wird (Abbildung 10). Bei den meisten späteren Lesbierinnen beträgt der Testosteronspiegel des Blutes in der 29. Schwangerschaftswoche etwa 85 ng/100 ml Blut. Diese Werte liegen sogar über den Testosteronkonzentrationen vieler homosexueller Männer. So überrascht es auch nicht, daß viele Lesbierinnen wesentlich selbstbewußter und aggressiver sind als die meisten homosexuellen Männer. Ein Drittel der Lesbierinnen unterscheidet sich im Karriere- und Dominanzstreben praktisch nicht von stereotypen heterosexuellen Männern. In der stärkeren Testosteronwirkung im Mutterleib liegt auch die Erklärung, warum Lesbierinnen später im Beruf und Privatleben soviel zielgerichteter und unabhängiger sind (Oldham et al. 1982).

Die Natur hat seit langem mit einem erhöhten Testosteronspiegel während der Schwangerschaft experimentiert. »Testobjekt« sind junge Frauen, die mit einer angeborenen Überproduktion von Testosteron zur Welt kommen. Durch Fehlen des Enzyms 21-Hydroxylase produzieren die Nebennieren anstelle von Cortison vermehrt die männlichen Hormone Dehydroepiandrosteron und Androstendion. Beide Hormone werden dann in Testosteron umgewandelt.

Heute gibt es eine Reihe von Frauen mit diesem sogenannten *Androgenitalen Syndrom*. Etwa ein Drittel ist mehr oder weniger stark lesbisch geprägt (Money et al. 1984). Daß es nicht mehr Lesbierinnen sind, ist die Folge einer erst allmählich, nach der zehnten Schwangerschaftswoche einsetzenden Hormonproduktion der Nebennieren. So erreicht die Testosteronproduktion nicht vor der zwanzigsten Schwangerschaftswoche das Maximum (Jaffe

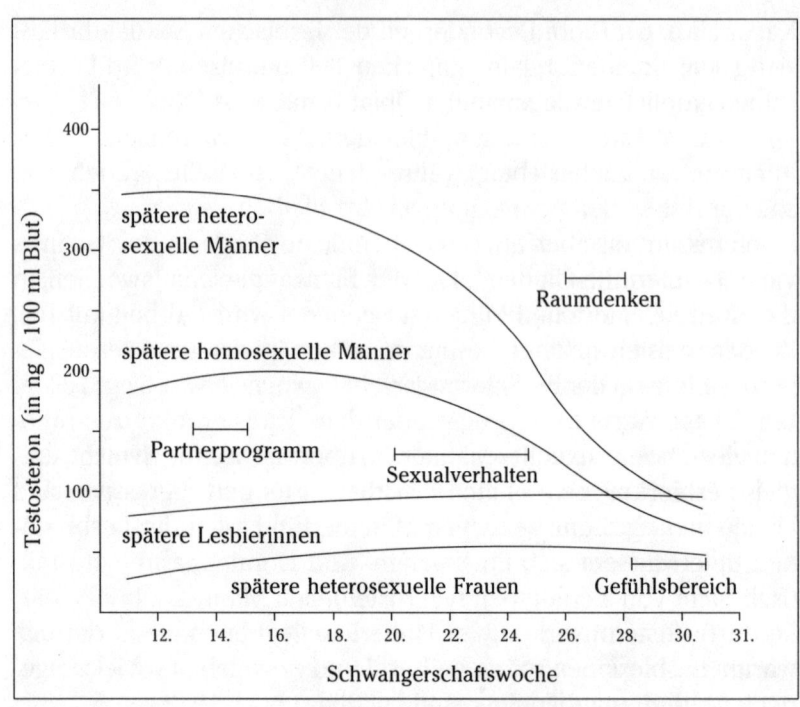

Abb. 10: Einfluß des Testosteronspiegels im Mutterleib auf die Gehirnprogrammierung späterer Lesbierinnen

et al. 1981). Allerdings ist dann oft der Testosteronspiegel schon beinahe so hoch wie bei männlichen Föten. Die Klitoris kann jetzt – genauso wie der Penis – während der ganzen Schwangerschaft weiterwachsen. Bei der Geburt bleibt dann keine andere Wahl, als die Geschlechtsorgane solcher Mädchen chirurgisch zu korrigieren.

Da der Testosteronspiegel bei Frauen mit einem Androgenitalen Syndrom aber bis zum Ende der Schwangerschaft hoch bleibt, werden alle Hirnstrukturen, die mit abstraktem Denken zu tun haben, männlich geprägt. In diesen Veränderungen zum mannweiblichen Gehirn liegen wichtige Gründe, warum Frauen mit einem Androgenitalen Syndrom wie auch Lesbierinnen mehrheitlich einen stark erhöhten Intelligenzquotienten haben (Money & Lewis, 1966).

Aus diesem Grunde schneiden diese männlich geprägten Frauen bei psychologischen Tests zur Erfassung des Raumdenkens besser ab als andere Frauen. Dieser Unterschied zeigt sich schon vor der Pubertät.

Wir haben unsere Mädchen mit einem fötalen Testosteronwert von 100 ng/ml Blut im Alter von elf Jahren psychologisch untersucht. Dabei mußten sie verschiedene Muster mit verbundenen Augen nur mit Hilfe des Mittel- und Zeigefingers einer Hand erkennen. Während »Kontroll-Mädchen« mit einem Schwangerschaftswert für Testosteron von 60 ng/100 ml innerhalb der vorgegebenen zehn Sekunden relativ schlecht abschnitten, waren die »Hoch-Testosteron-Mädchen« in ihren Leistungen elfjährigen Jungen vergleichbar oder sogar besser. Normalerweise sind in diesem Alter Jungen in Mustererkennungstests eindeutig überlegen.

Trotzdem scheint der Testosteronspiegel bei Lesbierinnen nicht genug erhöht zu sein, als daß die Anlagen für eine wirklich bedeutende Malerin oder Komponistin entstehen könnten.

Keine Frage, die einzige erwähnenswerte Tier- und Landschaftsmalerin Rosa Bonheur (1822-1899) war eine männlich geprägte Lesbierin und auch die einzige bedeutende Bildhauerin, Käthe Kollwitz (1867-1945) war in ihren tiefsten Gefühlen lesbisch orientiert (siehe unten).

Aber es gibt Grenzen der Formbarkeit eines weiblichen Gehirns – wie im Kapitel 4 ausführlich beschrieben worden ist. Weibliche Gehirne haben eine genetisch bedingte Vorprogrammierung in Richtung einer wesentlich stärkeren Fähigkeit zur gesellschaftlichen Gestaltung.

Durch zuviel Testosteron in Mutterleib verändern sich auch Körperbau und Muskulatur bei Frauen (siehe Kapitel 3, Seite 84 u. 85). Deshalb findet man auch eine Reihe von Lesbierinnen mit muskulösen Armen und Beinen, breiten Schultern und schmalem Becken (Perkins, 1981).

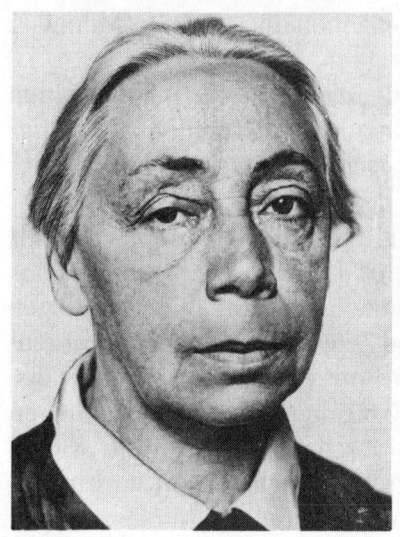 

Käthe Kollwitz · Rosa Bonheur

Im Frauensport sind solche männlichen Lesbierinnen überrepräsentiert, zumal ihr hoher Testosteronspiegel auch noch große Ausdauer garantiert. Sehr erfolgreiche Beispiele im Tennissport sind die langjährigen Weltranglistenersten Billie Jean King und Martina Navratilova.

Wie bereits ausführlich in Kapitel 3 bis 5 beschrieben, werden alle Anlagen hinsichtlich Fähigkeiten, Interessen und Partnerwünschen im Mutterleib vorprogrammiert. Auch der erhöhte Testosteronspiegel während der dreizehnten bis fünfzehnten Schwangerschaftswoche dürfte etwas mit Vererbung zu tun haben. Denn in einigen Familien kommt eine lesbische Neigung gehäuft vor (Kenyon, 1968).

Das klassische lesbische Geschwisterpaar waren sicher Marie-Antoinette, Königin von Frankreich (1755–1793). Ihr ganzes Liebesleben bestand aus zwei längerdauernden lesbischen Verbindungen mit der Prinzessin von Lamballe und der schönen Herzogin von Polignac. Ihr Mann, Ludwig XVI., war wegen einer schmerzhaften Verwachsung der Vorhaut sexuell absolut uninteressiert, und ihre Schwester Maria Karolina, Königin von Neapel (1752–1814), die mit Ferdinand I. einen sehr weichlichen Homosexuellen zum Mann hatte.

Sicher war der Testosteronspiegel der Mutter von beiden, der allzeit dominierenden Kaiserin Maria Theresia, nicht nur während der Schwangerschaft erhöht. Übrigens war Marie-Antoinette keineswegs das Dummchen, zu dem die Nachwelt sie gemacht hat. Sie war nur nie auf ihre Rolle am französischen Hof vorbereitet worden. Da sich aber Ludwig XVI. ausschließlich für Jagd und Essen interessierte, wollte er auf keinen Fall, daß seine Frau etwas von Staatsgeschäften verstand. In der Zeit der Gefangenschaft im Louvre und in der Bastille war es dann gerade der Mut Marie-Antoinettes, der Ludwig immer wieder hoffen ließ. Sie war es auch, die alle Kontakte zur Außenwelt und die Fluchtversuche organisierte. Angesichts des Todes verlor sie nie ihre Fassung und Würde – nicht einmal dann, als der Mob ihr den abgeschlagenen Kopf ihrer Freundin Lamballe entgegenstreckte, und auch nicht, als sie selber aufs Schafott muß.

Auf keinen Fall hat die Entstehung von lesbischen Neigungen etwas mit falscher Erziehung oder einem fehlenden Elternteil zu tun. Nur bei einer von 100 Lesbierinnen ließ sich im nachhinein der von Psychologen immer wieder behauptete »Erziehungsfaktor« nachweisen (Van Wyk & Geist, 1984, Seite 532).

Nur die genetischen Einflüsse können erklären, warum in einer kleineren Zahl von Familien sowohl Homosexuelle wie Lesbierinnen vorkommen (Kenyon, 1968; Pillard et al. 1982). Nach allen gängigen psychologischen Theorien sind es nämlich genau entgegengesetzte Erziehungsfaktoren, welche die Entstehung homosexueller und lesbischer Neigungen bedingen sollen.

Doch sowohl Friedrich II. wie sein Bruder Heinrich waren homosexuell, während ihre Schwester, Wilhelmine von Brandenburg, lesbisch war. Auch der englische Dichter und Humanist A. E. Housman (1865–1936) und sein Bruder Laurence, ein Füh-

Marie-Antoinette
Sie reifte in den Revolutionswirren zur unerschrockenen Persönlichkeit

rer der Friedensbewegung, waren homosexuell. Ihre Schwester Clemence (1865–1959), eine Frauenrechtlerin, war eine reine Lesbierin.

Bei Friedrich und seinen Geschwistern läßt sich die Ursache medizinisch relativ gut erklären. Ihre Großmutter war eine männlich geprägte Lesbierin, die englische Königin Sophia Dorothea – aus welchem Grunde sie auch von ihrem Mann Georg I. nach nur kurzer Ehe 1694 verstoßen wurde. Man kann also davon ausgehen, daß Friedrichs Mutter einen hohen Testosteronspiegel ererbt hatte. In solchen Fällen ist der Testosteronspiegel der Mutter in der Schwangerschaft so hoch, daß die Eigenproduktion des fötalen Hodens gedrosselt wird. Die Hoden sprechen in solchen Fällen bereits zu Beginn der Schwangerschaft auf den negativen Rückkopplungseffekt an, durch welchen der Testosteronspiegel im Blut wie bei einem Thermostaten die Hormonsynthese auf einem bestimmten Niveau begrenzt. Normalerweise ist solch ein »Hormonostat« erst im letzten Schwangerschaftsdrittel wirksam. Wird die Testosteronkonzentration schon sehr früh in der Schwangerschaft auf einen niedrigen Wert »eingestellt«, ist die Entstehung eines homosexuellen Partnerprogramms bei Jungen unausweichlich. Da der mütterliche Testosteronspiegel immer noch doppelt so hoch ist – wie sonst für weibliche Föten üblich (siehe Abbildung 10) – entstehen bei einem Mädchen Anlagen zur Lesbierin.

Es ist durchaus möglich, daß auch bei Kaiserin Maria Theresias Kindern ein ähnlicher Mechanismus für die Sexualprägung verantwortlich ist. Ohne Zweifel waren die Töchter, Königin Marie-Antoinette von Frankreich, und Königin Maria Karolina von Neapel, lesbisch veranlagt. Doch wenn man den Gerüchten Glauben schenken will, dann hatte auch Maria Theresias erstgeborener Sohn, der spätere Kaiser Joseph II., zumindest homoerotische Neigungen.

Frauen, die für einen anspruchsvollen Beruf oder generell im Leben eine starke Durchsetzungskraft brauchen, haben alle viel mehr Testosteron im Blut – auch in der Schwangerschaft.

Der erhöhte mütterliche Testosteronspiegel erklärt, warum sich in der BRD der Anteil der Lesbierinnen von 2 Prozent des Jahrganges 1962 auf 3,5 Prozent bei den 1972 Geborenen verdoppelt hat. Im selben Zeitraum hat die Zahl der »Mütter« in leitenden Stellungen stark zugenommen. In den USA, wo weibliche Chefs schon länger akzeptiert werden, liegt der Anteil der Lesbierinnen bei 4 Prozent.

Auch unter Frauen gibt es Zwischenstufen der sexuellen Anziehungskraft, von erotischen Träumen bis zur vollen Bisexualität. Diese Programmvielfalt überrascht nicht, denn der Testosteronspiegel kann zwischen weiblichen Föten bis zu 600 Prozent variieren. Von den Hypothalamuskernen braucht lediglich der Nucleus ventromedialis bei gefühlsmäßig bivalenten Frauen unterschiedlich stark männlich entwickelt zu sein. Das allein würde ausreichen, um die Bandbreite der Ergebnisse von medizinischen Untersuchungen zu erklären:

Nicht weniger als 25–28 Prozent aller Frauen sollen sich nach amerikanischen Untersuchungen mehr oder weniger von anderen Frauen angezogen fühlen; Ellis et al. 1987; MacDonald, 1983). Unter Studentinnen waren es sogar 45 Prozent (MacConaghy, 1987).

Enthalten in dieser Prozentangabe sind auch *bisexuelle Frauen*, die Zeit ihres Lebens sowohl lesbische wie auch heterosexuelle Verbindungen haben wie
- die Schriftstellerin George Sand (1804-1876),
- die Filmschauspielerin Grethe Weiser (1903-1970),
- die Gesangsstars Joan Baez und Janis Joplin.

Dazu gehören natürlich auch Frauen, die nur in bestimmten Lebensabschnitten die Liebesbeziehung zu einer Frau bevorzugen. Beispiele sind
- die Schriftstellerin Sidonie Gabrielle Colette (1873-1954), die nach ihrer total mißglückten Ehe mit dem Journalisten Henry Willy im Jahre 1907 sogar ihre Geliebte, die Marquise de Morny, standesamtlich heiraten will. Dann nimmt sie aber 1912 lieber den Journalisten Henri de Jouvenel – nur um einige Jahre später in »Missy«, Marquise de Belbœuf, angeblich die große Liebe ihres Lebens zu treffen. Was die Colette allerdings nicht abhält, 1935 den Schriftsteller Maurice Goudeket zu heiraten,
- die Filmschauspielerin Marlene Dietrich, die in den zwanziger Jahren zur Leitfigur der Berliner Lesbierinnen wird,
- die Popsängerin Madonna und die Sexbombe Brigitte Nielsen.

Meist werden bisexuelle Neigungen erst nach dem 30. Lebensjahr ausgelebt (Bode, 1976), wenn die Liebe in einer Ehe nachzulassen beginnt oder beide Ehepartner anfangen zu experimentieren (Coleman, 1985; Dixon, 1984).

Manche Frauen empfinden auch nur ihr Leben lang ein so starkes homoerotisches Gefühl füreinander, daß für einen Mann einfach kein Platz ist wie im Fall von Dorothy Burlingham und Anna Freud (1895-1982), der Tochter Sigmund Freuds. Anna war das jüngste von Freuds sechs Kindern. Nie hat sie ein Verlangen nach einem Mann verspürt, warum ihr Vater auch bereits 1918 eine Psychoanalyse an ihr vornahm. Beruflich war sie eine sehr erfolgreiche Frau, die das Werk ihres Vaters fortführte.

Anderen Frauen wieder fehlt zeitlebens nur der Mut, ihren Neigungen zu folgen, wie es Käthe Kollwitz bezeichnenderweise formuliert:

»Rückblickend auf mein Leben muß ich sagen, daß ich wiederholt auch eine Hinneigung zu meinem eigenen Geschlecht empfunden habe, die ich meist erst später zu deuten verstand. Ich glaube, daß Bisexualität für künstlerisches Tun eine fast notwendige Grundlage ist.«
Einige Frauen aber wollen wieder von frühester Kindheit an nur ein Mann sein – und später dann in dieser Männerrolle andere Frauen lieben. Sie sind das Gegenstück zu männlichen Transsexuellen.

Frauen, die Männer sein möchten

In den USA, in Schweden und der Sowjetunion ist es für eine von 40 000 Frauen ein unauslöschlicher Widerspruch, daß sie wie eine Frau aussieht – aber unbedingt ein Mann sein möchte und auch wie ein Mann fühlt (Belkin & Trejper, 1972; Pauly, 1974; Meyer et al. 1986; Walinder, 1971). In Polen leidet sogar eine von 10 000 Frauen unter ihrem »falschen Geschlecht« (Godlewski, 1988).

Schon seit dem dritten Lebensjahr, spätestens mit acht Jahren, haben solche Frauen das Gefühl, in Wirklichkeit ein kleiner Junge zu sein, der in einen falschen Körper hineingeboren wurde (Green & Money, 1969; Pauly, 1974).

Diese Mädchen verhalten sich auch ganz wie Jungen, und zwar vor und nach der Pubertät. Sie wollen nur etwas mit Jungen zu tun haben, ziehen sich wie Jungen an – einschließlich der Unterwäsche – und lieben deren Spielzeug und Wettkampfsportarten (Erhard et al. 1979; McCauley & Ehrhardt, 1977). Werden ihnen männliche Anziehsachen in der Schule verboten, tun sie es zu Hause.

Die meisten dieser Mädchen reagieren mit Entsetzen, wenn die erste Monatsregel einsetzt. Und selbst dann glauben viele noch fest daran, daß irgendwo in ihrem Bauch die Hoden versteckt sind (Pauly, 1974). Weil sie ja wie ein richtiger Junge aussehen möchten, ziehen sie sich auch nicht vor anderen aus und tragen Wäsche, die ihre Brüste flach erscheinen läßt. Transsexuelle sind die einzigen Frauen, bei denen man von »Penisneid« sprechen kann.

Nach der Pubertät – spätestens mit neunzehn Jahren – leben sie nur noch als Mann. Daher arbeiten diese Frauen auch in typisch männlichen Berufen. In früheren Zeiten meldeten sie sich freiwillig zur Armee, um sich und ihrer Umwelt zu beweisen, daß sie ein richtiger Mann seien. Wo sie auch kämpften, machten sie sich wegen ihrer Tapferkeit einen Namen:
- Es beginnt schon mit Jeanne d'Arc, der Jungfrau von Orleans. Im Jahre 1410 als Tochter eines Bauern in Lothringen geboren, trägt sie schon von Kindheit an Männerkleidung. Auch im Kampf gegen die Engländer reitet sie in voller Männerrüstung und im Männersitz. Am 24. Mai 1430 wird sie vor Compiègne verwundet und an die Engländer ausgeliefert. Das Tribunal der katholischen Kirche verurteilt Johanna wegen Ketzerei und des Vergehens gegen die Sitten zum Tode. Im Jahre 1431 durfte eine Frau kein Mann sein wollen.
- Geneviève Prémony, die sich als Chevalier Balthazar 1712 bei der Belagerung von Namur auszeichnet.
- Eleonore Prochaska, die am 5. Oktober 1813 ihren Verwundungen erliegt, welche sie sich im Lützowschen Freikorps zugezogen hatte.
- Helena Blavatzky kämpft 1863 mit Garibaldi für die Freiheit Italiens.
- Angela Postowoitoff führt als Offizier polnische Patrioten bei Chobrze und Busk im Unabhängigkeitskrieg des Jahres 1863.

Allen war gemeinsam: Sie trugen seit ihrer Jugend Männerkleidung, sie fühlten sich als Mann, und sie wollten auf keinen Fall sexuell etwas mit Männern zu tun haben.

In unserem Zeitalter fühlen sich solche Frauen eher zur Politik hingezogen. Aus Gründen der Diskretion hier als Beispiel nur der amerikanische Politiker Murray Hall. Bei seinem Tode im Jahre 1901 herrschte in New York große Aufregung, als sich herausstellte, daß einer der prominentesten Regierungsvertreter in Wirklichkeit eine Frau war. Geboren als Maria Campbell in Schottland, hatte sie sich immer wie ein Mann verhalten, sogar zwei Frauen geheiratet und eine Tochter adoptiert.

Da sie sich ja als Männer fühlen, haben weibliche Transsexuelle ihre erste Liebesbeziehung auch fast immer mit einer Frau (McCauley & Ehrhardt, 1980; Pauly, 1974). Zu diesem Zeitpunkt sind die meisten von ihnen achtzehn Jahre alt.

Trotzdem *unterscheidet sich ihr Liebesleben* von dem der Lesbierinnen:
- Transsexuelle mögen kein Streicheln der Brüste und keine Vaginalreize. Denn das sind ja ungeliebte »weibliche« Geschlechtsorgane,
- Liebkosungen der Klitoris werden von einer Mehrheit der Transsexuellen akzeptiert – für sie ist es ihr kleiner Penis,
- In allen ihren erotischen Träumen sehen sie sich als Mann, der die Frau erobert – eine Rolle, die sie auch selber im Zusammensein mit einer Frau spielen. Darum werden sie auch durch Pornofilme angeregt, in denen die Frau der aktive Teil ist,
- Am stärksten erregt werden weibliche Transsexuelle aber durch das Erlebnis, wenn ihre Freundin sich dem Höhepunkt nähert,
- Sie bekommen wesentlich häufiger einen Orgasmus durch das Miterleben und Mitschwingen der Erregung als durch direkte körperliche Zärtlichkeiten,
- Die beiden letzten Punkte hängen damit zusammen, daß weibliche Transsexuelle große sexuelle Befriedigung daraus ziehen, als »Mann« von ihrer Partnerin akzeptiert zu werden und sie als »Mann« glücklich zu machen.

Meist haben diese Transsexuellen eine bisexuelle Partnerin. Diese Verbindungen sind recht harmonisch und langdauernd (Kockott & Fahrner, 1988) und in der Qualität zwischenmenschlicher Beziehungen durchaus üblichen Ehen vergleichbar (Fleming et al. 1985). Weibliche Transsexuelle sind im gesamten Bereich der Sexualität auch zufriedener als männliche Transsexuelle (Kockott & Fahrner, 1988).

Natürlich wünschen auch sie sich eine Operation, um die gefühlte Männlichkeit nach außen zum Ausdruck zu bringen. Das reicht von der Entfernung der Brüste und der Gebärmutter bis zu einer sogenannten Phalloplastie, d. h. einer chirurgischen Peniskonstruktion. Allerdings sind diese Eingriffe mehr als das »Endstadium« einer langen Persönlichkeitsentwicklung anzusehen. Nach meinen eigenen Erfahrungen besteht in einem gegebenen Zeitraum nur eine von fünf Transsexuellen auf eine Operation. Den übrigen genügen anfangs rein psychische Hilfestellungen und später die Behandlung mit Testosteron. Eine Behandlung mit 200 mg Testosteron alle vierzehn Tage schafft bereits erkennbare Veränderungen. Durch die hormonellen Umstellungen hört die störende Menstruation auf. Und spätestens nach einem Jahr ist die Klitoris auf vier bis fünf cm Länge gewachsen. Und das ist ein gefühlvoller Penis, als ihn die beste chirurgische Phalloplastie zustande bringt. Auch wenn Testosteron nicht den Busen beseitigt, persönlich würde ich als Mediziner immer bei weiblichen Transsexuellen zu einer reinen Hormonbehandlung raten.

Die Erklärung für das Empfinden, ein Mann zu sein, und das andersgelagerte sexuelle Erleben liegt wieder einmal in der Gehirnentwicklung im Mutterleib. Um die Anlage eines weiblichen Transsexuellen zu prägen, darf der fötale Testosteronspiegel nicht vor Ende der zwanzigsten Schwangerschaftswoche ansteigen. Darum kommt auch die Transsexualität beim auf Seite 219 beschriebenen Androgenitalen Syndrom nicht vor (Ehrhardt et al. 1968), wo der Testosteronspiegel bereits ab der vierzehnten Schwangerschaftswoche zu steigen beginnt.

Ohne Zweifel handelt es sich um eine Parallelentwicklung zu männlichen Transsexuellen und Transvestiten (Kapitel 7). Mit dem wichtigen Unterschied:

Bei weiblichen Transsexuellen hat der »männlich geprägte« Nucleus dorsomedialis immer noch eine feste strukturelle Verbindung zu einem weiblich geprägten Nucleus ventromedialis (Seite 71 u. 72). Daraus ergibt sich ein männliches Selbstbildnis, welches mit einem ausschließlich auf Frauen gerichteten Partnerbild verknüpft ist.

Wenn der nach der zwanzigsten Schwangerschaftswoche gestiegene Testosteronspiegel in den folgenden Wochen erhöht bleibt, werden auch noch andere Gehirnanlagen mehr oder minder stark männlich geprägt. Das Ergebnis kann sogar ein Mann in Frauengestalt sein.

Das beste Beispiel dafür ist Christine, Königin von Schweden (1626-1689), die Tochter Gustav Adolfs. Zu ihrem Gefühl, ein Mann zu sein, sagt sie selber:

»Ich kam mit einem Helm[1], vom Haupte bis auf die Knie, zur Welt, so daß ich nur das Gesicht, die Arme und Beine frei hatte. Ich war sehr kräftig und hatte eine grobe und starke Stimme. Alles dies machte die Frauen glaubend, daß ich ein Knäblein wäre. Ich habe es dann auch selber gefühlt, seit immer ich denken kann.«

Ihr ganzes Leben hat Christine nur Männerkleider getragen und zeigte – was ihre Person anbetraf – eine Aversion gegen alles Weibliche. Nach Zeitaussagen bewegte sie sich wie ein Mann und hatte nur männliche Interessen:

»... sie sitzt auf das Kühnste zu Pferde. Auf der Jagd weiß sie das Wild mit dem ersten Schuß zu erlegen. Sie studiert Tacitus und Plato und faßt diese Autoren zuweilen selbst besser auf als Wissenschaftler von Profession.«

Als Christine mit achtzehn Jahren die Regierungsgeschäfte übernimmt, widmet sie sich ihnen mit rastlosem Eifer und nie ermüdendem Ehrgeiz. Es gibt keinen Akt, den sie nicht auf das genaueste liest. Sie bringt ihre Minister durch ihre Detailkenntnisse in Verlegenheit, und sie hat zu allem eine klare Meinung.

Zu verdanken sind Christines Diplomatie der Westfälische Frieden und der vorteilhafte Frieden mit Dänemark, welcher Schweden große Gebietsvorteile bringt. Außerdem zieht sie die großen Geister und Gelehrten ihrer Zeit an den schwedischen Königshof.

Christines einzige wirkliche Liebe war die Hofdame Gräfin Ebba Sparre. Dazu ein Brief an ihre geliebte »Belle«:

»Ich weiß, daß ich Sie unaufhörlich lieben werde. Die Zeit hat nicht die geringste Macht dagegen. Gedenken Sie noch an Ihr Recht über mich – daß ich schon seit zwölf Jahren im Besitz Ihrer

---

[1] Plazentagewebe, welches den ganzen Körper bedeckte, so daß niemand das Geschlecht des Neugeborenen erkennen konnte.

Königin Christine von Schweden
Sie hat mit ihrer Diplomatie für Schweden mehr gewonnen als ihr Vater Gustav Adolf in seinen Kriegszügen

Liebe bin, und daß ich Ihnen zu eigen bin, und ich auch nicht eher aufhören werde Sie zu lieben, als ich aufhöre zu sein.«
Im Gespräch mit dem französischen Botschafter bezeichnete die Königin Ebba auch ganz offen als ihre »Bettgenossin« – ein Wort, das an den europäischen Höfen die Runde machte. Als es für Christine in dieser festgefügten Welt des 17. Jahrhunderts immer schwerer wird, in der ihr aufgezwungenen Frauenrolle zu leben, dankt sie 1654 ab. Endlich kann sie sich die Haare nach Männerart kurzschneiden und sich ungezwungen wie ein Mann bewegen. Sie geht nach Frankreich, wo ein liberaler Sittenkodex herrscht.

Der Wunsch, geschlechtlich gesehen ein Mann zu sein muß aber keineswegs bedeuten, daß die Betreffende auch generell wie ein Mann fühlt. Denn zwischen der Entstehung des sexuellen Partnerprogramms und der Anlage des Gefühlsbereiches im Gehirn liegen ja mehr als 10 Schwangerschaftswochen. Das ist eine lange Zeit, in der sich der Testosteronspiegel im Mutterleib stark verändern kann. Deswegen gibt es auch viele fließende Übergänge im Bereich sexueller Vorstellungen und nicht-sexueller Gefühle.

Ein sehr eindrucksvolles Beispiel dafür ist die Wiener Schriftstel-

Julian Schutting
Er ist ein lebendiges Beispiel dafür, daß Mann-Sein im sexuellen Bereich durchaus mit einer weiblichen Gefühlswelt vereinbar ist

lerin Jutta Schutting (geboren 1937). Erst vor kurzem in *Julian Schutting* umgewandelt, ist ihre/seine ganze nicht-sexuelle Gefühlswelt die einer sehr feinsinnigen Frau. Zeugnis dafür sind die lyrischen Werke »Liebesgedichte« und »Lichtungen« sowie die Prosa-Bände »Sistiana« und »Der Liebesroman«.

Sexualität und Selbstbildnis sind eben nur ein kleiner Teil im weiten Spektrum menschlicher Gefühle. Ein unlösbares Problem wird es nur, wenn die seelische Vorstellungswelt und die körperliche Realität nicht in Übereinstimmung zu bringen sind – wie bei Transsexuellen. Doch im Sinne der Bewußtseinserweiterung und Erfahrung erleben viele Menschen Übergänge sexueller und/oder gefühlsmäßiger Zwischenstufen. Im extremsten Fall ist das wie die »Wiedergeburt« als eine neue Persönlichkeit.

Orlando oder die Wiedergeburt männlich-weiblicher Gefühle

Aus dem Blickwinkel eines Historikers und Biographen schildert Virginia Woolf die Schicksale eines mann-weiblichen Wesens namens Orlando in vier Jahrhunderten. Jedesmal wird eine andere Variation im Bereich menschlicher Gefühle dargestellt. Im Streben nach Ausschöpfen aller geistig-seelischen Möglichkeiten erlebt die Romanfigur immer neue Formen der Bewußtseinserweiterung.

In Wirklichkeit handelt es sich um die künstlerisch verarbeitete Lebensgeschichte von Virginia Woolfs großer Liebe: Vita Sackville-West, einer Schriftstellerin, deren adeliger Familienstammbaum bis ins frühe 16. Jahrhundert zurückreicht.

Das Buch beginnt zu Zeiten Shakespeares, dem Jahrhundert, in dem Leonardo da Vinci starb. Damals ist Orlando ein Page und gewinnt mit seinen Gedichten die Gunst Königin Elisabeths I. Orlando, ein weiblicher Mann, liebt eine männliche »Frau«. Wegen dieser Neigung verfällt Orlando auch anschließend einer russischen Prinzessin, die Männerhosen trägt und wie ein Mann liebt.

Eingearbeitet ist an dieser Stelle im Buch die Episode aus Vita Sackville-Wests Leben, wo sie sich ihre Liebe zur männlichen Lesbierin Violet Trefusis eingesteht.

Ich zitiere hier aus Vitas Tagebuch eine Passage, die in vielen Fällen als typisch für das Bewußtwerden lesbischer Gefühle stehen könnte:

»Violet hatte die Tatsache der zwei Seelen in meiner Brust aufgedeckt. Ich versuchte ihr immer wieder klarzumachen, daß all meine Gefühle und meine Weiblichkeit nur Harold, meinem

Vita Sackville-West Virginia Woolf

Mann, gehörten. Ich redete, bis ich heiser war. Violet hörte nur ruhig zu. Und dann erinnerte sie mich geschickt an gemeinsame Interessen und beglückende Erlebnisse. Im Freudentaumel darüber, daß mein lange unterdrücktes zweites Ich endlich frei war, gab ich ihr immer mehr nach.
Sie lag auf dem Sofa. Ich saß auf dem Sessel. Sie nahm meine Hand und zählte mir an jedem Finger einzeln die Punkte auf, weshalb sie mich lieben würde. Dann zog sie mich zu sich herunter, bis ich sie küßte. Die ganze Nacht konnte ich danach nicht schlafen.«
Violet Trefusis wird mit einer Prinzessin verglichen, weil sie nach damals umlaufenden Gerüchten die uneheliche Tochter König Edwards VII. von England und der von ihm heiß geliebten Favoritin Alice Keppel war.
Im Buch wird Orlando nach der Verführung von der russischen Prinzessin Sascha verlassen und verfällt deshalb in einen Zustand des Schocks.

Wiedererweckt findet sich Orlando zur Zeit des bisexuellen Karls II. und wird Gesandter am Hofe des türkischen Sultans. In den Straßen Konstantinopels trifft Orlando die Zigeunerin Pepita, die er ganz als stereotyper Mann seiner Zeit um der Lust willen verführt. Ängste, die Orlando bei einem Aufstand der türkischen Massen durchlebt, lassen ihn in einen neuen Trancezustand versinken.

Diesmal erwacht Orlando als eine Frau im England des 18. Jahrhunderts. In ihren Gefühlen ist diese Frau zerrissen, mal liebt sie Männer, dann kann sie wieder nur mit Frauen ein wirkliches Glück erleben.

Wiedergeboren als Frau im viktorianischen England, entsagt Orlando ganz dem Sex und setzt sich für eine Besserstellung der Frauen und für mehr Freiheit in der Literatur ein. Auch Virginia Woolf kämpfte gegen die künstlerischen und sozialen Restriktionen, für eine Gleichstellung der Frauen und gegen die absolute Männerherrschaft – zusammen mit ihrer »Bloomsbury-Gruppe«, zu der prominente Homosexuelle wie der große Wirtschaftsökonom John Maynard Keynes, der Schriftsteller und Pazifist Lytton Strachey und der Dichter E. M. Foster gehörten.

Orlando sehnt heiß das Ende der viktorianischen Zeit herbei. Als »sie« im 20. Jahrhundert wieder erwacht, dürfen Frauen sich wie Männer bewegen. Sie haben die Gleichberechtigung im Beruf erlangt. Jetzt kann sich ein Mann auch zu seinen weiblichen Gefühlen bekennen, während eine Frau als Ausdruck ihrer männlich geprägten Gefühle auch die Stärkere sein darf.

Orlando als eine männlich fühlende Frau heiratet mit Shelley einen sehr weiblich fühlenden Mann. Auch Vita Sackville-West hatte mit dem Diplomaten Harold Nicholson einen weiblich fühlenden Homosexuellen zum Mann. Kein anderer Mann hätte in den zwanziger Jahren so viel Verständnis für Vitas Streben nach geistiger Entwicklung gehabt – und auch für die ihr so wichtige gefühlsmäßige Erfüllung im Zusammensein mit einer anderen Frau.

Sechzig Jahre nach der Veröffentlichung des Buches hat Orlando als Gestalt noch nichts an Aktualität eingebüßt. Auch heute fühlen viele Männer wie Frauen und Frauen oft wie Männer. Das ist eine

Naturgegebenheit, die es zu akzeptieren gilt. Denn jede Form des Denkens und Fühlens wird zu einer Quelle persönlichen Glücks. Darüber hinaus ist die Verschmelzung mann-weiblicher Gefühle ein Vorteil für die menschliche Gesellschaft. Denn es werden Kräfte freigesetzt zur Gestaltung einer besseren und glücklicheren Welt.

Leonardo da Vinci
Fühlte und malte sich als Frau

»Orlando« in der Phantasie
Leonardo da Vincis: Sein Traummann,
von diesem Bild – der Nachwelt als
Johannes der Täufer bekannt –
wollte er sich nie trennen.

Literaturnachweis

Kapitel 1: Alles Andersartige wird ausgegrenzt

Bancroft, J. (1970). A comparative study of aversion in the treatment of homosexuality. In: *Behavior Therapy in the 1970s* (Herausg. L. E. Burns, & J. L. Worsley). Bristol, Wright.
Bell, A. P. & Weinberg, M. S. (1978). *Der Kinsey-Institutsreport über männliche und weibliche Homosexuelle.* München, Bertelsmann.
Bennet, H. (1947). Discussions of the social aspects of homosexuality. *Proceedings of the Society of Medicine.* Bd. 40, Seite 585.
Boswell, P. (1980). *Christianity, Social tolerance and Homosexuality.* Chicago, Chicago University Press.
Bovet, Th. (1962). Gedanken zur Homophilie. *Reformierte Schweiz.* Nr. 7, Seite 399.
Cramer, D. W. & Roach, A. J. (1988). *Journal of Homosexuality,* Bd. 15, Seite 79–91.
Dieckhoff, A. (1956). *Griffin Report.* Hamburg, Decker.
Dieckhoff, A. (1961). *Wolfenden Report.* Hamburg, Kriminalistik Verlag.
Dieckhoff, A. (1961). *Protestanten-Bericht.* Hamburg, Decker's Verlag.
Freund, K. (1960). Some problems in the treatment of homosexuality. In: *Behavior Therapy and Neuroses* (Herausg. H. J. Eysenck). London, Pergamon Press, Seite 312–326.
Freund, K., Langevin, R., Cibiri, S. & Zajac, Y. (1973). Sexual aversion in homosexual males. *British Journal of Psychiatry,* Bd. 122, Seite 163–169.
Freund, K., McKnight, C. K., Langevin, R. & Cibiri, S. (1972). The female child as surrogate object. *Archives of Sexual Behavior,* Bd. 2, Seite 119–133.
Freund, K. & Blanchard, R. (1989). Phallometric diagnosis of pedophilia. *Journal of Consulting and Clinical Psychology,* Bd. 57, Seite 100–105.
Friedeburg, L. von (1953). Die Umfrage in der Intimsphäre. *Beiträge zur Sexualforschung.* Heft 24, Seite 9–32.
Gebhard, P. (1972). Incidence of overt homosexuality in the U.S. and Western

Europe. In: *NIMH Task Force on Homosexuality* (Herausg. J. M. Livingood). Seite 22-30, Rockville, National Institute of Health.

Green, R. (1972). Homosexuality and mental illness. *Intern. J. Psychiatry*, Bd. 10, Seite 77-98.

Hamilton, A. & Mac Gowan, B. M. (1929). *What is wrong with marriage.* New York.

Herek, G. M. (1988). Heterosexuals' attitudes toward lesbians and gay men: Correlates and gender difference. *Journal of Sex Research*, Bd. 25, Seite 451-461.

Hirschfeld, M. (1905). *Jahrbuch der sex. Zwischenstufen*, S. 44.

Kite, M. E. (1984). Sex differences in attitude toward homosexuals: An analytic review. *Journal of Homosexuality*, Bd. 10, Seite 69-81.

Klare, J. (1937). *Homosexualität und Strafrecht.* Hanseatischer Verlag.

Martin, A. (1982). Some issues in the treatment of gay and lesbian patients. *Psychotherapy*, Bd. 19, Seite 341-348.

Money, J. (1977). Bisexual, homosexual and heterosexual: Society, law and medicine. *Journal of Homosexuality.* Bd. 2, Seite 229-230.

Pilgrim, A. (1833). *A Free Examination into the Penal statutes – England's historical sodomy laws.* Seite 771, London.

Röhl, J. C. G. (1987). Des Kaisers bester Freund. In: *Kaiser, Hof und Staat*, Beck, München, Seite 66-71.

Saghir, M., Robins, E., Walbran, B., & Gentry, K. (1970). Homosexuality. III. Psychiatric disorders and disability in the male homosexual. *American Journal of Psychiatry*, Bd. 126, Seite 63-70.

Siegelman, M. (1972). Psychic adjustment of male homosexuals and heterosexuals. *Arch. Sex Behavior*, Bd. 2, Seite 9-25.

Steakley, J. (1975). *The Homosexual Emancipation Movement in Germany.* New York, Arno Press.

Testa, R. J., Kinder, B. N. & Robinson, G. (1987). Heterosexual bias in the perception of loving relationships of gay males and lesbians. *J. Sex Research*, Bd. 23, Seite 163-172.

Thorpe, J. G. & Schmidt, E. (1964). Therapeutic failure in aversion therapy. *Behavior and Brain Research Therapy*, Bd. 1, Seite 293-296.

Winick, C. (1985). A content analysis of sexually explicit magazines sold in an adult bookstore. *Journal of Sex Research*, Bd. 21, Seite 226-237.

Kapitel 2: Homosexualität ist keine Erziehungsfrage

Apperson, L. B. & McAdoo, W. G. (1968). Parental factors in the childhood of homosexuals. *Journal of Abnormal Psychology*, Bd. 73, Seite 201-206.
Bakwin, H. (1968). Deviant gender role behavior: Relation to homosexuality. *Pediatrics*, Bd. 41, Seite 621-629.
Bene, E. (1965). On the genesis of male homosexuality: An attempt at clarifying the role of the parents. *Brit. Journal Psychiatry*, Bd. 111, Seite 803-813.
Bell, A. P., Weinberg, M. S. & Hammersmith, S. K. (1981). *Sexual preference: Its development in men and women*. Bloomington, Indiana Univ. Press.
Bieber, I., Dain, H. J., Dince, P. R., Dwellich, M. G., Grand, H. G., Gundlach, R. M., Wilburg, C. B. & Bieber, T. (1962). *Homosexuality: A psychological study*. Basic Books, New York.
Bieber, I. & Bieber, T. (1979). Male homosexuality. *Canadian Journal of Psychiatry*. Bd. 24, Seite 409-421.
Brandt, A. (1921). *Friedrich der Große dem Strafgesetz verfallen?* Berlin.
Buhrich, N. & McConaghy, N. (1978). Parental relationships in homosexuality, transvestism and transsexualism. *Australian Journal of Psychiatry*. Bd. 12, Seite 103-108.
Coleman, E. (1985). Integration of male bisexuality and marriage. *Journal of Homosexuality*. Bd. 11, Seite 189-207.
Evans, R. B. (1969). Childhood parental relationships of homosexual men. *J. of Consulting and Clinical Psychology*, Bd. 33, Seite 129-135.
Freud, S. (1919). *Gesammelte Schriften*. Wien.
Ford, C. (1954). Geschlechtsverhalten primitiver Völker, in: *Mensch, Geschlecht, Gesellschaft* (Herausg. W. Giese). Frankfurt am Main.
Gadpaille, W. J. (1972). Research into the physiology of maleness and femaleness: Its contribution to the etiology and understanding of homosexuality. *Archives of General Psychiatry*. Bd. 26, Seite 193-206.
Gassner, S. & Murray, E. J. (1969). Dominance and conflict in the interactions between parents of normal and neurotic children. *J. Abnorm. Psychol.* Bd. 74, Seite 33-41.
Green, R. (1974). *Sexuality identity conflict in children and adults*. New York, Basic Books.
Green, R. (1987). *The »Sissy Boy Syndrome« and the Development of Homosexuality*. New Haven, Yale University Press.
Greenstein, J. M. (1966). Father characteristics and sex-typing. *J. Personal. Soc. Psychol.* Bd. 3, Seite 271-277.
Grellert, E., Newcomb, M. & Bentler, P. (1982). Childhood play activities of

male and female homosexuals and heterosexuals. *Arch. Sex. Behavior*, Bd. 11, Seite 451–478.

Harris, M. B. & Turner, P. H. (1985). Gay and lesbian parents. *Journal of Homosexuality*. Bd. 12, Seite 101–114.

Harry, J. (1983). Defeminization and psychological well-being among male homosexuals. *Arch. Sex. Behavior*, Bd. 12, Seite 7 (Table I).

Henry, G. (1941). *Sex variants: A study of homosexual patterns.* New York.

Hooker, E. (1969). Parental relations and male homosexuality in patient and nonpatient samples. *Journal Consult. Clin. Psychol.*, Bd. 33, Seite 140–142.

Lehne, G. (1978). Gay male fantasies and realities. *Journal of Social Issues*, Bd. 34, Seite 28–37.

Leexow, K. F. von (1911). *Armee und Homosexualität.* Leipzig, Spohr Verlag.

Mallen, C. A. (1983). Sex role stereotypes, gender identity and parental relationships in male homosexuals and heterosexuals. *Journal of Homosexuality*. Bd. 9, Seite 55–74.

Margolies, M. S. & Janiger, O. (1973). Androsterone/eticholanolone ratios in male homosexuals. *Brit. Med. Journal*, Bd. 3, Seite 207–210.

McCord, W., McCord, J. & Thurber, E. (1962). Effects of parental absence on male children. *Journal of Abnorm. Social Psychology*, Bd. 64, Seite 361–369.

Miller, B. (1979a). Gay fathers and their children. *Family Coordinator*, Bd. 28, Seite 544–552.

Miller, B. (1979b). Lifestyle of gay fathers. In: *Gay men: The sociology of male homosexuality.* (Herausg. M. Levine.) New York, Harper & Row.

Pacion, S. J. (1970). Sparta: An experiment in state-fostered homosexuality. *Medical Aspects of Human Sexuality*, Bd. 4, Seite 28–32.

Pillard, R. C., Poumadere, J. & Caretta, R. A. (1982). A family study of sexual orientation. *Arch. Sex. Behavior*, Bd. 11, Seite 511–520.

Pillard, R. C. & Weinrich, J. D. (1986). Evidence of familial nature of male homosexuality. *Arch. Gen. Psychiatry*, Bd. 43, Seite 808–812.

Robinson, B. E., Skeen, P., Flake-Hobson, C. & Herrman, M. (1982). Gay's perception of early family life: A nationwide study. *J. Appl. Family and Child Studies*, Bd. 31, Seite 79–83.

Saghir, M. T., Robins, E. & Walbran, B. (1969). Homosexuality: Sexual behavior of the male homosexual. *Arch. Gen. Psychiatry*, Bd. 21, Seite 219–229.

Siegelman, M. (1974). Parental background of male homosexuals. *Arch. Sex. Behavior*, Bd. 3, Seite 3–17.

Siegelman, M. (1981). Parental backgrounds of homosexual and heterosexual men: A cross-national replication. *Arch. Sex. Behavior*, Bd. 10, Seite 505–514.9.

Skeen, P. & Robinson, B. E. (1985). Gay fathers and gay nonfathers relationship with their parents. *Journal of Sex Research*, Bd. 21, Seite 86–91.

Storr, A. (1964). *Sexual Deviation*. Baltimore, Penguin Books.
Thompson, N. L., Schwartz, D. M., McCandless, B. R. & Edwards, D. A. (1973). Parent child relationships and sexual identity in male and female homosexuals. *Journal of Consult. Clin. Psychol.*, Bd. 41, Seite 120–127.
Troiden, R. (1979). Becoming homosexual – gay identity acquisition. *Psychiatry*, Bd. 42, Seite 345–362.
Van Wyk, P. H. & Geist, C. S. (1984). Psychosocial development of heterosexual, bisexual and homosexual behavior. *Arch. Sexual Behavior*, Bd. 13, Seite 505–542.
Vehse, A. (1852). *Geschichte der deutschen Höfe seit der Reformation*. Bd. 12, Seite 259, Hamburg.
West, D. J. (1959). Parental figures in the genesis of male homosexuality. *Intern. J. of Social Psychiatry*, Bd. 5, Seite 85–97.
Whitam, F. (1977). Childhood indicators of male homosexuality. *Arch. Sexual Behavior*, Bd. 6, Seite 89–96.
Ziechmann, J. (1986). *Friedrich II.: Palladion*, Bremen.

Kapitel 3: Das Partnerprogramm entsteht im Mutterleib

Anand, S. & van Thiel, D. H. (1982). Prenatal exposure to Cimetidine results in gonadal and sexual dysfunction in males. *Science*. Bd. 218, Seite 493–494.
Arnold, A. P. & Gorski, R. A. (1984). Gonadal steroid induction of structural sex differences in the central nervous system. *Annual Review of Neuroscience*. Bd. 7, Seite 413–442.
Bancroft, J. (1984). Hormones and human sexual behavior. *Journal of Sex and Marital Therapy*. Bd. 10, Seite 3–21.
Bardin, C. W. & Catterall, J. F. (1981). Testosterone: a major determinant of extragenital sexual dimorphism. *Science*. Bd. 211, Seite 1285–1288.
Baum, M. J. (1979). Differentiation of coital behavior in mammals. *Neuroscience and Biobehavioral Review*. Bd. 3, Seite 265–284.
Beral, V. & Colwell, L. (1981). Randomized trial of high doses of stilboestrol and ethistosterone therapy in pregnancy: long-term follow-up of the children. *Journal of Epidemiology and Community Health*, Bd. 35, Seite 155–160.
Bubenik, C. A. & Brown, G. M. (1972). Morphologic sex differences in primate brain areas are involved in regulation of reproductive activity. *Experientia*, Bd. 29, Seite 619–621.
Caggiula, A. R. & Hoebel, B. (1966). Copulatory-reward site in the posterior hypothalamus. *Science*. Bd. 153, Seite 1284–1285.
Davidson, J. M., Kwan, M. & Greenleaf, W. J. (1982). Hormonal replacement

and sexuality in men. *Clinical Endocrinology and Metabolism.* Bd. 11, Seite 599–623.

Dieckmann, G. & Hassler, R. (1979). Unilateral hypothalamotomy in sexual delinquents. *Confinia neurologia.* Bd. 37, Seite 177–186.

Dobkowsky, Th. (1923). Gebißuntersuchungen an homosexuellen Männern. *Zeitschrift für Konstitutionslehre.* Bd. 10, Seite 191–210.

Dörner, G., Stahl, F., Götz, F., Rössner, P. & Halle, H. (1971). Der Einfluß des fötalen Geschlechts auf den Androgengehalt im Frühschwangerenharn. *Endrokrinologie.* Bd. 58, Seite 264–268.

Dörner, G., Ahrens, L., Krell, L., Münx, G., Sieler, H., Kittner, E. & Müller, H. (1980). Prenatal stress as possible aetiological factor of homosexuality in human males. *Endokrinologie,* Bd. 75, Seite 365–368.

Dörner, G., Schenk, B., Schmiedel & Ahrens, L. (1983). *Experim. and Clinical Endocrinology,* Bd. 81, Seite 83–87.

Dörner, G. (1985). Interactions between systemic hormones and neurotransmitters in brain development. In: *Neuroendocrinology of hormone-transmitter interaction.* (Herausg. Parvez, I.), Seite 167–189. Paris, International Science Press.

Dörner, G., Döcke, F., Götz, F., Rohde, W., Stahl, F. & Tönjes, R. (1987). Sexual differentiation of gonadotrophin secretion and gender orientation. *J. of Steroid Biochem.* Bd. 27, Seite 1083.

Doerr, P. Pirke, K. M., Kokott, G. & F. Dittmar (1976). Further studies on sex hormones in male homosexuals. *Arch. of General Psychiatry,* Bd. 33, Seite 611–614.

Ellis, L. (1986). Evidence of neuroandrogenic etiology of sex roles from a combined analysis of human, nonhuman primates, and nonprimate mamalian studies. *Personality and Individual differences.* Bd. 7, Seite 519–552.

Ellis, L., Burke, D. & Ames, M. A. (1987). Sexual orientation as a continuous variable. *Archives of Sexual Behavior.* Bd. 16, Seite 523–529.

Ellis, L., Ames, M. A., Peckham, W. & Burke, D. (1988). *Journal of Sex Research,* Bd. 24, Seite 152–157.

Friedman, R. C. & Stern, L. O. (1980). Juvenile aggressivity and sissiness in homosexual and heterosexual males. *Journal of American Academy of Psychoanalysis.* Bd. 8, Seite 427–440.

Fuller, G. B., Yates, D. E., Helton, E. D. & Hobson, W. C. (1981). Diethylstilbestrol reversal of gonadotropin patterns in infant rhesus monkeys. *Journal of Steroid Biochemistry,* Bd. 15, Seite 497–500.

Grossman, C. J. (1985). Interactions between the gonadal steroids and the immune system. *Science.* Bd. 227, Seite 257–261.

Henry, G. (1941). *Sex Variants: A Study of Homosexual Patterns.* New York, Paul Hoeber.
Heston, L. L. & Shields, J. (1968). Homosexuality in twins. *Archives of General Psychiatry.* Bd. 18, Seite 149–160.
Hull, E. M., Nishita, J. K., Bitran, D. & Dalterio, S. (1984). Perinatal Dopamine-related drugs demasculinize males. *Science,* Bd. 224, Seite 1011–1013.
Kakihana, R., Butte, J. C. & Moore, J. A. (1980). Endocrine effects of maternal alcoholization: brain testosterone, estradiol and corticosterone. *Alcoholism.* Bd. 4, Seite 57–61.
Kallman, F. (1952). Twin and sibship study of overt male homosexuality. *American Journal of Human Genetics.* Bd. 4, Seite 136–146.
Kallman, F. (1952). Comparative study on the genetic aspects of male homosexuality. *Journal of Nervous and Mental Diseases.* Bd. 115, S. 283–298.
Kaplan, S. L., Grumbach, M. M. & Aubert, M. L. (1980). The ontogenesis of pituitary and hypothalamic factors in the human fetus. *Recent Progress in Hormone Research.* Bd. 32, Seite 161–243.
Kaplan, L. (1988). *Ein Mann bleibt ein Mann – Lösungen für sexuelle Probleme.* Seite 209–210, Genf, Ariston.
Lang, Th. (1957). Die Homosexualität als genetisches Problem. *Beiträge zur Sexualforschung.* Bd. 11, Seite 79–87.
Langevin, R. *Erotic preference, gender identity and aggression in men.* Seite 249–259. Hilsdale, Erlbaum.
Levian, S. E. (1972). Times of appearance of LH activity in human fetal circulation. *General and Comparative Endocrinology.* Bd. 19, S. 242–246.
Loewit, K., Egg, D., Voigt, K. & Keusch, H. (1974). Fetale Geschlechtsbestimmung aus der mütterlichen Testosteronausscheidung in der Frühschwangerschaft. *Deutsche Medizinische Wochenschrift.* Bd. 99, Seite 1657.
Meyer-Bahlburg, H. F. L. (1977). Sex hormones and male homosexuality in comparative perspective. *Arch. of Sex Behavior.* Bd. 6, Seite 297–325.
Meyer-Bahlburg, H. F. L. (1984). Psychoendocrine research on sexual orientation. *Progress in Brain Research.* Bd. 61, Seite 370–380.
MacCullouch, M. & Waddington, J. L. (1981). Neuroendocrine mechanisms and the aetiology of male and female homosexuality. *British Journal of Psychiatry.* Bd. 139, Seite 341–345.
McConaghy, N. (1987). Heterosexuality / Homosexuality: Dichotomy or Continuum. *Archives of Sexual Behavior.* Bd. 16, Seite 411–424.
McEwen, B. S. (1982). Sexual differentiation of the brain – gonadal hormone action and current concepts of neural differentiation. In: *Molecular Approaches to Neurobiology.* (Herausg. I. A. Brown), New York, Academic Press.

McGivern, R. F. & Poland, R. E. (1984). Prenatal hormonal influences on adult expression of non-reproductive sexual dimorphism. *Science,* Bd. 224, Seite 896–898.
Müller, D., Orthner, H., König, A., Bosse, K. & Kloos, G. (1974). Einfluß von Hypothalamusläsionen auf Sexualverhalten und gonadotrope Funktion beim Menschen. In: *Endocrinology of Sex* (Herausg. G. Dörner), Leipzig, Barth.
Newmark, S. R., Rose, L. I., Todd, R., Birk, L. & F. Naftolin (1970). Gonadotropin, estradiol and testosterone profiles in homosexual men. *American Journal of Psychiatry.* Bd. 136, Seite 767–771.
Ounsted, M. K., Moar, V. A., Good, F. J. & Redman, G. W. G. (1980). Hypertension during pregnancy with and without specific treatment: the development of the children. *Brit. J. of Obstetrics and Gynaecology,* Bd. 87, Seite 19–24.
Perper, T. (1985). *Sex signals: The biology of love.* Philadelphia, ISI Press.
Pillard, R. C., Poumadere, J. & Caretta, R. A. (1982). A family study of sexual orientation. *Archives of Sexual Behavior.* Bd. 11, Seite 511–520.
Pillard, R. C. & Weinrich, J. D. (1986). Evidence of familial nature of male homosexuality. *Archives of General Psychiatry.* Bd. 43, Seite 808–812.
Pollard, I. & Dyer, S. L. (1985). Effects of stress administered during pregnancy on the development of fetal testes and their subsequent function. *Journal of Endocrinology,* Bd. 107, Seite 241–245.
Rheinisch, J. M. & Sanders, S. A. (1982). Early barbiturate exposure: the brain, sexually dimorphic behavior and learning. *Neurosciences & Bio-Behavioral Reviews,* Bd. 6, Seite 311–319.
Sandler, M. & Gessa, G. L. (1975). *Sexual behavior: Pharmacology and Biochemistry.* New York, Raven Press.
Schindler, A. (1982). *Hormones in Human Amniotic Fluid.* Seite 54–58. Heidelberg, Springer Verlag.
Schlegel, W. S. (1962). Die konstitutionsbiologischen Grundlagen der Homosexualität. *Zeitschrift für menschliche Vererbungslehre.* Bd. 36, S. 341–364.
Sizenko, P. C. (1978). Endocrinology in preadolescents and adolescents – Hormonal changes in normal puberty. *American Journal of Diseases in Children,* Bd. 132, Seite 704–712.
Stahl, R. E., Friedman-Kien, A., Dubin, R., Marmor, M. & Zolla-Pazner, S. (1982). Immunologic abnormalities in homosexual men. *Amer. Journal of Medicine,* Bd. 73, Seite 171–178.
Swaab, D. F. & Mirmiram, M. (1984). Possible mechanisms underlying the teratogenic effects of medicines in the developing brain. In: *Neurobehavioral Teratology.* (Herausg. J. Yanai.) S. 55–71, Elsevier, Amsterdam.

Toran-Allerand, C. D. (1984). Gonadal hormones and brain development – implications for the genesis of sexual differentiation. *Annals of the New York Academy of Sciences.* Bd. 435, Seite 101–111.
Vallet, H. L. & Porter, I. H. (1979). *Genetic mechanisms of sexual development,* New York, Academic Press.
Van Thiel, D. H. & Gavaler, J. S. (1982). The adverse effects of ethanol upon hypothalamic-pituitary-gonadal function in males and females. *Alcoholism,* Bd. 6, Seite 179–185.
Van Wyk, P. H. & Geist, C. S. (1984). Psychosocial development of heterosexual, bisexual and homosexual behavior. *Archives of Sexual Behavior.* Bd. 13, Seite 505–543.
Vaughan, E. & Fisher, A. E. (1962). Male sexual behavior induced by intracranial electrical stimulation. *Science,* Bd. 137, Seite 758–760.
Ward, I. L. & Weisz, J. (1984). Differential effects of maternal stress on circulating levels of corticosterone and testosterone in male fetuses and their mothers. *Endocrinology,* Bd. 114, Seite 1635–1644.
Whitam, F. & Mathy, R. M. (1985). *Male Homosexuality in Four Societies: Brazil, Guatemala, the Phillipines and the United States.* New York, Praeger.
Yalom, I. D., Green, R. & Fisk, N. (1973). Prenatal exposure to female hormones. *Archives of General Psychiatry,* Bd. 28, Seite 554–561.

Kapitel 4: Ein männliches Gehirn wird weiblich geprägt

Alexander, D., Erhardt, A. A. & Money, J. (1966). Defective figure drawing and geometrics in Turner's syndrome. *Journal of Nervous and Mental Disease,* Bd. 142, Seite 161–167.
Bardin, C. W. & Caterall, J. F. (1981). Testosterone – a major determinant of extragenital sexual dimorphism. *Science,* Bd. 211, Seite 1285–1288.
Bever, T. G. & Chiarello, R. J. (1974). Cerebral dominance in musicians and non-musicians. *Science,* Bd. 185, Seite 537–539.
Bournot, O. (1913). *Ludwig Heinrich Christian Geyer – der Stiefvater Richard Wagners.* Leipzig.
Bradshaw, J. L., Gates, A. & Patterson, K. (1976). Hemispheric differences in processing visual patterns. *Quarterly Journal of Experimental Psychology.* Bd. 28, Seite 667–681.
Brodal, A. (1981). *Neurological Anatomy in Relation to Clinical Medicine.* Oxford, University Press.
Brovermann, D. M., Klaiber, E. L., Kobayashi, Y. & Vogel, W. (1968). Roles of

activation and inhibition in sex differences in cognitive abilities. *Psychological Reviews*, Bd. 75, Seite 23-50.

Brust, J., Shafer, S., Richter, R. & Brun, B. (1976). Aphasia in acute stroke. *Stroke*, Bd. 7, Seite 167-174.

Buchsbaum, M. S. & Henkin, R. I. (1980). Perceptual abnormalities in patients with gonadal dysgenesis and hypogonadotrophic hypognadism. *International Journal of Neurosciences*. Bd. 11, Seite 201-209.

Buckley, F. (1971). Intelligence quotient scores of patients with Turner's syndrome. *British Journal of Psychiatry*, Bd. 119, 513-516.

Chi, J. G., Dooling, E. C. & Gilles, F. H. (1977). Gyral development of the human brain. *Annals of Neurology*, Bd. 1, Seite 86-93.

Eissler, K. R. (1984). *Goethe – eine psychoanalytische Studie*. Frankfurt, Stroemfeld/Roter Stern.

Flor-Henry, P. (1978). Gender hemispheric specialization and psychopathology. *Society, Science and Medicine*, Bd. 12b, Seite 155-162.

Freud, S. (1919). *Gesammelte Schriften*. Wien.

Fuchs, H. (1903). *Wagner und die Homosexualität*. Studien zur Geschichte des menschlichen Geschlechtslebens. Bd. 7, Berlin, Verlag H. Barsdorf.

Galaburda, A. M. & Habib, M. (1987). Cerebral dominance – biological associations and pathology. *Discussions in Neurosciences*, Bd. 4, Seite 11-49.

Hier, D. B. (1979). Autism and unfavorable left-right asymmetries of the brain. *Journal of Autism and Developmental Disorders*. Bd. 9, 153-159.

Hier, D. B. & Crowley, W. F. (1982). Spatial ability in androgen-deficient men. *New England Journal of Medicine*, Bd. 306, Seite 1202-1205.

Jahoda, G. (1979). Spatial perception tasks – ethnic and sex differences. *British Journal of Psychology*, Bd. 70, 351-361.

Kannan, P. & Lipscomb, D. (1974). Bilateral asymmetry in a large population. *Journal of the Acoustical Society of America*, Bd. 55, Seite 1092-1094.

Kimura, D. (1964). Left-right differences in the perception of melodies. *Quarterly Journal of Experimental Psychology*, Bd. 16, 355-358.

Kruszynski, A. (1985). *Der Ganymed-Mythos in Emblematik und Literatur des 16. Jahrhunderts*. Worms, Werner.

Lansdell, H. & Davies, C. (1972). Mass intermedia – possible relation to intelligence. *Neuropsychologia*, Bd. 10, Seite 207-210.

LeMay, M., Rosenberger, P. B. & Perlo, V. P. (1978). Developmental dyslexia. *Archives of Neurology*, Bd. 35, Seite 90-92.

Leonardo da Vinci (1894). *Codex Atlanticus*. Milan, Giovanni Piumati, S. 118.

MacLusky, N. J. & Naftolin, F. (1981). Sexual differentiation of the central nervous system. *Science*, Bd. 211, 1294-1303.

Maccoby, E. E. (1966). *The development of sex differences*. Stanford, Stanford University Press.

Masica, D. N., Money, J., Erhard, A. & Lewis, V. G. (1969). IQ, fetal sex hormones and cognitive patterns – studies in the testicular feminizing syndrome of androgen insensitivity. *John Hopkins Medical Journal*, Bd. 124, Seite 34–43.

McEwen, B. S. (1981). Neural gonadal steroid action. *Science*, Bd. 211, Seite 1303–1311.

McGlone, J. (1980). Sex differences in human brain asymmetry. *Behavioral and Brain Sciences*, Bd. 3, Seite 215–227.

Müller, E. (1920). *Rosalie Wagner – ein Beitrag zur biographischen Wagnerliteratur*. Dissertation an der Universität Rostock.

Perlman, S. M. (1973). Cognitive abilities of children with hormone abnormalities: screening by psychoeducational tests. *Journal of Learning Diseases*. Bd. 6, Seite 21–29.

Petersen, A. C. (1976). Physical androgyny and cognitive functioning. *Developmental Psychology*, Bd. 12, Seite 524–533.

Pfister, O. (1913). Kryptolalie, Kryptographie und unbewußtes Vexierbild bei Normalen. *Jahrb. für psychoanalyt. und psychopath. Forschung*, Bd. 5, Seite 115.

Rosenberger, P. B. & Hier, D. B. (1979). Cerebral asymmetry and verbal intellectual deficits (1979). *Neurology*, Bd. 29, Seite 544–546.

Sasanuma, S. (1980). Sex differences in the brains of Japanese. *Behavioral and Brain Sciences*, Bd. 3, Seite 247.

Shankweiler, D. (1966). Effects of temporal-lobe damage on perception of dichotically presented melodies. *Journal of Comparative and Physiological Psychology*. Bd. 62, Seite 115–119.

Smith, A. E. (1961). Peter Tschaikowski – his life and loves re-examined. *ONE Institute Quarterly*, No. 12, Seite 20–36.

Spitzer, D. (1906). *Briefe Richard Wagners an eine Putzmacherin*. Wien, Verlag Karl Konegen.

Spreen, O., Benton, A. L. & Fincham, R. W. (1965). Auditory agnosia without aphasia. *Archives of Neurology*, Bd. 13, Seite 84–92.

Strobel, O. (1936). *König Ludwig II. und Richard Wagner – Briefwechsel*. Karlsruhe, G. Braun.

Van Buren, J. & Borke, R. (1972). *Variations and connections of the human thalamus*. Vol. 2, New York, Springer-Verlag.

Wada, J. A., Clark, R. & Hamm, A. (1975). Asymmetry of temporal and frontal speech zones in 100 adult and 100 infant brains. *Archives of Neurology*, Bd. 32, Seite 239–246.

Williams, Tennessee (1975). *Memoirs*. New York, Bantam.
Witelson, S. F. & Pallie, W. (1973). Left hemisphere specialisation for language in the newborn – neuroanatomical evidence for asymmetry. *Brain Research*, Bd. 96, Seite 641–646.

Kapitel 5: Männer, die wie Frauen fühlen

Blumstein, P. & Schwartz, P. (1983). *American couples*. New York, Morrow.
Brown, J. W. (1975). On the neural organization of language – thalamic and cortical relationships. *Brain and Language*, Bd. 2, Seite 18–30.
Burke, R. J., Weier, T. & Thomes, M. M. (1971). Disclosure of problems and tension experienced by marital problems. *Psychological Reports*, Bd. 38, Seite 531–542.
Ceco, J. de (1988). Research on the aspects and dimensions of sexual orientation. *Journal of Homosexuality*, Bd. 15, Seite 63.
Dailey, D. M. (1979). Adjustment of heterosexual and homosexual couples in pairing relationships. *Journal of Sex Research*, Bd. 15, Seite 143–157.
Derlega, V. J., Durham, B., Gockel, B. & Sholis, D. (1981). Sex differences in self-disclosure: effects of topic content, friendship, and partner's sex. *Sex Roles*, Bd. 7, Seite 433–447.
Duffy, S. M. & Rusbult, C. E. (1986). Satisfaction and commitment in homosexual and heterosexual relationships. *J. of Homosex*, Bd. 12, Seite 1–23.
Eger, M. (1988) *Wenn ich Wagnern den Krieg mache*. Wien, Neff.
Freud, S. (1919). *Gesammelte Schriften*. Wien.
Freund, K., Nagler, E., Langevin, R., Zajac, A. & Steiner, B. (1974). Measuring feminine gender identity in homosexual males. *Archives of Sexual Behavior*, Bd. 3, Seite 249–260.
Gottman, J. M. & Krokoff, L. J. (1989). Marital interaction and satisfaction. *J. of Consulting and Clin. Psychology*, Bd. 57, S. 47–52.
Härle, G. (1986). Männerliebe und Männerhaß – Überlegungen zum Sinn der Homosexualität bei Klaus Mann. In: *Hans Henny Jahnn Kolloquium*. (Herausg. D. Molitor & W. Popp), Seite 152–161. Essen, Blaue Eule.
Hattkoff, T. S. & Lasswell, T. E. (1979). Male-female similarities and differences in conceptualizing love. In: *Love and attraction* (Herausg. M. Cook & G. Wilson), Seite 221–227, New York, Harcourt.
Hawkins, J. L., Weisberg, C. & Ray, D. W. (1980). Spouse differences in communication and style. *J. of Marriage and the Family*, Bd. 42, S. 585–593.
Hite, S. (1988). *Frauen und Liebe*. München, Bertelsmann Verlag.
Hooberman, R. E. (1979). Psychological androgyny, feminine gender identity

and self-esteem in homosexual and heterosexual males. *J. of Sex Research*, Bd. 15, Seite 306-315.
Jones, R. W. & Bates, S. E. (1978). Satisfaction in male homosexuals. *J. of Homosexuality*, Bd. 3, Seite 217-224.
Kaplan, L. (1986). *Die Krankheiten unserer Zeit.* Seite 23-24, Genf, Ariston.
Kaplan, L. (1988). *Ein Mann bleibt ein Mann – Lösungen für sexuelle Probleme.* Seite 157-166, Genf, Ariston Verlag.
Kelley, H. H., Cunningham, J. D., Grisham, J. A., Lefebvre, L. M. Sink, C. R. & Yablon, G. (1978). Sex differences in comments during conflict within close heterosexual pairs. *Sex Roles*, Bd. 4, Seite 473-492.
Mayer, Hans (1980). *Thomas Mann.* Seiten 162-170 und 264 ff., Frankfurt.
McWhirter, D. P. & Mattison, A. M. (1984). *The male couple – how relationships develop.* Englewood Cliffs, Prentice Hall.
Michelangelo Buonarroti (1969). *The Complete Poems of Michelangelo.* Translated by J. Tusiani, New York, Humanitarian Press.
Oke, A., Keller, R., Mefford, I. & Adams, R. N. (1978). Lateralisation of norepinephrine in human-thalamus. *Science*, Bd. 200, Seite 1411-1413.
Peplau, L. A. & Cochran, S. D. (1981). Value orientation in the intimate relationship of gay men. *J. of Homosexuality*, Bd. 6, Seite 1-19.
Peplau, L. A. & Gordon, S. L. (1983). The intimate relationships of lesbians and gay men. In: *Changing boundaries – Gender roles and sexual behavior* (Herausg. E. R. Allgeir & N. B. McCormick), Palo Alto, Mayfield.
Philippi, H. (1960). Ludwig II. von Bayern und der Welfenfonds. *Zeitschrift für Bayerische Landesgeschichte*, Bd. 23, Seite 66-75.
Rubin, Z., Peplau, L. A. & Hill, C. T. (1981). Loving and leaving – sex differences in romantic attachments. *Sex Roles*, Bd. 7, Seite 821-835.
Saliba, P. (1980). *Variability in sexual orientation.* Diss., San Francisco State University.
Saghir, M. T., Robins, E. & Walbran, B. (1969). Homosexuality: Sexual behavior of the male homosexual. *Arch. Gen. Psychiatry*, Bd. 21, Seite 219-229.
Sommerhage, C. (1983). *Eros und Poesie. Über das Erotische im Werk Thomas Manns.* Bonn.
Suppe, F. (1981). The sexuality of homosexuality. *Journal of Homosexuality*, Bd. 6, Seite 80-84.
Testa, R. J., Kinder, B. N. & Ironson, G. (1987). Heterosexual bias in the perception of loving relationships of gay males and lesbians. *Journal of Sex Research.* Bd. 23, Seite 163-172.
Tuller, N. R. (1978). Couples: the hidden segment of the gay world. *Journal of Homosexuality*, Bd. 3, Seite 331-341.
Waterman, C. K., Dawson, L. J. & Bologna, M. J. (1989). Sexual coercion in

gay male and lesbian relationships. *Journal of Sex Research*, Bd. 26, Seite 118-124.

Westfall, M. P., Schatzberg, A. F., Blumetti, A. b. & Birk, C. L. (1975). Effeminacy. II. Variation with social context. *Arch. Sexual Behaviour*. Bd. 4, Seite 43-51.

Wilensky, M. & Myers, M. F. (1987). Retarded ejaculation in homosexuals. *Journal of Sex Research*, Bd. 23, Seite 85-91.

Kapitel 6: Bisexualität: im Wechselbad der Gefühle

Altshuler, K. Z. (1984). On the question of bisexuality. *American Journal of Psychotherapy*. Bd. 38, Seite 484-493.

Bieber, I., Dain, H. J., Dince, P. R., Drellich, M. G., Grand, H. G., Gundlach, R. H., Kremer, M. W., Rifkin, A. H. & Wilbur, C. B. (1962). *Homosexuality: A psychoanalytic study*. New York, Basic Books.

Bell, A. P. & Weinberg, M. S. (1978). *Homosexualities: A study of diversity among men and women*. New York, Simon & Schuster.

Bisexual Chic: anyone goes (1974). *Time Magazine*. 27. Mai, Seite 90.

Blumstein, P. W. & Schwartz, P. (1976). Bisexuality in men. *Urban Life*. Bd. 5, Seite 339-358.

Blumstein, P. W. & Schwartz, P. (1977). Bisexuality: Some psychological issues. *The Journal of Social Issues*. Bd. 33, Seite 30-45.

Bozet, F. W. (1982). Heterogeneous couples in heterosexual marriages: Gay men and straight women. *Journal of Marital and Family Therapy*. Bd. 8, Seite 81-89.

Brownfair, J. J. (1985). A study of the married bisexual male: Paradox and resolution. Journal of Homosexuality. Bd. 11, S. 173-188.

Coleman, E. (1982). Bisexual and gay men in heterosexual marriage: conflicts and resolutions in therapy. *Journal of Homosexuality*. Bd. 8, S. 93-103.

Coleman, E. (1985). Integration of male bisexuality and marriage. *Journal of Homosexuality*. Bd. 11, Seite 189-207.

Dixon, D. (1985). Perceived sexual satisfaction and marital happines of bisexual husband. *Journal of Homosexuality*. Bd. 11, Seite 209-222.

Ellis, L., Amer, M. A., Peckham, W. & Burke, D. (1988). Sexual orientation may be altered by severe maternal stress during pregnancy. *Journal of Sex Research*. Bd. 24, Seite 152-157.

Ferrin, M., Vanvugt, D. & Wardlaw, S. (1984). The hypothalamic control of the menstrual cycle and the role of endogenous opiod peptides. *Recent Progress in Hormone Research*. Bd. 40, Seite 441.

Gochros, H. (1978). Counseling gay husbands. *Journal of Sex Education and Therapy.* Bd. 4, Seite 6–10.

Hatterer, M. (1974). The problems of women married to homosexual men. *American Journal of Psychiatry.* Bd. 131, Seite 275–278.

Kinsey, A. C., Pomeroy, W. B. & Martin, C. E. (1948). *Sexual behavior in the human male.* Philadelphia, W. B. Saunders.

Klein, F. (1978). *The bisexual option: A concept of hundred percent intimacy.* New York, Arbor House.

LaBella, F. S. (1983). Cell membrane receptors: gateways to endogenous medicinals. *Canadian Journal of Physiology and Pharmacology.* Bd. 61, Seite 191–200.

Latham, J. D. & White, G. D. (1978). Coping with homosexual expression within heterosexual marriages. *Journal of Sex and Marital Therapy.* Bd. 3, Seite 198–212.

MacDonald, A. P. (1979). Bisexuality: Some comments on research and theory. *Journal of Homosexuality.* Bd. 5, Seite 21–35.

MacInness, C. (1973). *Loving them both: A study of bisexuality and bisexuals.* London, Martin, Brian & O'Keefe.

McConaghy, N. (1987). Heterosexuality/Homosexuality: Dichotomy or continuum. *Archives of Sexual Behavior.* Bd. 16, Seite 411–424.

Mead, M. (1975). Bisexuality: What's it all about. *Redbook,* Seite 29–31.

Matheson, D. R. (1985). Bisexual men in marriage: Is a positive homosexual identity and stable marriage possible? *Journal of Homosexuality.* Bd. 11, Seite 149–172.

Nahas, R. & Turley, M. (1979). *The new couple: women and gay men.* New York, Seaview Books.

Ross, H. L. (1971). Modes of adjustment of married homosexuals. *Social Problems.* Bd. 18, Seite 385–393.

Ross, M. W. (1979). Heterosexual marriages of homosexual males. *Journal of Sex and Marital Therapy.* Bd. 5, Seite 142–150.

Saliba, P. (1982). Research projects on sexual orientation. *The bi-monthly newsletter of the Bisexual Center of San Francisco.* Bd. 6, Seite 3–6.

Schwartz, P. & Blumstein, P. (1976). Where love speaks louder than labels. *Ms: The New Magazine for Women,* Bd. 5, Seite 80–81.

Shearman, R. P. (1985). *Clinical reproductive endocrinology.* New York, Churchill Livingstone.

Storms, M. (1978). Sexual orientation and self-perception. In: *Advances in the study of communication and affect.* (Herausg. P. Pilner), Bd. 5, S. 99.

The New Bisexuals (1974). *Time Magazine.* 13. Mai, Seite 79.

Tripp, C. A. (1975). *The homosexual matrix.* New York, MacGraw-Hill.

Van Wyk, P. H. & Geist, Ch. S. (1984). Psychological development of heterosexual, bisexual and homosexual behavior. *Archives of Sexual Behavior.* Bd. 13, Seite 505-544.

Weinberg, M. S. & Williams, C. J. (1974). *Male homosexuals: Their problems and adaptations.* Oxford, Oxford University Press.

Wolff, C. (1977). *Bisexuality: A study.* London, Quartet Books.

Kapitel 7: Die gespaltene Sexualität:
Wenn Körper und Seele nicht harmonieren

Belkin, A. I. & Trejper, E. A. (1972). The problem of gender identification. *Problemi sovremiennoj Seksopatologii.* Bd. 12, Seite 123.

Benjamin, H. (1967). Transvestism and transsexuality in the male and female. *Journal of Sex Research.* Bd. 3, Seite 107-127.

Blanchard, R. (1985). Typology of male-to-female transsexualism. *Archives of Sexual Behavior.* Bd. 14, Seite 247-259.

Blanchard, R., Racansky, I. G. & Steiner, B. W. (1986). Phallometric detection of fetishistic arousal in heterosexual male cross-dressers. *Journal of Sexual Research.* Bd. 22, Seite 452-462.

Brown, G. R. & Collier, L. (1989). Transvestites' women revisited: non-patient sample. *Arch. of Sexual Behavior.* Bd. 18, S. 73-83.

Buhrich, N. & McConaghy, N. (1977). The discrete syndrom of transvestism and transsexuality. *Archives of Sexual Behavior.* Bd. 6, Seite 483-495.

Bullough, V., Bullough, B. & Smith, R. (1983). A comparative study of male transvestites, male-to-female transsexuals and male homosexuals. *Journal of Sex Research.* Bd. 19, Seite 238-257.

Feinbloom, D. H., Fleming, M., Kijewski, V. & Schulter, M. P. (1976). Lesbian / feminist orientation among male-to-female transsexuals. *Journal of Homosexuality.* Bd. 2, Seite 59-71.

Gladue, B. A. (1988). Hormones in relationship to gender orientation. In: *Handbook of Sexology.* (Herausg. J. Money & H. Musaph), Bd. VI, Seite 397-398, Oss, Organon.

Godlewski, J. (1988). Transsexuality and anatomic sex ratio reversal in Poland. *Archives of Sexual Behavior.* Bd. 17, Seite 547-548.

Goodman, R. E., Anderson, D. C., Bulock, D., Sheffield, B., Lynch, S. S. & Butt, W. (1985). Study on the effect of estradiol levels in male-to-female transsexuals. *Archives of Sexual Behavior.* Bd. 14, Seite 141-147.

Green, R. & Money, J. (1969). *Transsexualism and sex reassignment.* Baltimore, Williams & Wilkins.

Grumbach, M. M. & Ducharme, J. R. (1960). The effect of androgens on fetal sexual development. *Fertility and Sterility.* Bd. 11, Seite 157–160.
Hirschfeld, M. (1922). *Sexualpathologie.* Bonn, Marcus & Weber.
Hoenig, J. & Duggan, E. (1974). Sexual and other abnormalities in the family of a transsexual. *Psychiatria Clinica.* Bd. 7, Seite 334–346.
Houser, G. A. (1963). Testicular feminization. In: *Intersexuality* (Herausg. C. Overzier), Seite 255, New York, Academic Press.
Imperato-McGinley, J. & Gautier, T. (1986). Inherited 5 Alpha-Reduktase deficiency in man. *Trends in Genetics.* Bd. 2, Seite 130–133.
Lutz, D. J., Roback, H. B. & Hart, M. (1984). Feminine gender identity and psychological adjustment of male transsexuals. *Journal of Sex Research.* Bd. 20, Seite 350–362.
Meyer, W. J., Webb, A., Stuart, C., Finkelstein, J. W., Lawrence, B. & Walker, P. (1986). Physical and hormonal evaluation of transsexual patients. *Archives of Sexual Behavior.* Bd. 15, Seite 121–138.
Money, J. (1974). Two names, two wardrobes, two personalities. *Journal of Homosexuality.* Bd. 1, Seite 65–68.
Money, J., Ehrhardt, A. A. & Masica, D. N. (1968). Fetal feminization induced by androgen insensitivity: effect on marriage and maternalism. *John Hopkins Medical Journal.* Bd. 123, Seite 105–108.
Money, J. & Ehrhardt, A. A. (1972). *Man and Woman, Boy and Girl, Differentiation and Dimorphism of Gender Identity from Conception to Maturity,* Baltimore, John Hopkins University Press.
Money, J. & de Priest, M. (1979). Genital self-surgery and the relationship to transsexualism. *Journal of Sex Research.* Bd. 12, Seite 283–294.
Morris, Jan (1976). *Conundrum.* München, Piper.
Roberto, L. G. (1983). Issues in diagnosis and treatment of transsexualism. *Archives of Sexual Behavior.* Bd. 12, Seite 445–473.
Simmer, M., Pion, R. & Dignam, W. (1965). *Testicular Feminization.* Springfield, Thomas.
Van Kammen, D. P. & Money, J. (1977). Erotic imagery and selfcastration in transsexualism. *Journal of Homosexuality.* Bd. 2, Seite 359–362.

Kapitel 8: Frauen, die wie Männer fühlen

Bode, J. (1976). *View from another closet: Exploring bisexuality in women.* New York, Hawthorne.
Boissou, M.-F. (1978). Effect of injections of testosterone on dominance relationships in a group. *Hormones and Behavior.* Bd. 11, Seite 388–400.

Califa, P. (1979). Lesbian Sexuality. *J. of Homosexuality.* Bd. 4, Seite 253–266.
Chevalier, A. (1893). *Une maladie de la Personnalité. L'inversion sexuelle.* Paris.
Coleman, E. M., Hoon, P. W. & Hoon, E. F. (1983). Arousability and sexual satisfaction in lesbian and heterosexual women. *Journal of Sex Research,* Bd. 19, Seite 58–73.
Coleman, E. (1985). Bisexual women in marriages. *Journal of Homosexuality.* Bd. 13, Seite 87–96.
Cotton, W. L. (1975). Social and sexual relationships of lesbians. *Journal of Sex Research.* Bd. 11, Seite 139–148.
Dailey, D. M. (1979). Homosexual couples in pairing relationships. *Journal of Sex Research.* Bd. 15, Seite 143–157 (Table 4).
Distler, W., Boniver-Ollmann, U., Clausen, U., Tigges, J. & Terinde, R. (1979). Radioimmunologische Bestimmung von Testosteron mit Chromatographie des Fruchtwassers. *Archives of Gynecology.* Bd. 227, Seite 7–12.
Dixon, J. K. (1984). The commencement of bisexual acitivity in swinging married women over age thirty. *Journal of Sex Research.* Bd. 20, Seite 71–90.
Dreux de Radier (1827). *Mémoires historiques sur la vie privée de Marie-Antoinette, reine de France.* Seite 13, Paris.
Ehrhardt, A. A., Evers, K. & Money, J. (1968). Influence of androgen and some aspect of sexually dimorphic behavior in women with late-treated androgenital syndrome. *John Hopkins Medical Journal.* Bd. 123, Seite 115–122.
Ehrhardt, A. A., Grisanti, G. & McCauley, E. A. (1979). Female to male transsexuals compared to lesbians: Behavior patterns in childhood and adolescents. *Archives of Sexual Behavior.* Bd. 8, Seite 481–490.
Faber, D. (1980). *The Life of Lorena Hickok.* New York, Morrow.
Green, R. & Money, J. (1969). *Transsexualism and sex reassignment.* Baltimore, John Hopkins Press.
Hommel, F. (1885). *Geschichte Babyloniens und Assyriens.* Seite 629–638. Berlin.
Jaffe, R. B., Séron-Ferré, M., Crickard, K., Koritnik, D., Mitchell, B. F. & Huntniemi, I. T. (1981). Regulation and function of the fetal adrenal gland. *Recent Progress in Hormone Research.* Bd. 37, Seite 41–65.
Kenyon, F. E. (1968). Studies in female homosexuality. *British Journal of Psychiatry.* Bd. 114, Seite 1337–1350.
Kockott, G. & Fahrner, E.-M. (1988). Male-to-female and female-to-male transsexuals: A comparison. *Arch. Sex. Behavior.* Bd. 17, S. 539–546.
Lepsius, R. (1852). *Briefe aus Ägypten.* Seite 104. Berlin, Hertz.
Loraine, J. A., Adamopoulos, D. A., Kirkham, K. E., Ismail, A. A. & Dove, G. A. (1971). *Nature.* Bd. 234, Seite 552–555.

Lynch, J. M. & Reilly, M. E. (1984). Role relationships: Lesbian perspectives. *J. of Homosexuality.* Bd. 14, Seite 53-69.
MacDonald, A. P. (1983). A little bit of lavender goes a long way. *Journal of Sex Research.* Bd. 19, Seite 94-100.
McCauley, E. A. & Ehrhardt, A. A. (1977). Role expectations and definitions. A comparison of female transsexuals and lesbians. *Journal of Homosexuality.* Bd. 3, 137-147.
McConaghy, N. (1987). Heterosexuality / homosexuality: Dichotomy or continuum. *Archives of Sexual Behavior.* Bd. 16, Seite 411-424.
Money, J. & Lewis, V. (1966). IQ, genetics and accelerated growth. *Bulletin of the John Hopkins Hospital.* Bd. 118, Seite 365-373.
Money, J., Schwartz, M. & Lewis, V. G. (1984). Adult erotosexual status and fetal hormonal masculinization: 46, XX congenital virilizing adrenal hyperplasia. *Psychoneuroendocrinology.* Bd. 9, Seite 405-414.
Oldham, S., Farnhill, D. & Ball, I. (1982). Sex-role identity of female homosexuals. *Journal of Homosexuality.* Bd. 8, Seite 43-46.
Pauly, I. B. (1974). Female transsexualism. *Archives of Sexual Behavior.* Bd. 3, Seite 487-525.
Peplau, L., Cochran, S., Rook, K. & Padesky, C. (1978). Loving women: Attachment and autonomy in lesbian relationships. *Journal of Social Issues.* Bd. 34, Seite 7-27.
Peplau, L. A., Padesky, Ch. & Hamilton, M. (1982). Satisfaction in lesbian relationships. *J. of Homosexuality.* Bd. 8, S. 23-35.
Perkins, M. W. (1981). Female homosexuality and body built. *Archives of Sexual Behavior.* Bd. 10, Seite 337-345.
Pietschmann, R. (1889). *Geschichte der Phöniker.* Berlin.
Schäfer, S. (1976). Sexual and social problems of lesbians. *Journal of Sex Research.* Bd. 12, Seite 50-69.
Schäfer, S. (1977). Sociosexual behavior in male and female homosexuals. *Archives of Sexual Behavior.* Bd. 6, Seite 355-362.
Sipova, I. & Starka, L. (1977). Plasma testosterone values in transsexual women. *Archives of Sexual Behavior.* Bd. 6, Seite 477-481.
Van Wyk, P. H. & Geist, C. S. (1984). Psychological development of heterosexual, bisexual and homosexual behavior. *Archives of Sexual Behavior.* Bd. 13, Seite 505-544.
Vetere, V. A. (1982). The role of friendship in the development and maintenance of lesbian love relationships. *Journal of Homosexuality.* Bd. 8, S. 51-65.
Walinder, J. (1971). Incidence and sex ratio of transsexualism in Sweden. *British Journal of Psychiatry.* Bd. 119, Seite 195-196.

Personenregister

Achilles 46
Alexander der Große 46, 57, 152 f.
Andersen, Hans Christian 124, 160
Andreas-Salomé, Lou 159
Antinous 119, 151
d'Arc, Jeanne 228
Aristides 137
Arnim, Bettine von 211 f.
Auden, Wystan 113
August von Sachsen-Gotha 198 ff.
Augustinus 165, 170 ff.
Augustus, Gaius Octavius 47
Ayyubid al-Salih, Sultan 158

Baez, Joan 226
Balzac, Honoré de 178
Baryschnikoff 102
Beauvoir, Simone de 159
Blavatzky, Helena 228
Bogarde, Dirk 15
Bonheur, Rosa 221 f.
Borgia, Cesare 98
Botticelli, Sandro 98
Boye, Karin 213
Britten, Benjamin 111, 113 f.
Bruno, Giordano 138
Byron, Lord 119–122

Caesar, Julius 46
Calvin, Johannes 25 f.

Capote, Truman 124
Caravaggio 98
Catull 114
Cellini, Benvenuto 101, 115
Chamberlain, Richard 15
Christine von Schweden 231 f.
Churchill, Sarah 210
Cocteau, Jean 102, 125
Colette, Sidonie Gabrielle 226
Condé, Louis de 50
Cordoba, General 50
Cornelius, Peter 178
Corregio, Antonio 98

Dalí, Salvador 102
Dean, James 15
Diaghilew 102
Dietrich, Marlene 226
Donatello 98
Dostojewski, Fjodor M. 178
Douglas, Alfred 28, 122, 149 f.
Droste-Hülshoff, Annette 214
Duquesnoy, Jérôme 26 f.

Echnaton 176
Elagabalus 160 f.
Elisabeth I. von England 188–191
Elisabeth, Zarin 200
Emerson, Ralph Waldo 147 f.
d'Eon, Charles Geneviève 200 f.

Epstein, Joseph 19, 37
Erasmus von Rotterdam 138
Esher, Viscount 51
Eugen, Prinz von Savoyen 48, 85, 140
Eulenburg, Philipp von 26, 28–31

Feuerbach, Anselm von 27
Flaubert, Gustave 47
Fletcher, John 119
Flynn, Erroll 15
Foote, Samuel 119
Foster, E. M. 124, 237
Freud, Anna 226
Friedrich II., der Große 27, 48f., 57, 85, 101, 139f., 150f., 177, 223f.
Fritsch, Werner von 33

Ganymed 101
Gide, André 61, 125
Gloeden, Wilhelm von 102
Goethe, Johann Wolfgang von 39, 114ff., 132
Grant, Cary 15
Grillparzer, Franz 154, 178
Grünspan, Herschel 157
Günderode, Caroline von 211f.

Hadrian 151
Hall, Murray 228
Hamilkar 47, 57
Hamilton, Alexander 50
Hannibal 47, 57
Hasdrubal 47
Hatschepsut 205
Heinrich III. von Frankreich 26
Heinrich von Preußen 57, 223
Hephaistion 46, 152f.
Herkules 178
Hesse, Hermann 178

Hickok, Lorena 209, 211
Hirschfeld, Magnus 27
Hockney, David 102
Housman, A. E. 57, 224
Howard, Catherine 215
Hölderlin, Friedrich 146f.
Hudson, Rock 15
Humboldt, Alexander von 57, 138
Humboldt, Wilhelm von 57

Isherwood, Christopher 113

Jackson, Michael 162
Jagger, Mick 177
Jakob I. von England 57, 148
Jean Paul 127
Jelicich, Michael 151
Joplin, Janis 226
Joseph II. von Österreich 27, 225
Julius II. Papst 100
Junglingen, Ulrich von 48

Karl II. von England 178
Karl XII. von Schweden 50
Katharina II., die Große 208f.
Katte, Hans von 139
Keynes, John Maynard 138, 237
Keyserlingk, Hermann von 49, 139
King, Billie Jean 222
Kleist, Heinrich von 117
Klinger, Max 102
Kollwitz, Käthe 221f., 226f.
Kotek, Josif 112
Kutusoff, Feldmarschall 50

Laurens, John 50
Lawrence von Arabien 51
Lawrence, D. H. 123
Lenau, Nikolaus von 117
Leo X. Papst 99

Leonardo da Vinci 11f., 98ff., 238
Lifar, Serge 102
Linck, Catharina 207
Lind, Jenny 160
Lorca, Federico García 124
Ludwig II. von Bayern 105–110, 140
Ludwig XIII. von Frankreich 57f., 149

MacDonald, Hector 51f.
Machiavelli, Niccolò 138
Madonna 226
Mann, Klaus 57, 113, 126
Mann, Thomas 57, 125f.
Marais, Jean 15, 102f., 125
Marées, Hans von 101
Maria Karolina von Neapel 223, 225
Marie-Antoinette 222–225
Marlowe, Christopher 119, 149
Mars-Jones, Adam 151
Masham, Abigail 210
Massine 102
May, Karl 102
Mazarin, Kardinal 48, 138
Medici, Lorenzo de' 98
Mentschikoff, Alexej 177
Michel, Louise 209
Michelangelo Buonarroti 87, 98, 100, 118, 144, 146, 151f.
Miller, Henry 216
Mishima, Yukio 124f.
Morris, Jan 183, 196ff.
Mörike, Eduard 118, 145

Napoleon I. 27
Navratilova, Martina 222
Nelson, Horatio 177
Nicholson, Harold 237
Nielsen, Brigitte 215, 226
Nietzsche, Friedrich 105, 155, 159
Nin, Anaïs 216

Orton, Joe 157
Ovid 178

Paganini, Niccolò 177
Pears, Peter 113f.
Peter I., der Große 177
Philipp von Mazedonien 46, 57
Philippe von Orléans 57f.
Platen, August von 117f., 147
Platon 119, 144, 146, 207
Postowoitoff, Angela 228
Prémony, Geneviève 228
Prochaska, Eleonore 228
Proust, Marcel 125

Raffael 98f.
Ramses III. 158
Rasputin, Grigorij 156, 174
Rathenau, Walther 118, 138
Rembrandt 101
Rée, Paul 155
Richard Löwenherz 48
Richard, Cliff 177
Riedel, Georg 31
Rilke, Rainer Maria 118f., 159
Rimbaud, Jean-Arthur 172
Robespierre, Maximilien de 137
Roosevelt, Eleanor 209, 211
Rousseau, Jean-Jacques 137
Röhm, Ernst 32f.

Sackville-West, Vita 203, 213, 235ff.
Sade, Marquis de 100
Sand, George 226
Sappho 205ff.
Sartre, Jean-Paul 138, 159, 177
Schiller, Friedrich 116f.
Schilovsky, Vladimir 111
Schinegger, Erika 191
Schneider, Sascha 102

Schubert, Franz 178
Schutting, Julian 233
Semiramis 205
Shakespeare, William 119
Sixtus IV., Papst 50
Sofronow, Alexej 113
Sokrates 144
Solon 138
Somerset Maugham, William 123, 153 ff.
Sparre, Ebba 231 f.
Stein, Gertrude 213
Strachey, Lytton 237
Stuart, Henry Edward 57
Suleiman der Prächtige 50, 140, 156
Sullivan, Arthur 178

Theokrit 145
Tiberius 138
Tilly, Johannes von (General) 50
Tizian 98
Toklas, Alice 213
Trajan, Marcus 47
Tschaikowsky, Modest 57
Tschaikowsky, Peter 57, 111 f.

Varnhagen, Rahel 211
Vergil 114
Verlaine, Paul 172
Villiers, George Herzog von Buckingham 148 f.
Voltaire, François Marie Arouet 177, 209

Wagner, Richard 45, 57, 107–109, 155 f., 159, 178
Wagner, Siegfried 57, 109
Warhol, Andy 102
Wegener, Einar 197
Weiser, Grethe 226
Wiesel, Pauline 211
Wilde, Oscar 28, 122 f., 149 f.
Wilhelm II. (Kaiser) 26, 28–32
Wilhelm von Oranien 50
Wilhelmine von Brandenburg 49, 223
Williams, Tennessee 124
Wittgenstein, Ludwig 118
Woolf, Virginia 203, 213, 235 ff.

Zweig, Stefan 178

Sachregister

Androgen-Unempfindlichkeit 187
Androgenitales Syndrom 219 ff.
Autismus 91, 93

»Bildnis des Dorian Gray« 122
Bisexualität
- Auslöser von 173-176
- Behandlung von 181
- bei Frauen 225-227
- Häufigkeit von 167
- in der Ehe 179 ff.

Chromosom
- männliches Y- 63 f., 185
- weibliches X- 63, 133, 185

Dyslexie 91, 93, 95

Eifersucht 153-157
Embryo
- männlicher 13, 89, 94, 131, 186
- weiblicher 83, 94, 96, 104, 131, 186, 216, 227
Erziehung 38, 41-45, 89, 192

Fruchtwasseruntersuchungen 83, 131

»Ganymed, Raub des« 101 f.
Gehirnentwicklung
- des Gefühlsbereiches 129-135, 219

- kreatives Denken 95 f., 220
- künstlerische Fähigkeiten 97-105,
- männliches Gehirn 89 f.
- Schwangerschaftseinflüsse 79-82
- weibliches Gehirn 89
Gehirnzentren
- Corpus callosum 68, 97, 129 f.
- Hypothalamus 67-76, 81 f., 175

Homosexualität
- Bewußtwerden 37 f., 41, 215
- Entstehungsursachen 38, 41-45, 57 ff., 79-84, 105, 224
- Gefühlswelt 45, 47, 51, 53, 98, 129, 136-157
- Häufigkeit 58 f.
- Partnerschaften 141-153
- Vererbung 57 f., 78
Homosexualität, Einstellungen zur
- bei Eltern 37 f.
- bei Frauen 36 f.
- bei heterosexuellen Männern 35 f.
Homosexualität, Kulturgeschichte der
- Antike 22, 45 ff.
- Araber 54
- Chinesisches Kaiserreich 53
- Deutsches Reich 29-32
- Drittes Reich 32 f.
- England 25, 28

- Heiliges Römisches Reich 24, 26f., 48
- Indianer 54
- Japan, Samurai 53
- Königreich Bayern 27
- Mamelucken 156
- Mayas 55
- Mittelalter, Ritterorden 23, 47f.
- Mongolenherrscher 54
- Napoleonisches Frankreich 26
- Preußen 48ff.
- Reformation 25f.

Homosexualität und Psychoanalyse 33, 41–44
Homosexualität und Religion 21–26, 53
Homosexuelle
- männlich-geprägte 158
- weiblich-fühlende 158ff.

Komponieren 103–105
Körperentwicklung
- Beckenform 85
- Immunabwehr 84
- innere Organe 84
- Muskeln 85, 221
- Zähne 85

»Lady Chatterley's Lover« 123
Lesbische Neigungen
- Bewußtwerden 215, 235
- Frauensport 221f.
- gefühlsmäßige Erfüllung 203, 215f., 236
- geistige Nähe 207ff.
- Intelligenzquotient 221
- männliches Gehirn 219

LH, luteinisierendes Hormon 73, 77, 177, 201, 217

LHRH, 73, 77, 174f.
Linkshänder 95

Malerei 16, 97–102
Männer, androgyne 162f.

Neurotransmitter 81, 89

Orientierungssinn 94f.
Östrogenwirkung 71, 76, 82, 95, 188

Pädophilie 33
Pubertät 41, 44, 70f., 136, 188, 192, 228

Schwangerschaftsanlagen
- für abstraktes Denken 16, 92f., 220
- für Gefühle 91, 97f., 127–135
- für Partnerprogramme 70–83
- für Raumdenken 16, 92f.
- für Sexualverhalten 64–84
- für sprachliche Fähigkeiten 90, 127
- im Immunsystem 84
- im Körperbau 84f., 221
- zum Erfinder 95
- zum Komponisten 103ff., 110
- zum Linkshänder 95
- zum Maler 97f.

Schwangerschaftseinflüsse
- Alkohol 80
- Angstzustände 79
- Immunabwehrreaktionen 81
- Medikamente 81f.
- Streß 13, 79, 105, 131

Selbstaufgabe 148ff.
Sexual-Lockstoffe 14, 76
Sexualverhalten
- Hormonuhr 73f., 77, 175, 185, 217f.

- männliches 65, 70f.
- Spektrum der Gefühle 66f., 74, 173, 196, 227
- Steuerung des 75
- und Endorphine 174, 176, 181f., 217
- weibliches 66, 71f., 219

Sexualzentren
- männliche 13, 15, 70f.
- weibliche 14f., 71ff., 188

Sodomiter (= Geweihte) 22
Sprachzentrum 90, 95
Stottern 91, 95

Testosteronspiegel im Mutterleib 79f., 83, 94, 131

- jahreszeitliche Schwankungen 133ff.
- senkende Faktoren 79, 82, 132f.

Testosteronwirkung 79, 83, 95, 104, 129f., 186f., 192, 217–221 223, 230

Transsexuelle
- Behandlungsmethoden 198, 230
- Entstehung 201f., 230
- männliche 196–201
- weibliche 202, 227–233

Transvestiten
- Auslöser 194
- Ursachen 193f.

Turner-Syndrom 95

Wagner-Opern 106–111